Edda Bresciani
An den Ufern des Nils
Alltagsleben zur Zeit der Pharaonen

Edda Bresciani

An den Ufern des Nils

Alltagsleben zur Zeit der Pharaonen

Aus dem Italienischen von Helmut Schareika

Die Deutsche Bibliothek – CIP-Einheitsaufnahme

Ein Titeldatensatz für diese Publikation ist bei
Der Deutschen Bibliothek erhältlich.

Umschlaggestaltung: DOPPELPUNKT, Auch & Grätzbach GbR, Leonberg, unter Verwendung
einer Bildvorlage des Archivs für Kunst und Geschichte (AKG), Berlin (Grabrelief aus Theben,
Grab des Sennedjem, 19. Dynastie).

Übersetzung: Helmut Schareika, Filderstadt
© Konrad Theiss Verlag GmbH, Stuttgart 2002
Alle Rechte vorbehalten
Lektorat: Alexandra Stickel, Stuttgart
Kartografie: Peter Palm, Berlin
Satz und Gestaltung: DOPPELPUNKT, Auch & Grätzbach GbR, Leonberg
Gesamtherstellung: Druckerei Uhl, Radolfzell
ISBN 3-8062-1655-X

Inhalt

Vorwort

Um die Besonderheit des altägyptischen Gesellschaftssystems zu verstehen, müssen wir das ihm zugrunde liegende Prinzip in Augenschein nehmen: ein ursprüngliches, umfassendes Gleichgewicht, das von Beginn der Zeit an in einem göttlich gewollten »Programm« vorherbestimmt war und die gesamte damals bekannte Welt betraf. Das Zentrum dieser durchgeplanten kosmischen Ordnung bildete der geophysische Raum Ägyptens – das Land, der Nil, die Vegetation, Tiere und Mensch, d. h. der Höhepunkt der Schöpfung, die »Heilige Herde Gottes« –, aber auch die Organisation der Städte und Dörfer bis hin zu den sozialen Strukturen mit den verschiedenen durch Rollen und Hierarchien differenzierten Funktionen, angefangen beim Monarchen bis hin zum einfachsten Untertanen, alle indes gleichermaßen notwendig.

Der Charakter des Statischen, den die altägyptische Welt möglicherweise vermittelt, rührt im Wesentlichen von der ununterbrochen fortbestehenden Alleinherrschaft der Pharaonen her oder der Beharrlichkeit der Konventionen ihrer künstlerischen Sprache. Doch die Gesellschaft, die sie hervorbrachte, ist keineswegs statisch, wenn wir nur die Werte und Einstellungen betrachten, die im Lauf der Jahrhunderte von dieser Welt hervorgebracht wurden, und diese Welt ist alles andere als »primitiv«, obwohl in so fernen Zeiten entstanden.

Ich weiß wohl, dass außerhalb des engen, ich nenne es den zweiflerischen Kreis der »befugten« Vertreter der Ägyptologie, das Ägypten der Pharaonen oft immer noch wie ein nicht neutraler, historisch objektiver Ort erscheint, sondern eher wie eine nahezu imaginäre Schöpfung. Dieses Ägypten ist das Land des Fluchs der Mumien, das Ägypten der Gefangenschaft der Israeliten und der Wunder Moses' oder – in der Tradition Solons, Pythagoras', Platons – die Wiege des allerersten Wissens. Es ist jedoch ein Faktum, dass uns seit der Entzifferung der Hieroglyphen durch die Arbeit des französischen Ägyptologen Jean-François Champollion und den mittlerweile erzielten und weiterhin gewonnenen Fortschritten auf historischem, philologischem und archäologischem Gebiet die Welt des antiken Niltals heute viel näher ist als ehedem. Eine inzwischen gereifte Geschichtsschreibung, die dem Fach Sicherheit vermittelt und ihr einen anerkannten Platz in den Kulturwissenschaften verschafft hat, erlaubt es, die reichen Forschungsergebnisse einer breiten Öffentlichkeit zugänglich zu machen. Die Faszination der Pharaonenkultur fußt daher dank den unzähligen schriftlichen und bildlichen Zeugnissen nicht auf blühender Fantasie oder unzulässigen pittoresken Eindrücken.

Mit Blick auf andere antike Gesellschaften des Nahen Ostens wie auch des Westens bietet Ägypten zweifellos die größten Möglichkeiten, fast alle Aspekte seines gesellschaftlichen Lebens zu rekonstruieren. Diesem Zweck soll dieses Buch dienen.

Einige Daten

Das Ägypten der Pharaonen breitet sich über eine Zeitspanne von mehr als dreitausend Jahren aus, vom Ende des 4. Jahrtausends bis zum 4. Jahrhundert n. Chr. Dank der außergewöhnlichen Lebendigkeit seiner politischen, religiösen, kulturellen, künstlerischen Formen übersteht es die ptolemäische und römische Zeit, um mit dem endgültigen Sieg des Christentums im 4. Jahrhundert n. Chr. sein Ende zu finden.

In der folgenden kurzen chronologischen Übersicht werden einige grundlegende Daten aufgezeigt, die ein ausreichendes Zeitraster bilden, in das man die Beschreibungen der folgenden Seiten einordnen kann.

Prädynastische Zeit (etwa 5000–3100 v. Chr.) – In diesen beiden Jahrtausenden entstehen an verschiedenen Orten des Niltals und der Oasen sesshafte Kulturen mit ihren Siedlungen, landwirtschaftlichen und handwerklichen Aktivitäten.

Thinitenzeit (etwa 3100–2700 v. Chr.) – Sie umfasst die ersten beiden Dynastien, die Thinis in Oberägypten als Hauptstadt wählen. Die Begründung der ersten Dynastie wird von den Ägyptern selbst traditionell Menes zugesprochen. Mit der Entstehung des Pharaonenstaates, der von einem Alleinherrscher regiert wird und in dem die beiden Reiche Ober- und Unterägypten miteinander verbunden werden, sind die Merkmale der ägyptischen Zivilisation schon fixiert. Gleichzeitig tritt die Hieroglyphenschrift auf.

Altes Reich (etwa 2700–2200 v. Chr.) – Die Hauptstadt ist Memphis. Der bedeutendste Pharao der 3. Dynastie ist Djoser. Als erster lässt er sich in Sakkara nach einem Entwurf Imhoteps eine Steinpyramide bauen (»Stufenpyramide«). Drei Herrscher der 4. Dynastie, Cheops, Chephren und Mykerinos, wählen Gisa zur Errichtung ihrer Pyramiden. Während der 5. Dynastie, deren Ursprung in Heliopolis liegt, setzt sich der Kult des Sonnengottes Re durch. Die Pyramide des Unas in Sakkara ist die erste, deren Wände in den unterirdischen Räumen mit magischen Grabinschriften bedeckt sind (die *Pyramidentexte*). Unas' Beispiel wird von den Herrschern der 6. Dynastie in ihren Pyramiden von Sakkara nachgeahmt. Am Ende dieser Periode ist die Zentralmacht zugunsten der Gaufürsten geschwächt.

Erste Zwischenzeit (2200–2033 v. Chr.) – Zwischen der 7. und 11. Dynastie erlebt Ägypten eine Periode politischer und sozialer Unruhen, während sich im Delta asiatische Bevölkerungsgruppen niederlassen. In Theben übernimmt die Dynastie der Mentuhotep die Macht, die das Land nach der Schwächung der vorhergehenden Periode wieder zu vereinen beginnt.

Mittleres Reich (2033–1650 v. Chr.) – Die Könige der 12. Dynastie, die aus Theben stammen, verlegen die Hauptstadt nach Lischt unweit des Faijum, des »Seelandes«, eines Gebiets in der Nähe des Niltals, das urbar gemacht und entwickelt wird. Sesostris I.–III. und Amenemhet I.–IV. führen die inneren Bedingungen des Landes auf einen Höhepunkt sozialer und wirtschaftlicher Stabilität und sichern sich Anerkennung auch im Ausland, in Asien und Nubien. Die Könige der 13. Dynastie regieren in den letzten Jahrzehnten, einer Phase der Schwäche und Teilungen des Landes.

Zweite Zwischenzeit (1710–1540 v. Chr.) – Nordägypten wird von den Hyksos erobert (14.–17. Dynastie), die aus dem Nahen Osten kommen. Sie errichten ihre Hauptstadt Auaris (heute Kantir) im östlichen Delta. Nach verbissen geführten Kriegen werden sie von den Herrschern von Theben, den Initiatoren einer erneuerten nationalen Einheit, vertrieben.

Neues Reich (1550–1069 v. Chr.) – Zur 18. Dynastie (die etwa 1295 endet) zählen so berühmte Pharaonen wie Hatschepsut, Thutmosis III., Amenhotep III., Echnaton und Tutanchamun. Die Hauptstadt ist Theben, die Stadt Amuns, der zum Nationalgott geworden ist. Der übermäßigen weltlichen Macht dieses Gottes versuchte sich der Pharao Amenhotep IV./Echnaton vergebens entgegenzustellen (1353–1337 v. Chr.; auf ihn geht die Reform von Amarna zurück). In Mittelägypten gründete er eine neue Hauptstadt, Achetaton (»Horizont des Aton«) genannt. Die Gräber der Pharaonen werden in jenen Jahren im Tal der Könige am Westufer des Nils gegenüber Theben angelegt.

Sethos I. und Ramses II. sind die großen Pharaonen der 19. Dynastie. Die neue Königsresidenz Piramesse wird im östlichen Delta angelegt. Nach der Schlacht von Kadesch (im 5. Jahr Ramses' II.) schließen Ägypten und das Hethiterreich einen Friedensvertrag. Mit der 20. Dynastie endet das Neue Reich. Ramses III. verhindert die Invasion Ägyptens durch die »Seevölker«. Das Ende der Dynastie markieren schwere wirtschaftliche und politische Probleme (in Theben ist der erste Arbeiterstreik der antiken Welt belegt).

Spätzeit (1069–332 v. Chr.) – Sie umfasst die 21. Dynastie (etwa 1069–945 v. Chr.; die Hauptstadt ist Tanis im Delta, wo die reich mit Schätzen ausgestatteten Gräber der Pharaonen gefunden wurden; Theben wird in Konkurrenz zu Tanis Hauptstadt Oberägyptens), die 22., 23. und 24. Dynastie (etwa 945–715 v. Chr., auch libysche Epoche; die Pharaonen sind Abkömmlinge libyscher Militärführer), die 25. (etwa 780–656 v. Chr., auch äthiopische Epoche; Ägypten wird von den Königen von Napata im Sudan erobert), die 26. (664–404 v. Chr., auch saïtische Epoche: der Herrscher von Saïs, Psammetich I., befreit Ägypten von den Äthiopiern und Assyrern; es kommt zu einer erneuten politischen und wirtschaftlichen Blüte; die Handelseinrichtungen werden den Griechen im Delta in der Stadt Naukratis anvertraut), die 27. (525–404 v. Chr., auch erste Perserherrschaft; das Land wird zur sechsten Satrapie des Achämenidenreiches), die 28., 29., 30. Dynastie (404–340 v. Chr.; nachdem Ägypten sich von der persischen Abhängigkeit befreit hat, wird es von den letzten einheimischen Herrschern regiert), die 31. Dynastie (340–332 v. Chr., auch zweite Perserherrschaft).

Ptolemäerzeit (332–30 v. Chr.) – Im Jahre 332 kommt Alexander der Große nach Ägypten. Gegen 300 v. Chr. wird Alexandria gegründet.

Römische Epoche (30 v. Chr.–395 n. Chr.) – Ägypten wird unter Octavian (Augustus) römische Provinz. 390 n. Chr. erklärt Theodosius I. das Christentum zur Staatsreligion.

Byzantinische Epoche (395–640) – Ägypten befindet sich unter der Herrschaft von Byzanz.

Arabische Zeit – Ab 640 gehört Ägypten als Provinz zum Kalifat und wird zum Islam bekehrt.

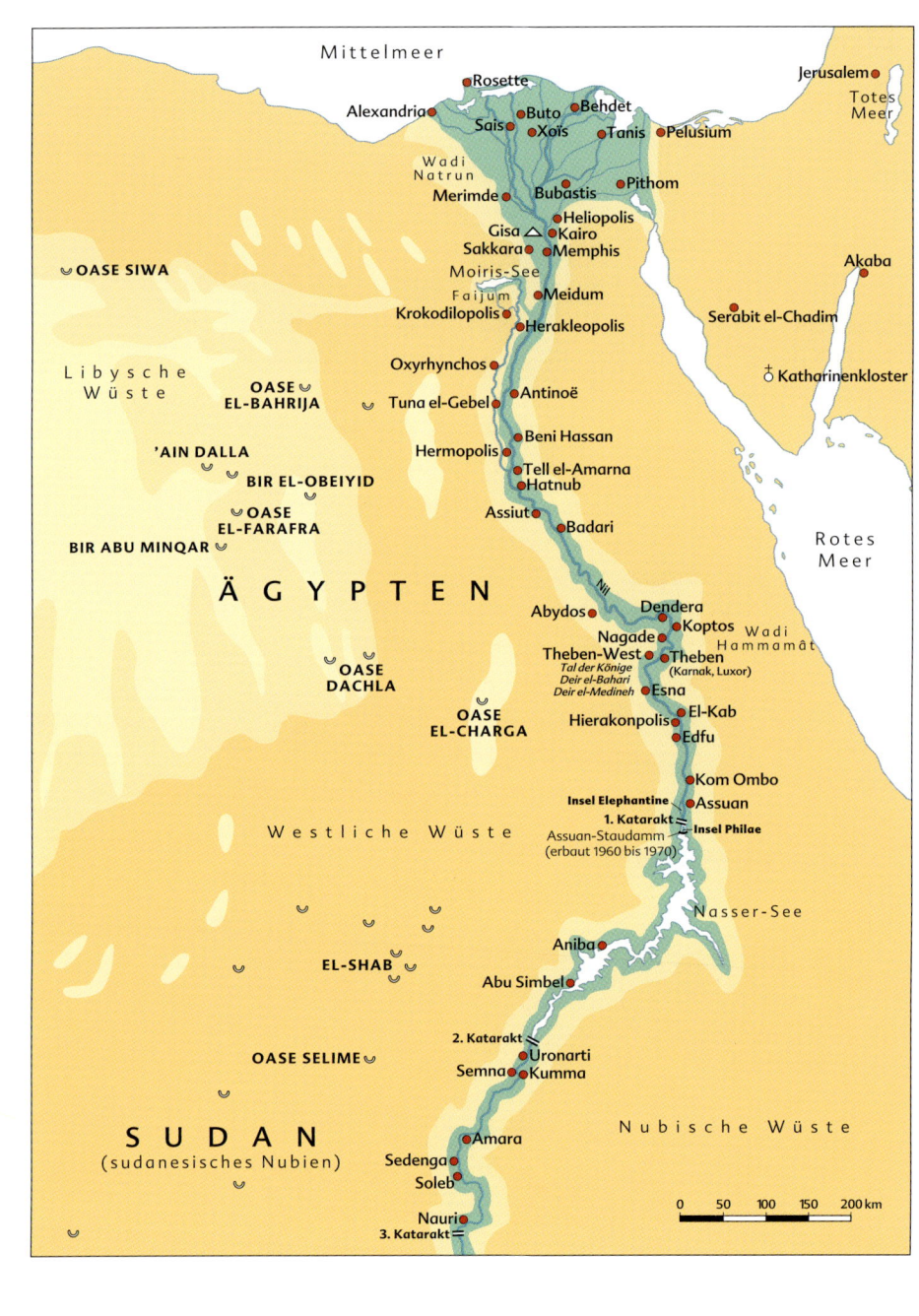

Mittelmeer

Jerusalem •

Totes
Meer

Rosette •
Alexandria •
Behdet
Buto •
Sais • • Xoïs
Tanis • • Pelusium

Wadi
Natrun
Pithom •
Merimde • Bubastis •
Heliopolis •
Gisa △ • Kairo
Sakkara • • Memphis

Akaba •

OASE SIWA

Serabit el-Chadim •

Moiris-See
Faijum • Meidum •
Krokodilopolis • • Herakleopolis

♱ Katharinenkloster

Libysche
Wüste

OASE
EL-BAHRIJA

Oxyrhynchos •

Tuna el-Gebel • • Antinoë

'AIN DALLA
BIR EL-OBEIYID

Hermopolis •
• Beni Hassan
• Tell el-Amarna
Hatnub •

OASE
EL-FARAFRA
BIR ABU MINQAR

Assiut • • Badari

Rotes
Meer

ÄGYPTEN

Nil

Abydos • Dendera •
Koptos •
Nagade • Wadi
Theben-West • Hammamât
Theben
Tal der Könige (Karnak, Luxor)
Deir el-Bahari
Deir el-Medineh • Esna
Hierakonpolis • • El-Kab
• Edfu

OASE
DACHLA

OASE
EL-CHARGA

Westliche Wüste

• Kom Ombo
Insel Elephantine • • Assuan
1. Katarakt ⩵ • Insel Philae
Assuan-Staudamm
(erbaut 1960 bis 1970)

Nasser-See

EL-SHAB

Aniba •

Abu Simbel •

2. Katarakt ⩵
OASE SELIME Uronarti •
Semna • • Kumma

Nubische Wüste

SUDAN
(sudanesisches Nubien)

• Amara
Sedenga •
Soleb •

0   50   100   150   200 km

Nauri •
3. Katarakt ⩵

Das schönste Land der Welt: Der Nil, der große Strom, und das »Schwarze Land«

Die altägyptische Zivilisation war eine mächtige Flusskultur. Der Nil reicherte dank dem jährlichen Wunder der Überschwemmung die Flussufer im Tal und im Delta mit fruchtbarem Schlamm an und wurde so zum fundamentalen Element für den Ackerbau und die Ökonomie des gesamten Landes. Wenn Umfang und Pegel der Überschwemmungen irgendwie außerhalb eines bestimmten Maßes lagen, also zu hoch (»hoher Nil«) oder zu niedrig (»niedriger Nil«), bestand für das Land die Gefahr von Katastrophen und Hungersnöten.

Von daher ist es ganz natürlich, dass die Ägypter das heilbringende Phänomen, das die Ufer ergrünen ließ, in einem Gott personifizierten: Hapi, der in ganz Ägypten in Gestalt eines menschlichen Wesens mit androgynen Formen und mit Pflanzen und Fischen beladen verehrt wurde.

Jeden Sommer im Monat Juli begannen die Wasser des Stromes um einige Meter zu steigen, bis der Nil aus seinem Bett heraustrat und die Talebenen überflutete, ohne die Dörfer und Städte zu berühren, die auf den Höhen längs dem Verlauf der Kanäle errichtet waren. Nach vier Monaten zogen sich die Wasser zurück und ließen eine Schicht schwarzen Schlamms hinter sich, reich und fruchtbar.

An den Ufern des Flusses stimmten die Ägypter die Ruhmesverse aus dem Hymnus auf Hapi an:

Heil dir, o Hapi, der du aus der Erde gekommen bist,
der du gekommen bist, um Ägypten das Leben zu bringen!
Verborgen von Natur, dunkel bei Tage, gepriesen von seinen Anhängern,
er ist es, der die Felder bewässert,
er, der von Re erschaffen wurde, um der gesamten Heiligen Herde (Gottes)
das Leben zu bringen;
er, der den Durst der Wüste löscht, die fern vom Wasser ist:
sein Tau ist es, der vom Himmel herabsteigt.
(...)
Er ist es, der Überfluss gibt an allen guten Dingen:
wer traurig war, wird froh, und alle sind fröhlich (...).
Glücklich ist dein Kommen,
glücklich ist dein Kommen,

o Hapi,
glücklich ist dein Kommen.
Du kommst (nach Ägypten), um den Menschen und der gesamten
Heiligen Herde (Gottes) mit deinen Feldfrüchten das Leben zu bringen.
Glücklich ist dein Kommen,
glücklich ist dein Kommen,
o Nil!

Das Leben selbst war in Ägypten in seinem Rhythmus von den Zeiten der Nilschwelle bestimmt. Der Kalender der Jahreszeiten folgte dem Zyklus des heiligen
Nils, und das neue Jahr begann mit der Ankunft der Nilflut im Juli, wenn am Horizont das Siriusgestirn wieder zu strahlen anfing.

Es gab drei Jahreszeiten: die erste von Juli bis November, wenn die Felder über-
schwemmt waren; die zweite von November bis März, wenn das Land wieder aus
dem Wasser auftauchte; die dritte schließlich von März bis Juli war die trockene Jahreszeit, jedoch auch die Zeit der Ernte. Jede Jahreszeit umfasste vier Monate zu je
dreißig Tagen. Der Tag war in vierundzwanzig Stunden eingeteilt, jeweils zwölf bei
Tage und in der Nacht.

Um auf ein Jahr mit 365 Tagen zu kommen, fügten die Ägypter fünf Tage hinzu,
doch wurde dadurch nicht verhindert, dass der Mondkalender alle vier Jahre um
einen Tag in Rückstand zum Sonnenjahr geriet. Erst unter Caesar wurde das Schalt-
jahr eingeführt, das die Hinzufügung eines Schalttages alle vier Jahre vorsah.

Der Süden, von dem aus die Ägypter das Hochwasser des Flusses herankommen
sahen, war für sie der Orientierungspunkt. So hatten sie also den Norden im Rücken,
den Osten zur Linken, während sich das Gebiet der seligen Verstorbenen, das Reich
des Osiris, der Westen, rechts befand.

Das gut organisierte Netz von Bewässerungskanälen ermöglichte zusammen mit
dem Lauf des Nils auf dem gesamten Territorium auch einen ausgedehnten Schiffsverkehr. Die Kanäle und Landungsstege erlaubten es, mit Personen und Transport-
gütern Dörfer, Tempel und Nekropolen zu erreichen.

Der geografische Raum Ägyptens war neben der grünen, geordneten Ackerbau-
landschaft auch durch ausgedehnte Wasser- und Sumpfgebiete charakterisiert, reich
an Papyrusstauden, an Binsen und Lotosblumen, wo die Vögel nisteten, kleine und
große Säugetiere im Hinterhalt lagen, Schmetterlinge und Heuschrecken sich ihr
Habitat einrichteten. Die Gewässer waren bevölkert von Fischen, Krokodilen und
Flusspferden. In den Teichen zwischen dem Röhricht glitten die leichten Papyrus-
boote der Fischer und die der Gänse- und Entenjäger dahin, wobei letztere mit Wurf-
hölzern bewaffnet waren.

Das sind die Szenen, die uns Reliefs und Malereien seit dem Alten Reich in ihrer
faszinierenden Frische von Farben und Details auf den Wänden der Gräber überliefert haben. Im Dekorationsprogramm der Gräber dienen die Jagdszenen in den

(oben) Nillandschaft am 1. Katarakt
(unten) Prozession der Provinzen Ägyptens, die Gaben herbeibringen. Theben, Tal der Könige, Grab Ramses' III.
(20. Dyn.) (I. Rosellini, Monumenti del Culto)

(oben) Ökosystem am Nil. Sakkara, Mastaba des Mereruka (6. Dyn.)
(unten) Jagd mit Wurfholz im Papyrusdickicht: Katze, Schmetterlinge, Vögel und Nester mit Eiern.
Theben, Grab des Menna (18. Dyn.)

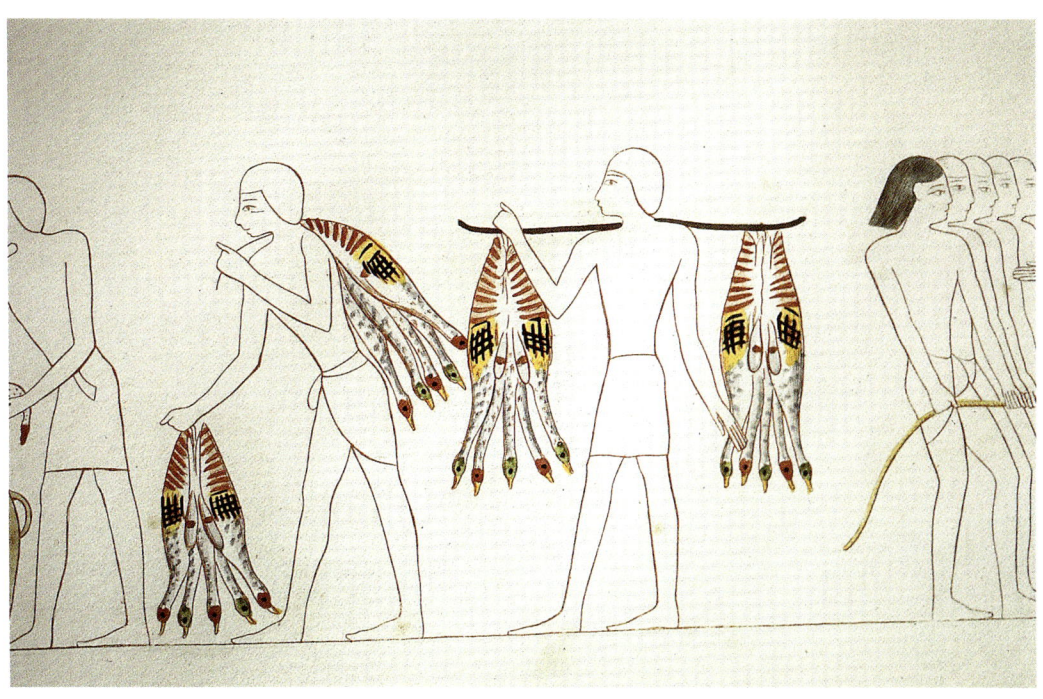

(oben) Rückkehr von der Jagd mit reicher Vogelbeute. Theben, Grab des Dedi (18. Dyn.)
(unten) Vogelsteller ziehen das Netz ein. Theben, Grab des Dedi (18. Dyn.) (I. Rosellini, Monumenti Civili)

Sümpfen als Segenswünsche – und magische Verheißung –, damit der Verstorbene die angenehmen Tätigkeiten fortsetzen kann, die ihm auf Erden Freude bereiteten. Der Tote ist auf dem Boot in Gesellschaft seiner Familie dargestellt und – zumindest in einem Fall – mit der getigerten Hauskatze. Im Mittleren Reich dagegen wird der Fischer im Grab des Uchhotep in Meir von seinem Hund begleitet.

Auf diesen Szenen erkennt man noch Fallen und Netze jeder Form, die von mehreren Männern gezogen werden und prall gefüllt sind mit unzähligen Fischarten. Doch fischte man auch mit ganz verschiedenen Angelhaken und mit der Schnur, oder aber mit einem langen Wurfspieß – während eine Gruppe von Flusspferden mit aufgerissenen Schlünden dabeisteht. Die Akkuratesse der von den altägyptischen Bildhauern und Malern dargestellten Details machte es möglich, die verschiedenen Fischarten zu bestimmen, die im Nil und in den Kanälen lebten.

Die Freude an Jagd und Fischfang in den kühlen Teichen des Faijum werden in einem Text aus dem Mittleren Reich besungen. Der Protagonist, ein Mann aus der Stadt, doch ursprünglich aus jener gewässerreichen Gegend stammend, lässt nostalgisch die glückliche Zeit seines Lebens wach werden, als er in Kontakt mit der Natur stand:

»O, wäre ich immer auf dem Lande, sodass ich die Dinge tun könnte,
die mein Herz begehrte, als der Sumpf meine Stadt war
und der Bewohner des Teichs mein Gefährte!
O, wäre ich noch bei den Leuten, die mein Herz liebte,
bei meinen Freunden, könnte ich nur den ganzen Tag
am Platz meiner Sehnsucht verbringen!
O, könnte ich unter die Papyrusbüschel hinabsteigen.
Bei Tagesanbruch einen Happen essen,
dann weit fortgehen, wohin mein Herz begehrt!«

Die ägyptische Landschaft ging westlich und östlich des feuchten grünen Streifens, den das »Schwarze Land« (Kemet, Ägypten) bildete, abrupt in die trockene Farbe des Wüstensands über, wo der rote Gott Seth sein Reich hatte. Weniger trocken als heute, war die Wüste von Straußen, Gazellen, wilden Rindern, Antilopen, Löwen und Panthern bevölkert. Da aus diesen Gebieten auch die äußeren Feinde Ägyptens kamen – Asiaten, Libyer, Nubier –, war die Jagd auf die Tiere der Wüste zu einem Sinnbild des Siegs des Pharaos über die feindlichen Kräfte geworden.

Die Darstellung von Treibjagden auf die wilde Tierwelt der Wüstengegenden ist ein recht häufiges Sujet. Man sieht Hunde, die Antilopen, Füchse und wilde Stiere verfolgen, und während der Jäger die Pfeile aus seinem Bogen abschießt und die Beute trifft, kommen die Stachelschweine, aufgeschreckt vom Lärm, aus ihrem Bau hervor.

(oben) Bau einer Barke. Sakkara, Mastaba des Tii (5. Dyn.)
(unten) Vorbereitung der Fische zum Dörren. Theben, Grab des Pabasa (26. Dyn.)

(oben) Fischerszene. Theben, Grab des Ipui (19. Dyn.)
(unten) Fischfangszene: die Fische beißen in die Haken. Sakkara, Mastaba des Tii (5. Dyn.)

Obwohl sie es nur ungern taten, konnten die Ägypter es nicht immer vermeiden, die überaus gefürchteten trockenen Gebiete zu durchqueren. Unvermeidlich führte der Weg zu den großen Oasen der Wüste im Westen durch diese Gebiete hindurch, genauso die Wege in den Sudan oder im Osten zu den wichtigen Erzgebieten, den Steinbrüchen mit hochwertigem Stein und den Häfen am Roten Meer. Nicht nur politische und militärische Gründe also, sondern auch ökonomische trieben dieses Volk seit dem Alten Reich dazu, Erkundungen durchzuführen und den Handel auf ferne Länder auszuweiten, auf afrikanische und asiatische, v. a. aber auf den syrisch-palästinensischen Raum.

Allerdings trifft es zu, dass der Ägypter im Wesentlichen sesshaft war. Er war an sein Land, das Niltal, das beste aller möglichen Länder, ein gesegnetes Land, gebunden, von dem man sich trennen konnte (als Soldat, Gesandter des Pharaos, als Exulant…), in das man jedoch zurückkehren musste, und sei es nur, um dort zu sterben und begraben zu sein.

Von dieser Notwendigkeit der Rückkehr erzählen die Abenteuer Sinuhes, der nach Asien geflohen war und dank der Güte seines Pharaos im Alter glücklich zurückkehrte. In einer anderen Reisegeschichte, in welcher der Protagonist Wenamun wie Odysseus zwischen Küsten und Inseln des östlichen Mittelmeers umhergetrieben wird, weint der Held der Erzählung vor Heimweh, wie er an der Küste des Libanon sitzt: »Hast du nicht die Vögel gesehen, die zum zweiten Mal in Ägypten niedergehen? Schau sie an! Sie ziehen zu den kühlen Teichen! Wie lange noch werde ich – verlassen – hier bleiben?«

In ptolemäischer Zeit, als der Ruhm Ägyptens schon längst vergangen war, scheint sich die Bindung an das eigene Land zusammen mit einem neuen Gefühl, nämlich der direkten Erfahrung der Lage des »Ausländers«, verstärkt zu haben. In einem der bedeutenden moralischen Lehrtexte in demotischer Sprache, bekannt als *Die Lehre des Papyrus Insinger,* ist die gesamte Anweisung XXII den Nachteilen und Leiden gewidmet, denen derjenige ausgesetzt ist, der die Heimat verlässt: »Niedrige Arbeit und wenig zu essen (im eigenen Land) sind dem Überfluss in einem fremden Land vorzuziehen« – eine Feststellung, die wir in vielen Varianten wiederholt finden, während in einem anderen Passus derselben Anweisung XXII die bitteren Erfahrungen des Emigranten widerhallen: »Der Fremde ist an jedem Ort irgendjemands Diener, es regt sich der Zorn der Masse, ohne dass er etwas Schlechtes getan hätte, und immer gibt es jemanden, der seine Boshaftigkeit gegen ihn richtet, obwohl er nichts Böses getan hat.«

In den *Philosophischen Gesprächen zwischen der äthiopischen Katze und dem kleinen Schakalaffen* sind Reflexionen über die »Heimat« noch stärker entwickelt. Die Katze wird vom Schakalaffen gelehrt zu erkennen, dass alle – Götter, Menschen, Tiere – das Land lieben, in dem sie geboren sind, und vor allem den Mutterleib, den Geburtsort *par excellence,* der geradezu die biologische Grundlage der Heimatliebe

(oben) Jagdszene mit Jägern in der Wüste. Ein Igel kommt aus seinem Bau und jagt eine Heuschrecke. Beni Hassan, Grab des Chnumhotep (Mittleres Reich)

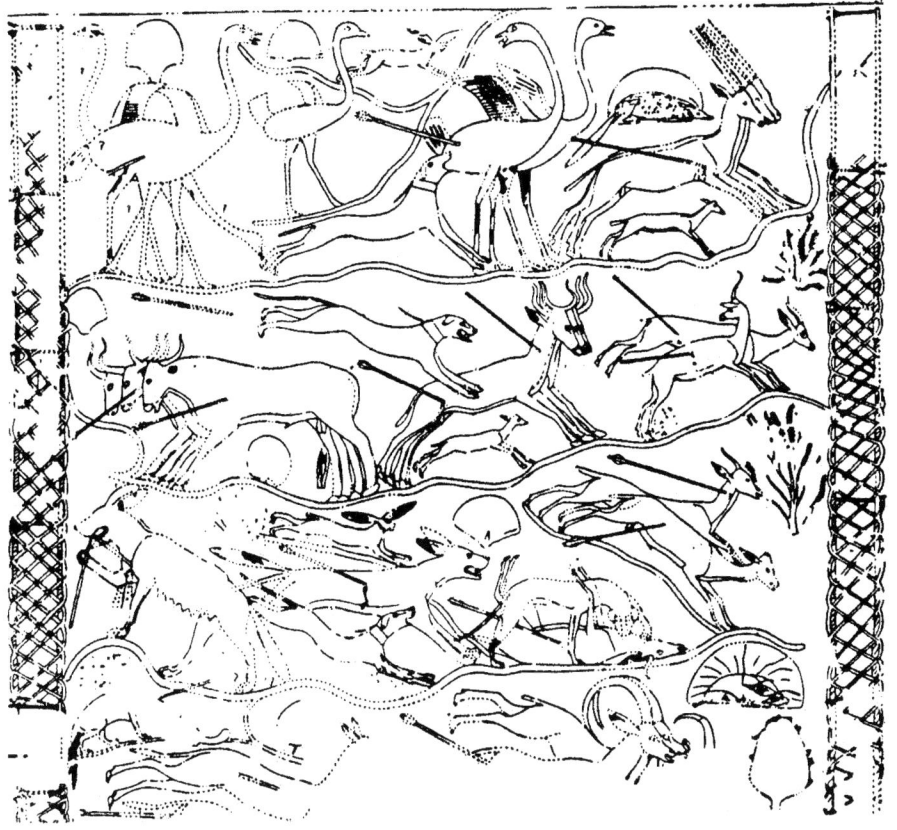

(gegenüber, unten) Jagd mit dem Bogen auf wilde Stiere. Beni Hassan, Grab des Chnumhotep (Mittleres Reich)
(auf dieser Seite, unten) Jagd auf wilde Tiere in der Wüste. Theben, Grab des Rechmire (18. Dyn.)

darstellt. Die häusliche Tenne und die Sykomore, die dort wächst, stehen für das eigene Land, den Ort, wo es auch schön ist zu sterben, wenn man glücklich ist: »Du wirst auf deine Tenne fallen und deine Sykomore finden«, sagt das Schicksal. »Du wirst in deinem Dorf sterben, wo du geboren bist, dort wirst du dein Grab finden. Man wird dich begraben, und du wirst in deinem Sarkophag liegen, der aus (dem Holz) deiner Sykomore gemacht ist – sagt (das Schicksal dem, den es bevorzugt)«. Die Liebe zur Heimat spüren sogar die Reptilien, gewiss die weniger Zarten unter den Wesen der Tierwelt: »Ein Krokodil wird überall alt, doch zum Sterben kehrt es in den Kanal zurück, der sein Geburtsort war.« Auch die Pflanzen gedeihen und fühlen sich nur in ihrer natürlichen Umgebung, ihrer Heimat, wohl: »Der Ebenholzbaum wird in Ägypten nicht schwarz. Die Sümpfe von Punt sind grün von Binsen und Rohr, doch findet man dort nicht die Sykomore (Ägyptens). Die Ähre der Gerste duftet nicht nach Weihrauch.«

Die Kontakte zu verschiedenen Stämmen und Völkern haben dazu beigetragen, aus Ägypten ein gastliches, kosmopolitisches Land zu machen und den kulturellen und materiellen Austausch zwischen dem Niltal und der mesopotamischen sowie nahöstlichen Welt zu begünstigen. Mit Beginn des Neuen Reiches wurden Nubien und das Land Kusch (der heutige Sudan) praktisch zu ägyptischen Kolonien. In diesen Gebieten nahm die Errichtung von Tempeln längs des Nils, bis hin nach Abu Simbel, nach Soleb und darüber hinaus, den Charakter politisch-religiöser Propaganda an. Die Kontakte zwischen der ägyptischen Kultur und der kuschitischen hatten bedeutsame Folgen, denn aus ihr erwuchsen neue Kulturen: die napateische (die 24. Dynastie wurde von Königen, die aus Napata kamen gebildet) und später, in hellenistischer Zeit, die meroitische Kultur.

Die Gottheiten, die mit den fremden Händlern, den Söldnern oder den diplomatischen Missionen kamen, wurden in das ägyptische Pantheon aufgenommen. Man akzeptierte sie in den Tempeln neben den einheimischen Göttern oder bedachte sie mit eigenen Kultorten. So finden wir in Memphis Tempel der Astarte und der Anat, von Reschef und Baal-Saphon, ebenso wie von der Göttin Qadesch.

Obwohl die Pflichten – als Soldat oder als Beamter – den Ägypter häufig dazu zwangen, außerhalb seines Landes zu reisen, sei es auf Schiffen oder Karawanenwegen, zu Fuß oder auf dem Eselsrücken, ist es dennoch nicht so, dass er eine besondere Vorliebe für das Abenteuer oder die Welt »der Anderen« gehabt hätte. Die schon erwähnte Erzählung von den Abenteuern Sinuhes, der Lebensgeschichte eines Emigranten, der im Ausland sein Glück gemacht hat, endet mit dem »glücklichen (!) Ende«, der Rückkehr nach Ägypten, um dort zu sterben.

Auch die Lektüre der *Schultextsammlungen* aus der Ramessidenzeit ändert diesen Eindruck nicht, sie verstärkt diesen allenfalls. Syrien wird darin als ein für den Beamten ungemütliches Land beschrieben. So ist der *Polemische Brief* (Papyrus

Anastasi I) ein amüsantes Stück Literatur des Lobes der Sesshaftigkeit. In jenem ent-
legenen Land (so fremd für den guten Ägypter, der seinen Nil liebt, dessen Ländereien von leicht befahrbaren Kanälen durchzogen sind, wo alles bekannt und vor-
hersehbar ist) verhält es sich mit allem genau entgegengesetzt – auch mit der
Landschaft. Die Täler hinten in den Bergen sind tagsüber dunkel, die Berge sind mit
sonderbaren, Angst erregenden Bäumen bedeckt, Eichen, Wacholder, Tannen, die
bis zum Himmel reichen. Menschen und Tiere sind feindselig und machen Angst,
Löwen sind zahlreicher als Panther, Bären und Beduinen lauern auf den Straßen im
Hinterhalt. Der arme Beamte, der den ihm zugewiesenen Dienstsitz, Jaffa, erreichen
muss, wird überfallen und ausgeraubt, während er sich ohne Führer an Abgründen
von – so präzisiert der Text – tausend Metern Tiefe bewegt. Am Bestimmungsort
angekommen, ist er gezwungen, an einer Straßenecke um Mitleid zu bitten. Natürlich handelt es sich hier um ein tendenziöses, gewollt übertriebenes Szenario, weil
es im und für den Bereich der Schule entstanden ist, doch drückt es gut die Menta-
lität des Ägypters aus.

Soweit ich weiß, gibt es in der ägyptischen Literatur nur ein einziges Beispiel
einer Person, die sich zum Zeitvertreib auf Reisen außerhalb Ägyptens begibt (so
wie der Typ des romantischen Reisenden oder des gelangweilten Europäers des
19. Jahrhunderts). Dieser freiwillige Reisende ist der Hauptakteur eines faszinierenden volkstümlichen Märchens, des *Verwunschenen Prinzen*. Dieser zieht, zum
jungen Mann geworden, das Unbekannte der Sicherheit in Untätigkeit vor, nachdem
er in einem von der Welt abgeschiedenen Palast gelebt hat, um das Schicksal des
Todes abzuwenden, das ihm im Augenblick seiner Geburt von den sieben mütterlichen Feen vorhergesagt worden war – gerade so, wie es in unserem Märchen vom
Dornröschen geschieht. So begibt er sich inkognito nach Nordsyrien. Hier, in Naha-
rina, gewinnt er die schönste Prinzessin, indem er die anderen Bewerber in einem
Hochsprungwettbewerb besiegt. Dabei erreicht er das Fenster des Turms, in dem
das Mädchen von seinem Vater festgehalten wird. Es fehlt das Ende des Papyrus, der
uns das Märchen überliefert hat, doch darf man annehmen, dass alles aufs Beste
endete, dass die Macht des Schicksals von der Macht der Liebe besiegt wurde und
dass der Prinz und seine Verlobte nach Ägypten zurückkehrten, dem besten Land
der Welt.

Die Arbeit auf den Feldern
Landwirtschaftliche Produktion und Viehzucht

Ägypten war ein im Wesentlichen agrarisches Land und infolge der jährlichen Nilschwemme überaus fruchtbar. Das »Schwarze Land« (Kemet), ein Name, mit dem sehr häufig die geografische Gesamtheit der »Beiden Länder«, des Deltas und des Niltals, bezeichnet wurde, erstreckte sich vom Mittelmeer bis zum ersten Katarakt in der Höhe von Assuan. An dieser Stelle unterbrachen die aus dem Strom ragenden Felsen den normalen mühelosen Schiffsverkehr auf dem Wasserlauf. Derselbe Ausdruck »Schwarzes Land« beschrieb ebenso gut den fetten, dunklen lehmhaltigen Schlamm, den der Nil, wenn er sich zurückzog, auf den überschwemmten Ländereien zurückließ, die damit zum Pflügen und Säen bestens vorbereitet waren.

Aus dem Nil hatten die Ägypter eine androgyne Gottheit gemacht, ein Symbol der Fruchtbarkeit und der Nahrungssicherheit für die Einwohner von Kemet. Mit Blick auf den Rest der Menschheit war dieses Volk somit privilegiert. Zwar hatte die göttliche Vorsehung die anderen Völker der weniger glücklichen Landstriche nicht vernachlässigt, doch mussten sie sich für ihre Überlebensbedürfnisse mit dem »Himmelswasser«, dem Regen, zufrieden geben.

Der Kreislauf der Jahreszeiten folgte dem Rhythmus der Überschwemmung: die erste Jahreszeit war die Achet-Jahreszeit (die eigentliche »Schwelle/Überschwemmung«), auf sie folgten die Peret-Jahreszeit (wenn die Felder wieder aus dem Wasser »hervortraten«; die »Aussaat« oder der »Winter«) und schließlich die dritte, die Schemu-Jahreszeit (wenn »das Wasser fehlt«; die »Ernte« oder der »Sommer«). Der größte Teil der Bevölkerung arbeitete in der Landwirtschaft. Entweder war er auf den Ländereien des Königs oder den Tempelgütern, die den Priestern zur Ausbeutung zur Verfügung standen tätig, auf den Feldern der mehr oder weniger großen privaten Landgüter oder auch auf eigenen kleinen Höfen. Als abhängige Arbeiter wurden die Bauern in Naturalien bezahlt – geprägtes Geld als Tauschmittel war im Ägypten der Pharaonen stets unbekannt.

Die landwirtschaftlichen Geräte waren einfach, aber zweckmäßig. Die Hacke mit dem breiten hölzernen Blatt (in vielen Museen sind Exemplare davon zu bewundern, doch dank den vielen landwirtschaftlichen Szenen auf den Wanddekorationen der ägyptischen Gräber vom Alten Reich an können wir sie auch sozusagen »im Gebrauch« sehen), der Pflug, ebenfalls aus Holz, häufig an Ochsen angespannt, die Sichel zum Mähen von Weizen und Gerste. Zudem gab es allerlei Gegenstände

(oben) Pflüger und Sämann. Theben, Tal der Könige, Grab Ramses' III. (20. Dyn.) (I. Rosellini, Monumenti Civili)
(unten) Ägypten heute (1999): Pflüger im Faijum

wie die Schwingen zum Worfeln der Getreidekörner, um sie von der Spreu zu trennen, nachdem die Ähren von sich im Kreis bewegenden Ochsen oder Eseln auf der Tenne ausgetreten wurden. Ferner existierten Scheffel, Körbe, Kannen, Schläuche, Behälter jeder Art für Milch und Wasser, Bier und Wein.

Das Getreide wurde in Silos aus getrocknetem Schlamm gelagert; am Boden hatten diese eine Öffnung, aus der man nach und nach die zum Mahlen benötigte Menge herausholen konnte. Das Stroh wurde in große Netze zu dichten, gelben Bündeln gepresst, auf den Rücken geduldiger Esel geladen und so abtransportiert. Der größere Teil des Strohs diente, ganz fein geschnitten, als Beimengung zur Herstellung von Lehmziegeln, die nach Trocknung an der Sonne das am meisten verwandte Baumittel in Ägypten waren.

Ob das Jahr für die Bauern gut oder schlecht war, hing, wie wir sahen, vom Pegel der Nilschwelle ab, die weder zu übermäßig noch zu gering ausfallen durfte. Seit den ersten historischen Dynastien versuchte man, das Ausmaß der Überschwemmung vorherzusehen, während sie von Nubien her herannahte. Der Staat sollte daher mit perfekten kollektiven Maßnahmen einschreiten können, um die Folgen eines schlechten Jahres abzumildern. Aus diesem Grund wurde ein recht engmaschiges System von Kanälen angelegt, für die sorgfältige Reinigung der wichtigsten Kanäle gesorgt und wurden Getreidereserven zur Verteilung an die weniger Begüterten für den Fall einer Hungersnot gesammelt. Es ist historisch überliefert, dass Ägypten wiederholt »schlechte Jahre«, d. h. verschiedene Hungersnöte, durchmachen musste, deren Ausmaß verringert werden konnte, wenn die Zentralverwaltung effizient arbeitete, die jedoch katastrophal endeten, wenn sich die politische Zentralmacht selbst in der Krise befand.

Auf den ägyptischen Feldern wurde neben Getreide auch Flachs angebaut, eine Pflanze, die seit prähistorischer Zeit als Gewebefaser genutzt wurde. Die Landschaft des Niltals und des Deltas war grün bewachsen mit Baumkulturen wie Feigen, Palmen und Maulbeerbäumen. In den Oasen, aber auch im Delta, gab es zahlreiche Weingärten (es ist bekannt, dass die besten Weinbauern Syrer waren), dagegen wenig Oliven, die zumeist aus dem Nahen Osten importiert wurden. Zum gewöhnlichen Gebrauch diente das aus Sesam- und Rizinussamen gewonnene Öl. Es wurde in Öllampen verwendet, in denen Dochte brannten und die eine Beleuchtung lieferten, die den Augen der Menschen damals vermutlich unzureichend erschien. Allerdings war das Licht damals offenbar nicht schlechter als das, welches unsere westliche Welt bis zur Erfindung des elektrischen Lichts in der Neuzeit genossen hat.

Bewässerung und Ackerbau im Allgemeinen zielten dank einer zentralisierten Organisation, durch die der Staat die Verwaltung der Kanäle kontrollierte, auf die optimale Ausbeutung des Bodens. Schreiber und Beamte waren stets auf der Hut. Die beständige Furcht des Bauern galt einer unzureichenden Überschwemmung

(oben) Schnitter und Ährenleserin. Theben, Grab des Sennedjem (19. Dyn.)
(unten) Das geerntete Getreide wird fortgebracht, und die Schnitter ruhen sich im kühlen Schatten eines Baumes aus. Theben, Grab des Menna (18. Dyn.)

(oben) Zwei Mädchen raufen sich auf dem Getreidefeld (Detail aus gegenüberliegender Abb. unten)
(unten) Auf dem gepflügten Feld lässt sich ein Mädchen von einer Gefährtin einen Dorn aus dem Fuß ziehen (Detail aus gegenüberliegender Abb. unten)

und Naturplagen wie Heuschrecken oder Nagetieren. In der *Berufssatire*, die in der *Lehre des Cheti* enthalten ist, werden die Lebensbedingungen des Bauern in düsteren Farben beschrieben:

> Der Bauer beklagt sich ewig,
> seine Stimme ist lauter als die der Raben,
> seine Finger und Arme sind an Grünzeug gewöhnt,
> er müht sich ab mitten in den Sümpfen und ist immer zerlumpt.
> Es geht ihm gut, wie es einem unter Löwen gut geht:
> die Peitsche trifft ihn schmerzhaft, und er leidet unter ihr;
> wenn er von dort fortgeht, von den Feldern, abends nach Hause kommt,
> hat ihn die Reise [bis nach Hause] entkräftet.

In einem Text der *Schulliteratur* aus der Ramessidenzeit tendieren die Töne zur Genreszene und ins Humoristische (Papyrus Lansing):

> »Lass mich die Lebensbedingungen des Bauern beschreiben (...). Er verbringt den Tag damit, seine Geräte zu schnitzen, um Korn anzubauen, und verbringt die Nacht damit, Seile zu flechten, und auch den Mittag verbringt er auf den Feldern bei der Arbeit. Er rüstet sich aus, um auf die Felder zu ziehen, als wäre er ein Krieger. Jetzt liegt der Boden trocken vor ihm, und er geht wieder fort, um sich Ochsen zu besorgen und sie vor den Pflug zu spannen. Nachdem er viele Tage bei seinem Hirten verbracht hat, spannt er endlich die Ochsen an. Er kommt mit ihnen und öffnet ihnen den Zugang auf die Felder. Kurz nach Tagesanbruch geht er zur Arbeit und findet sie nicht an ihrem Platz. Er sucht sie drei Tage lang und findet sie in einem Sumpf.«

Die Beschreibung fährt fort mit dem unheilvollen Besuch der Steuerbeamten.

Man mag zu Recht glauben, dass die Töne gewollt übertrieben sind – unter dem Aspekt, dass die Texte die Schüler überzeugen sollten, der beste Beruf sei der des Schreibers. Es liegt jedoch etwas Wahres darin, dass die Steuerlasten drückend waren und – nach einem Sprichwort – die Feder leichter ist als der Spaten. Das drückten auch die alten Ägypter in überraschend gleichen Bildern aus, wenn sie den ergreifenden Lebensrahmen im Falle einer Verpflichtung zu harter Handarbeit skizzierten (Papyrus Sallier I):

> »Werde Schreiber! Bewahre dich vor Anstrengungen und schütze dich vor jeder Art Arbeit. Halt dich fern davon, Hacke und Karst (ebenfalls eine Art Hacke) zu tragen und einen Korb zu tragen. Halt dich fern davon, das Ruder zu bedienen, und bewahre dich vor Leiden, denn du stehst nicht unter vielen Herren und zahlreichen Aufsehern. Der Mensch kommt aus dem Schoß seiner Mutter und läuft auf seinen Herrn zu. Das kleine Kind steht einem Soldaten zu Diensten, der junge Mann ist Späher und Kundschafter, der Ältere ist dazu bestimmt, Bauer, der Erwachsene

Soldat zu sein. Der Lahme soll den Pförtner machen und der Blinde den Mäster des Viehs. Der Vogelfänger geht (auf den Anstand), der Fischer versinkt (im Wasser), dem Wahrsager geht es wie dem Bauern, der *Wab*-Priester verrichtet den Gottesdienst und vertreibt sich die Zeit – es gibt drei davon (d. h. tägliche Gottesdienste) –, im Fluss zu tauchen, und unterscheidet nicht zwischen Winter und Sommer, ob der Himmel windig oder regnerisch ist. Der Aufseher der Ställe ist bei der Arbeit, kaum dass sein Gespann auf das Feld gelassen ist: Während für seine Frau die Gerste ab- gemessen wird, ist seine Tochter auf dem Deich, und eine Dienerin ist in der Gruppe der Arbeiter (?) und sein Diener ist in Tura. Der Bäcker bäckt das Brot und setzt das Brot auf das Feuer, mit dem Kopf im Backofen, während sein Sohn ihn an den Füßen hält: falls er aus den Händen seines Sohnes glitte, fiele er nach hinten in den Back- ofen. Doch der Schreiber steht an der Spitze aller Arten von Arbeit auf dieser Welt.«

Der Ackerbau bildete die Grundlage der Wirtschaft des Landes. Sie war durch den Umstand der Nilschwelle begünstigt, die gerade passend im Sommer kam, sodass die Arbeiten auf den Feldern in ihrem Rhythmus durch das Hochwasser des Flus- ses bestimmt wurden. Wie schon gesagt, es war zur Vermeidung der Gefahr von Hungersnöten existentiell wichtig, sowohl ein engmaschiges Kanalisierungssystem für das Wasser zu organisieren als auch die Kanäle frei zu halten. Diese Aufgaben wurden vom Staat streng kontrolliert.

Der fruchtbare Boden, den der Nil bei seinem Rückzug zurückließ, war leicht zu pflügen und zu hacken und auch die Aussaat war mühelos. Diese Arbeiten wurden allesamt häufig von Frauen verrichtet. Damit die Samen in die Furchen ein- drangen, wurden sie von Schweinen oder Schafen eingetreten. Pflüge wurden von zwei Kühen gezogen und von einem oder zwei Männern geführt. Die Bildszenen auf den Grabwänden, aber auch die Zeichnungen auf den Papyri des *Totenbuchs* sind sehr aussagekräftig und reich an nebensächlichen, aber hübschen Details: Streit unter Mädchen, Pausieren von der Arbeit in der Kühle der Bäume, Durst- löschen in großen Zügen aus dem Schlauch, der in den Zweigen hängt …

Besonders auch die Gemüseanpflanzungen mussten bewässert werden, und man sieht dabei Bauern, die Wasser in Krüge schöpfen, die sie jeweils zu zweit an ein Tragholz hängen und sich auf die Schultern laden. Bewässerungsszenen in den Gräbern von Theben zeigen die Verwendung des Schadûf, einer mechanischen Vor- richtung zum Wasserschöpfen, die während des Neuen Reiches aus Syrien nach Ägypten eingeführt wurde.

Die Landwirtschaft basierte auf dem Anbau von Getreide (Weizen, Spelt, Gerste) und Flachs. Der Sommer begann mit der Flachsernte, wobei zur Gewinnung mög- lichst langer Gewebefasern die Stängel nicht geschnitten, sondern aus dem Boden gerissen, an der Wurzelseite zu Bündeln gebunden, zum Trocknen auf den Feldern gelassen und anschließend durch Kochen weich gemacht wurden. Danach klopfte man die Stängel, die sodann gesponnen werden konnten. Die Herstellung von Lei-

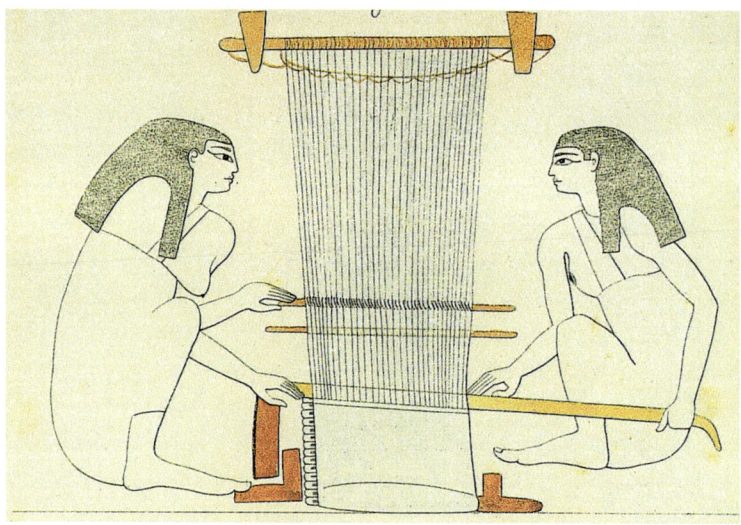

(oben) Leinenernte. Theben, Grab des Sennedjem (19. Dyn.)
(unten) Weberinnen am Webstuhl. Beni Hassan, Grab des Chnumhotep (Mittleres Reich) (I. Rosellini, Monumenti Civili)
(gegenüber, oben) Ein nacktes Mädchen am Wasserufer. Theben, Grab des Menna (18. Dyn.)
(gegenüber, unten) Gewinnung und Vorbereitung des Schlamms für die Lehmziegel. Theben, Grab des Rechmire (18. Dyn.)

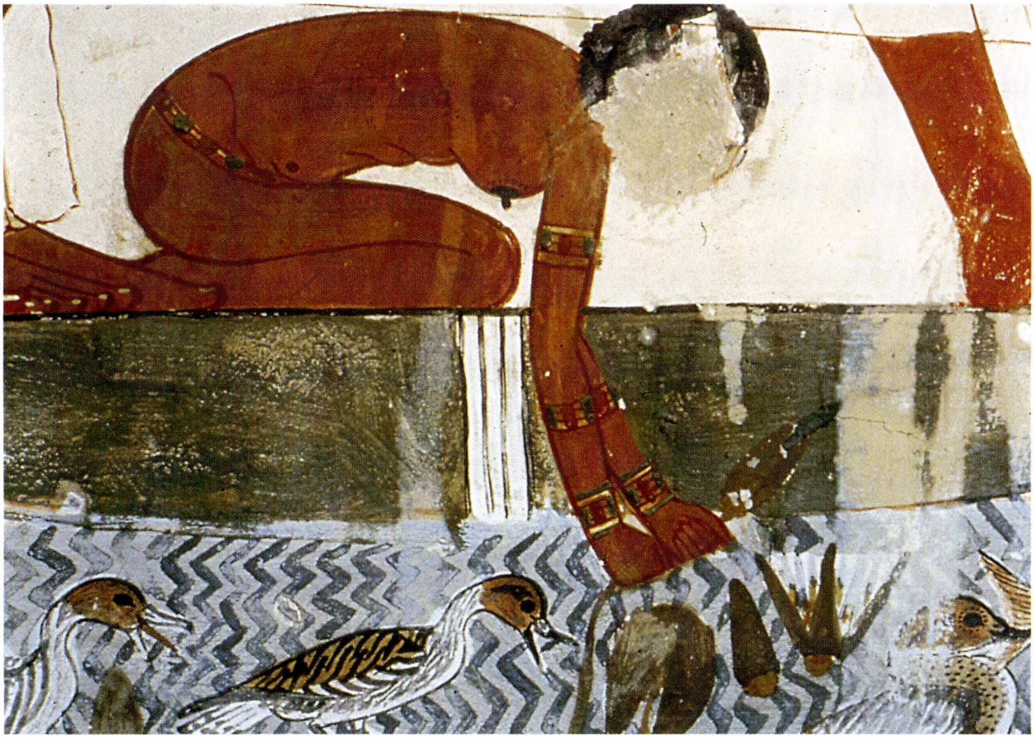

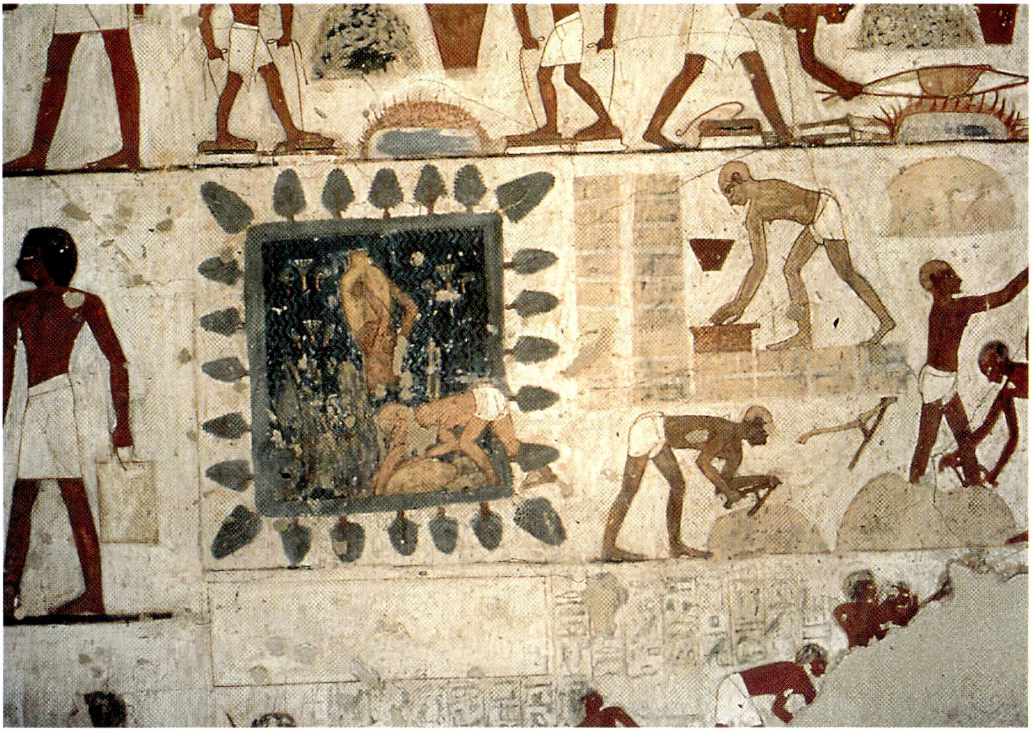

nenstoffen ist in Ägypten seit der prädynastischen Zeit bezeugt und blieb bis in die römische Epoche sehr bedeutend.

Auf den Darstellungen des Spinnens und Webens, die ab dem Mittleren Reich auf den Grabwänden erscheinen, stehen Frauen an der Spindel und am Webstuhl, aber auch Männer, wie man es an den Gräbern von Beni Hassan sieht. Vom Neuen Reich an werden häufiger Männer als Weber dargestellt. »Die Ägypter haben ganz andere Sitten und Gewohnheiten als die übrigen Menschen«, wunderte sich Herodot (II, 35). »Bei ihnen gehen die Frauen auf den Markt und treiben Handel, und die Männer sitzen zu Hause und spinnen.«

Technik und Bauweise der ägyptischen Webstühle sind dank entsprechender dargestellter Szenen in den Grabmalereien und dank der erhaltenen Modelle, die man während der 12. und 13. Dynastie in den Gräbern zu deponieren pflegte, gut bekannt. Sie lassen uns die Arbeiterinnen dreidimensional mit ihren Instrumenten in Aktion beobachten. Daher wissen wir auch, dass zwei Typen Webstühle existierten: der ältere horizontale und der vertikale aus der Zeit der Hyksos, der vielleicht aus dem Nahen Osten eingeführt wurde.

Die ägyptischen Webstoffe waren in bestimmten Fällen von außerordentlicher Qualität, sehr fein und transparent. Aus solchen äußerst edlen Textilien wurden die königlichen Stirnbänder hergestellt, die Schurze und die losen plissierten Gewänder der Könige sowie der Adeligen, ebenso die glatten, transparenten Trägerkleider der Frauen. Leinen war vor allem weiß, doch fehlten auch farbige bis hin zu bunten Stoffen nicht, die manchmal in Gobelintechnik gewebt waren.

Die Arbeitskleidung, die Schurze der Bauern und Arbeiter waren aus grobem Leinen, hin und wieder auch aus anderen Fasern (Palmfasern zum Beispiel) oder aus Leder. Fischer arbeiteten jedoch häufig nackt im Wasser.

Zur Getreideernte (Gerste, Spelt, Weizen) benutzten die Bauern Geräte wie hölzerne Sicheln mit eingearbeiteten Zähnen aus Kieselsteinen, große Gabeln und schließlich Scheffel zum Messen der Körner. Die Arbeit konnte von Musik begleitet sein, wie es die unterhaltsamen Details der Grabszenen aufzeigen: ährenlesende Mädchen bei ihrer Arbeit, Pausieren unter dem Baum, um aus dem hängenden Schlauch zu trinken, ein Nickerchen und schließlich noch die Flötensonatine im Schatten des Laubwerks.

Die Getreidebündel wurden, wie schon gesagt, von Ochsen oder Eseln getreten, die auf der Tenne im Kreis liefen. Die Frauen trennten die Spreu, indem sie das Korn in die Höhe warfen. Das Getreide wurde in Scheffeln gemessen und in die Kornkammersilos transportiert, was von Schreibern sorgfältig registriert wurde. Auch die Ernte war von Tanz und Gesang begleitet.

Die Bauern lebten hauptsächlich im Freien. Ihre Häuser der Bauern waren einfache Lehmhütten, die mit Rohr und Blattwerk gedeckt waren. Ihre Einrichtung war auf das Minimum beschränkt. Sie bestand aus Matten, einigen Kisten zur Aufbe-

Eine Herde durchwatet einen Kanal, der Hirte hilft dem Kalb. Sakkara, Mastaba des Tii (5. Dyn.)

wahrung von Kleidern, Wäsche und verschiedenem Schmuck. Ebenso gehörte Geschirr dazu, zweifellos aus Terrakotta, eine Unmenge an porösen Tonkrügen zur Frischhaltung von Wasser, zahlreiche Körbe aus geflochtenen Binsen sowie Seile jeder Art, aus Palmfasern und grobem Leinen, für ganz verschiedene Zwecke wie zum Anbinden von Tieren oder Festbinden von Eseln.

Auch Bienen wurden in Bienenstöcken aus tönernen Gefäßen gezüchtet. Sie hatten eine bikonische, auf beiden Seiten offene Form und waren horizontal aufgestellt. Der Honig wurde den Bienen entwendet, indem man sie mit Rauch verscheuchte. Honig fand eine breite Verwendung zur Erhöhung des Alkoholgehalts des Weines, zur Herstellung von Süßspeisen und auch in der Medizin als Weichmacher in Verbindung mit anderen Substanzen.

Zur Zucht domestizierten die Ägypter die dazu am besten geeigneten Tiere: Rinder, Esel, Ziegen, Schafe und Schweine. Auf Höfen und Kanälen schnatterten Gänse und Enten. Auch Pelikane, deren Eier man schätzte, wurden gehalten, Kraniche, Schwäne sowie Tauben. Die Viehhirten ließen ihren Tieren große Sorgfalt angedeihen, pflegten und molken sie, und einige Bildszenen zeigen sie, wie sie durch einen Sturzbach waten, die Kälbchen auf dem Arm, wie sie Kälbern bei der Geburt helfen oder Jungtiere vor gefräßigen Krokodilen schützen.

Das Vorbild eines Bauern und Hirten, der junge Bata, wird in einer Erzählung des Neuen Reiches mit dem Titel *Das Brüdermärchen* beschrieben:

>»Sein jüngerer Bruder war bei seinen Tieren, ganz wie er es jeden Tag gewohnt war. Jeden Abend kehrte er nach Hause zurück, beladen mit allerlei Kräutern vom Felde, mit Milch, Holz, und mit allen guten Dingen der Felder. Er legte sie vor seinem größeren Bruder ab, der mit seiner Frau dasaß. Dann trank er, aß und ging hinaus, um in seinen Stall inmitten seiner Tiere zu schlafen, allein. Als die Erde hell geworden und ein zweiter Tag gekommen war, erhob er sich und bereitete gekochte Speisen zu und setzte sie seinem größeren Bruder vor. Der gab ihm Brote für die Felder, dann trieb er seine Rinder hinaus, um sie auf den Feldern fressen zu lassen. Während er hinter seinen Rindern herging, sagten sie zu ihm: ›Gut ist das Gras an dem und dem Platz‹, und er hörte all das, was sie sagten, und trieb sie zu dem guten Platz mit dem Gras, das sie sich wünschten. So gediehen die Rinder, die er hütete, überaus gut und kalbten vielmal so oft.«

Auf den großen landwirtschaftlichen Besitzungen konnten die Herden der Zuchttiere beachtliche Größe erreichen; sie beliefen sich bis auf 120 Rinder, 100 Schafe, 1200 Ziegen und 1500 Schweine.

Das Pferd tritt in Ägypten erst gegen 1600 v. Chr., d. h. im Neuen Reich, in Erscheinung. Es galt als edles Tier, das nicht zur Arbeit eingesetzt wurde, sondern ausschließlich vor Streit- und Paradewagen gespannt wurde.

In den sorgsam rechteckig angelegten bewässerten Gemüsegärten wuchsen Zwiebeln, Knoblauch, Linsen und Bohnen, Kichererbsen, Lattich, Wassermelonen, Zu-

(oben) Feigenernte und gefräßige Affen. Beni Hassan, Grab des Chnumhotep (Mittleres Reich) (I. Rosellini, Monumenti Civili)

(unten) Tabletts angehäuft mit verschiedenen Lebensmittel: Wein, Obst, spitze und kegelförmige Brote, Zwiebeln. Beni Hassan, Grab des Amenemhat (Mittleres Reich) (I. Rosellini, Monumenti Civili)

ckermelonen, Koriander und Kümmel, Petersilie und Sellerie. Für den gewöhnlich
mit dem Haus verbundenen Garten war viel Platz vorgesehen.

Der Garten als mit Bäumen, Sträuchern und Blumen bepflanzter Ort, versehen
mit einem See, der auch als Bewässerungsvorrat bestimmt war, besaß in der Kultur
des täglichen Lebens der Pharaonenzeit eine große Bedeutung. Er bot Schatten,
schenkte jedoch auch Blumen zur Erfreuung der Augen, Duftessenzen für Kosmetik und medizinische Rezepte, Obst für den Tisch und Gemüse für die Küche. Der
Kultivierung von Blumen und Zierpflanzen kam eine beträchtliche ökonomische
Bedeutung zu, da viele Personen sowohl für die Kulturen selbst als auch für die
Herstellung der Blumenarrangements beschäftigt wurden. Es gab keine Zeremonie
in Tempeln, an Gräbern oder Feste und Gastmähler, an denen Arrangements von
Blumen, Obst und Gemüse gefehlt hätten.

Die Weinrebe wurde spalierartig, vor allem aber in Laubenform kultiviert, und
auf den Grabmalereien in Theben sehen wir häufig Pergolen dargestellt, die hauptsächlich um den See oder das Wasserbassin angelegt sind. Die *Vitis vinifera* gedieh
in dieser Gegend mindestens seit dem Ende des 4. Jahrtausends, vielleicht aus den
Bergregionen Südpersiens oder dem Nahen Osten eingeführt, und schon damals
verwandte man ihre Trauben zur Herstellung von Wein. Diese Ansicht kann dank
den Amphorenfunden als gesichert gelten, die in die Zeit der ersten Dynastien zu
datieren sind und außen sowie auf dem tönernen Pfropfen das in Hieroglyphen
geschriebene Wort »Wein« tragen.

Ob nun Reben an niedrigen Stöcken oder an hohen Ranken angebaut wurden,
die Trauben, die wir in den ägyptischen Gräbern in ländlichen Szenen, sei es auf
Tischen aufgehäuft, sei es auf Deckendekorationen dargestellt sehen oder auch im
Bestattungskontext als junge Triebe, die zusammen mit dem kugelförmigen *Nu*-
Gefäß für Wein dargeboten werden, sind üppig, die Beeren prall und bläulich.
Man kann sie mit Augen vergleichen, den Augen des Gottes Horus, aus denen sie
nach dem Mythos entstanden sein sollen. In Edfu wird der Wein »Goldenes Auge
des Horus« genannt. Trauben wurden als Obst verzehrt, wenn man nicht ihren Saft
trank, doch vor allem stellte man aus ihnen Wein her.

Weinlese und die fröhliche Atmosphäre, die sich auch damals dabei einstellte,
finden sich in den Gräbern häufig dargestellt. Die Weinleser pflücken die Trauben
vorsichtig mit der Hand, danach werden die mit Trauben prall gefüllten Körbe in
große steinerne Becken getragen, wo sie von den Menschen mit den Füßen
gestampft werden. Diese halten sich an Seilen fest, die über dem Becken hängen,
damit sie sich inmitten der Weindünste aufrecht halten können. Um einen Rhythmus einzuhalten, musizierte und sang man, während die so stimulierten jungen
Leute sich in Spielen jeder Art austobten.

Den Wein gewann man, indem man die Trauben in dem Becken gären ließ, wonach
er dann abgefüllt wurde. Die Kelterreste drückte man anschließend in einer Art

(oben) Weinlese, Traubenkelter, Umfüllen des Mostes und Transport. Theben, Grab des Chaemwaset (18. Dyn.)
(unten) Weinamphoren werden auf eine Barke getragen (Detail aus obiger Abb.)

Presse aus, d. h. man presste sie in einem mit zwei Stangen versehenen Sack aus. Diesen sehr alten Typ einer Presse finden wir schon in Gräbern des Alten Reiches dargestellt und dann auch in verschiedenen Varianten im Mittleren Reich. In der Folgezeit, im Neuen Reich, wird der Gebrauch der Sackpresse durch eine Pfahlkonstruktion perfektioniert, und man beginnt auch mit der Verwendung der Rebenpresse.

Die Flüssigkeit wurde gefiltert, dann zur Gärung in Krüge gegossen (sie erfolgte also nicht in den Becken und konnte nicht durch Erwärmung beschleunigt werden) und daraufhin dekantiert. Vor dem Trinken wurde der Wein durch Mischung verschiedener Typen behandelt, mit Siphons umgefüllt und manchmal mit Honig versetzt, welcher den Alkoholgehalt des Weins steigerte und ihn lieblicher machte. Man stellte auch einen stärkeren alkoholischen Wein mit gekochtem Most her (Granatapfelwein), der auf ägyptisch Schedeh hieß.

Auf den Weinamphoren sind oft zur Anpreisung des Inhalts Weinreben und Trauben gemalt. Dass die Innenwand der Amphoren mit Harz oder Bitumen beschichtet gewesen sein solle, um diese abzudichten, ist mindestens bis zur griechischen Zeit, als geharztes Pech mit Sicherheit in Gebrauch war, ein Streitpunkt.

Die Wein enthaltenden Krüge waren mit Lehm versiegelt, in den der offizielle Stempel eingedrückt war. An vielen Krügen fand man Löcher vor, die man sicherlich angebracht hatte, um zu verhindern, dass sie durch die Ansammlung von Gas explodierten. Die Löcher selbst verschloss man mit Pfropfen aus Stroh, Wachs oder Lehm und mit dem jeweiligen Siegel des Besitzers (so wie die Amphoren aus dem Grab Tutanchamuns).

Wein wurde in großen Mengen produziert, da die Reben gut trugen. Das Klima Ägyptens war für ihren Anbau hervorragend geeignet, besonders im Delta und in den Oasen. So waren die Weingärten des Königs und der Tempel im Neuen Reich riesig. Sie wurden von erfahrenen Weinbauern verwaltet; zumeist von Gefangenen aus dem Nahen Osten. Überall, vor allem jedoch in Theben wurden während der Grabungen Amphoren und Amphorenfragmente mit Inschriften gefunden, die ganz genauso wie unsere Etiketten nähere Angaben zum jeweiligen Wein enthielten: »Jahr X des Königs Soundso, Qualitätswein, Güteklasse drei« (in manchen Fällen heißt es auch »Güteklasse acht«), oder es finden sich noch genauere Angaben: »Jahr III (des Siptah). Wein des 3. Tages aus dem Weingut des Tempels von Sethos-Merenptah (Sethos II.) im Gebiet Amuns, das ist der Gutshof von Atum, unter der Leitung des Vorstehers der Winzer Inana«. Demnach entstand also schon in der 19. Dynastie das Markenzeichen für kontrollierte Qualität.

Die Farbe des altägyptischen Weins war eventuell weiß oder rosé (vom Auspressen der Haut der Trauben).

Von der Stätte der Verarbeitung und Umfüllung in Amphoren wurde der Wein auf den Schultern in die einzelnen Weinkeller oder Magazine transportiert. Eine sehr hübsche Szene im Grab des Antef in Theben stellt zwei Diener dar, die vor der Tür zum Weinkeller ankommen. Einer hat eine Amphore auf dem Rücken, der andere klopft an, doch der auf dem Boden sitzende Wächter hinter der Tür ist tief in Schlaf versunken. »Er ist betrunken vom Wein«, kommentiert der Diener, der geklopft hat, so können wir in der Hieroglyphenbeischrift lesen.

Aus Syrien wurden sehr geschätzte Weinqualitäten importiert. Als Ersatz für den echten Rebensaft wurde auch Wein aus anderen Grundstoffen wie Datteln, Kokosnüssen oder aus Feigen hergestellt.

Zum medizinischen Gebrauch mischte man Wein mit anderen Ingredienzien. Zur Zubereitung eines Abführmittels war zum Beispiel »ein Maß Wein, ein Maß Honig, ein Maß Cyperus; zerstoßen und einen Tag lang trinken« vorgeschrieben. Von Wein, Weihrauch und Honig, so glaubte man, würden Darmwürmer abgetötet, mit Salz und Wein behandelte man Husten. Für die Zubereitung eines Aperitifs mischte man $2\,{}^{1}/_{2}$ Teile Wein auf ${}^{1}/_{8}$ gemahlene Gerste, ließ es für eine Nacht durchziehen, filterte und trank es.

Vor allem bei Festen wurde den Göttern Wein geopfert, wie zum Beispiel an Neujahr und beim Fest »der Trunkenheit«, das beim Eintritt der Nilschwelle gefeiert wurde. Hierzu sieht man in den Gräbern Szenen mit Pharaonen, die den Gottheiten Wein opfern, allen voran Hathor, der Göttin der Trunkenheit und der Liebe. Die Weinlesefeste fallen mit den Festen zusammen, die die jährliche Rückkehr der Überschwemmung ankündigen, zwischen Ende Juli und Mitte August. Es handelt sich dabei um Feste der Wiedergeburt der Natur par excellence.

»Zwei Flüssigkeiten«, schrieb Plinius d. Ä., »sind für den Menschen besonders angenehm: Wein von innen, Öl von außen«. Nicht anders als der römische Schriftsteller spürten auch die Ägypter die starke Verbindung zwischen Wein, Freude, Musik und Fest. Diesen Zusammenhang finden wir sogar in der Beschreibung des Weinkellers eines Tempels, und zwar desjenigen von Edfu: »Das ist der Raum des Weines und der Weinamphoren, wenn einer sich berauschen möchte. Dort ist das Glück, daraus erwächst Freude des Herzens.« Die berauschenden Eigenschaften des Weins wurden als göttliches Geschenk angesehen, und wenn man ihn trank, pries man die Gottheit. In einem pantheistischen religiösen Hymnus, den man in demotisch unter den Weisheitsmaximen der Lehre des Papyrus Insinger eingefügt liest, nämlich unter den Wohltaten, die den Menschen von Gott gewährt wurden, finden wir auch den Wein: »Gott lässt jeden Tag auf Erden sein geheimnisvolles Wirken erkennen, er lässt das Licht sein und die Dunkelheit, in denen sich alle Geschöpfe befinden (...). Gott ist es, der für den Menschen die Mittel zur Genesung von Krankheiten und den Wein zur Genesung von Traurigkeit gemacht hat.«

Weizen war die Grundlage für die Herstellung von Brot, *der* Speise, deren Erfindung
auf die Anfangszeit der menschlichen Zivilisation zurückgeht. Brot aßen Reiche und
Arme, König und Bergmann, und zu dem befand sich dieses Nahrungsmittel unter
den Opfergaben an die Götter. Es wurde von der Hausfrau auf folgende Weise zubereitet (bei den Reichen von den Dienerinnen): Nach dem Mahlen der Körner wurde
das Mehl gesiebt, dann geknetet, schließlich die geformten Brote in den zylindri-
schen Backöfen gebacken.

Mit dem Brot ist im alten Ägypten stets Bier verbunden, das populärste alkoho-
lische Getränk, das jede Familie für den Eigengebrauch selbst herstellte. Die gewöhnliche Herstellungsmethode für Bier war, nicht ganz durchgebackene Brote aus
Gerstenmehl in Wasser gären zu lassen. Dieser dicken Flüssigkeit wurden Datteln
hinzugefügt, um ihr Geschmack zu verleihen und um den Gärungsprozess zu unterstützen. Anschließend wurde sie gefiltert und in Krüge gegeben, die innen vermutlich mit Lehm bestrichen waren.

Städte und Dörfer
Baumeister und Handwerker

Als landwirtschaftliche Zivilisation schlechthin entwickelte das antike Ägypten frühzeitig auch »urbane« Merkmale mit einem System großer Metropolen (Memphis, Buto, Theben, Saïs, Tanis...) und einem dichten Netz von Städten und Dörfern.

Seit der ältesten Zeit war Lehm das grundlegende Material zum Bauen, denn er war am billigsten und in dem vom Schlamm des Nils angereicherten Land am leichtesten zu finden. Er wurde zu Ziegeln – Quadern aus Schlamm und zerkleinertem Stroh – geformt. Dazu verwendete man die gleichen Holzformen, wie sie noch heute in Ägypten zum selben Zweck in Gebrauch sind, zu Tausenden und Abertausenden ließ man sie in der Sonne trocknen.

Die großen Städte wie Memphis oder Theben waren sehr ausgedehnt und dicht bevölkert. Die Paläste und Villen waren mit Laubengängen und Säulen ausgestattet und von Gärten mit kleinen Seen umgeben, während die Viertel mit den Häusern der gewöhnlichen Bevölkerung oft mehrere Stockwerke besaßen und an engen, unregelmäßigen Gassen aneinandergereiht waren. Weite Stadtviertel waren den Tempeln, den aus Stein erbauten Wohnstätten der Götter, vorbehalten. Gleich wie bedeutend auch immer, ob größere Heiligtümer oder kleinere Tempelchen, sie waren von hohen Ziegelmauern umgeben, in die zwischen zwei massiven Vorsprüngen (den Pylonen) das große monumentale Tor eingefügt war. Im Innern der Umfassungsmauern fanden sich heilige Haine und Seen, Häuser der Priester, Archive, Speicher und den Tempeln unterstellte Werkstätten, außerdem das »Haus des Lebens« genannte Kultgebäude mit angeschlossener Bibliothek.

Leider sind die archäologischen Daten zum Städtebauwesen der Pharaonen nicht sehr umfangreich, auch wenn neue Methoden bei der Untersuchung der antiken Stadtgebiete möglichst viele Erkenntnisse zu gewinnen suchen. Der Plan einer Stadt wie Memphis, deren Gründung unter dem Namen »Weiße Mauer« – vielleicht eine Festung oder Residenz – in den Beginn der historischen Zeit fällt und die in ihrem wechselhaften Schicksal über die Jahrtausende zahllose Veränderungen, Erweiterungen und Zerstörungen erlebt hat, konnte nicht schematisch sein, vielmehr war er komplex und ungeordnet wie das Leben selbst. Die Spuren von Tempeln und Königspalästen sind dank der vorherrschenden Verwendung von Stein als Baumaterial besser erhalten. Zu einer während des Neuen Reiches erfolgten städtebaulichen Umgestaltungs- und »Erneuerungs«phase von Memphis ist ein direktes, außergewöhnliches Textzeugnis erhalten. Es handelt sich dabei um einen Brief – vielleicht das Muster eines Briefes aus ramessidischer Zeit –, der von einer Dame aus Memphis an eine in Theben wohnende Freundin gesandt wurde. In diesem Brief berichtet sie von den Neuerungen, die sie bei ihrer Rückkehr in die Stadt vorfand: »Ich bin nach Memphis gekommen und fand die Stadt in glänzenden Verhältnissen: Das ›Weiße Mädchen‹ (Memphis) ist wie ein in einem Nest aufgezogener Vogel. Das alte Memphis gibt es nicht mehr, es hat sich verjüngt, ist zur Herrin Nordägyptens geworden und hat ein ganz anderes Aussehen bekommen.«

Ein weiteres direktes briefliches Zeugnis über die städtebaulichen Schönheiten einer großen Stadt gibt es über Piramesse Meriamun (mit Beiname »Groß an Siegen«), die von Ramses II. (19. Dynastie) gegründete Hauptstadt des östlichen Deltas (zuvor hatte dort die Hauptstadt der Hyksos gelegen, Auaris, heute Tell Dabah-Kantir). Der Brief – oder aber auch in diesem Fall ein Musterbrief zum Schulgebrauch – lautet folgendermaßen:

> »Eine weitere Nachricht um mitzuteilen, dass ich in Piramesse Meriamun angekommen bin und die Stadt in besten Verhältnissen vorgefunden habe. Ein schönes Gebiet, das in ähnlicher Form nicht existiert, nach dem Vorbild von Theben. Re persönlich hat es gegründet. Die Residenz ist angenehm zum Leben. Das Land ist voll aller guten Sachen und hat Speisen und Vorräte jeden Tag. Seine Seen haben Fische, seine Teiche haben Vögel. Seine Gärten sind grün von Gras (…). Seine Kornspeicher sind voll von Gerste und Spelt und reichen bis zum Himmel. Es gibt Zwiebeln, Knoblauch und Lattich, Granatäpfel, Äpfel, Oliven, Feigen aus dem Garten und süßen Wein aus dem Weingarten von Kenkemet, der den Honig übertrifft. Es gibt rote Fische aus dem See der Residenz, die unter Lotosblumen leben (…). Barken fahren und legen an, sodass es Speise und Vorräte gibt jeden Tag. Dort wohnt die Freude, und keiner sagt ›Ich möchte haben!‹ Den Kleinen geht es gut wie den Großen.«

In einem weiteren Brief wird die Stadt gepriesen und als »die Schöne mit Balkonen von Lapislazuli und Türkis« beschrieben. Zur Zeit Ramses' II. waren die Hauptpunkte von Piramesse Meriamun durch Tempel markiert: im Westen der des Amun, im Süden der des Seth. Das östliche Gebiet war der asiatischen Göttin Astarte vorbehalten, das nördliche der Göttin Uto, der Schutzherrin von Buto, der uralten Hauptstadt des Nordens. Im Zentrum erhob sich der Königspalast an einem großen See, der mit dem »Wasser des Re« genannten Nilarm verbunden war.

Eines der faszinierendsten Monumente von Piramesse Meriamun, das in Tanis gefunden wurde und sich jetzt im Museum von Kairo befindet, ist die eindrucksvolle Statuengruppe aus poliertem dunklen Stein, die Ramses II. in der Gestalt eines nackten Kindes zeigt. Der Pharao, den Finger am Mund, hält in der linken Hand das Hieroglyphenzeichen *sw* (Binse), während er vor dem falkengestaltigen syrischen

Gott Hauron hockt. Die Statuengruppe ist ein dreidimensionaler Rebus, der zu lesen ist »Re hat ihn gezeugt«, d. h. der den Namen Ramses' II. verkörpert.

Die Spuren der riesigen Hauptstadt des Südens, des von Homer besungenen hunderttorigen Theben, das den Namen Waset, »Die Mächtige«, trug, aber auch Njut, »Die Stadt« (so wie Rom die *Urbs* war, die Stadt schlechthin), bedecken noch heute ein riesiges Gebiet. Diese Spuren sind dank der Erhaltung der Tempelkomplexe von Karnak und Luxor, die durch von Sphingen mit Widderkopf flankierte Alleen miteinander verbunden waren und teilweise noch sind, zu bewundern. In Luxor sind jüngst auch begrenzte Bezirke mit Wohnquartieren erforscht worden.

Eine andere Hauptstadt, Amarna, nach dem Willen des Pharaos Echnaton (18. Dynastie) nach einheitlichem Plan errichtet, man könnte sagen »auf dem Reißbrett entstanden«, und anschließend nach wenigen Jahren wieder verlassen, ist in einem Zustand erhalten, der ihre Untersuchung und genaue Vermessung erlaubt. Die Struktur der »Achetaton« (»Horizont Atons«) genannten Stadt ist sehr aufschlussreich. Es gibt dort Arbeiter- und Handwerkerviertel, die aus kleinen vollkommen gleichen Häusern mit drei Räumen bestehen, aber auch Viertel für die Vornehmen mit schönen, ausgedehnten und in Grün getauchte Villen.

In Amarna wie anderswo sind die Villengärten glückselige Orte, in denen die Auswahl der Pflanzen den symbolischen Wert widerspiegelte, der bestimmten Blumen, Früchten und Pflanzen zugesprochen wurde. Der blaue Lotos zum Beispiel, der auf dem Wasser des Sees auf seinem großen Blatt schwimmt und die Blätter im Morgenlicht öffnet, symbolisierte die tägliche Wiederkehr des ursprünglichen Wunders des Aufgangs der ersten Sonne auf der kosmischen Lotosblume, so wie seine duftende Blüte das Symbol der Erneuerung des Lebens war. Garant dieser Wiedergeburt war im Übrigen die gesamte Vegetation, insbesondere der grüne Papyrus, Sinnbild des Kreislaufs der Natur wie auch für Osiris, dem Urbild der verstorbenen und wiederauferstandenen Menschen. Palme und Sykomore wurden mit weiblichen Gottheiten, Nut, Isis oder Hathor, identifiziert, die den Verstorbenen im Jenseits empfingen und mit Wasser oder Milch von der eigenen Brust seinen Durst löschten. Die Dornakazie *(Acacia nilotica)*, der Mimose ähnlich, wurde als heiliger Baum betrachtet, der auf Osiris' Grab hervorspross.

Für die Gartenarchitektur Ägyptens hat uns das Alte Reich nur dürftige Zeugnisse, oft von nicht einmal sicherer Deutung, hinterlassen. Reichlicher werden sie im Mittleren Reich, doch im Wesentlichen beschränken sie sich auf die Arbeiten im bewässerten Nutzgarten, in dem auch Palmen und Reben angepflanzt werden. Jedoch zeigt uns ein Modell aus bemaltem Holz, das aus dem Grab des Mektire (11. Dynastie) in Theben stammt und sich jetzt im Metropolitan Museum of Art in New York befindet, einen Haustyp mit Säulenveranda. Dieser Haustyp hat einen dicht mit Sykomoren bestandenen Garten um ein Wasserbecken oder -reservoir, und

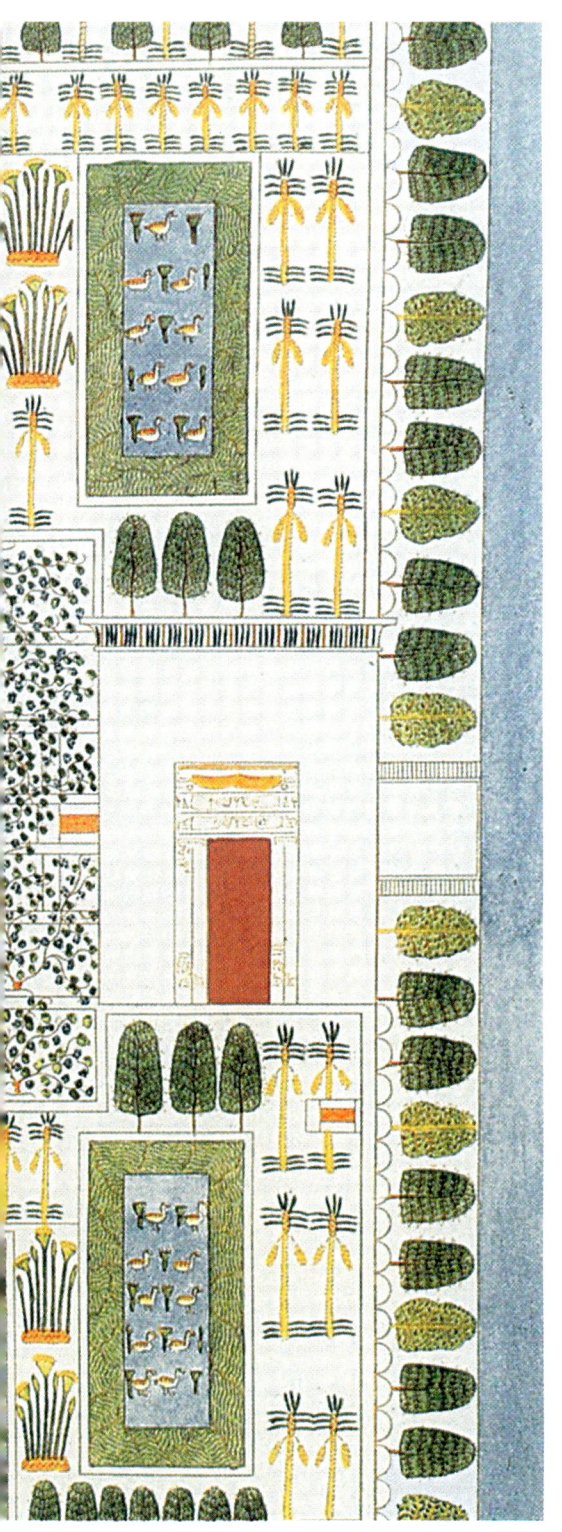

Der große Garten des Sennefer. Theben, Grab des Sennefer (18. Dyn.) (I. Rosellini, Monumenti Civili)

bemerkenswert ist hierbei, dass Wasserrinnen am Dach mögliches Regenwasser in das Bassin im Garten ableiteten.

Die in verschiedenen Varianten bezeugten Anlagen privater Gärten sind ab der 18. Dynastie dagegen sehr zahlreich. Sie zeigen uns einen in Grundriss und Grundelementen einfachen Plan. Der Garten besteht aus einem mehr oder weniger großen an das Haus angrenzenden Grundstück, ist mit Mauern umgeben, und seinen Mittelpunkt bildet ein Becken oder ein See von unterschiedlichen Ausmaßen. Die Pflanzen sind nach einem zweckorientierten Gesichtspunkt angeordnet: die höheren Bäume mit dichterem Laubwerk sind in den äußeren Bereichen angepflanzt, dann finden sich konzentrisch nach innen angelegt die weniger dicht wachsenden Pflanzen, Papyrusstauden, Mohn, Malven, Lilien sowie Alraunen.

Ein von einem Architekten der 18. Dynastie entworfener, auf eine Tontafel gezeichneter Plan (heute im Metropolitan Museum in New York) bezeugt, dass es richtige Gartenarchitekten gab. Wir wissen nicht, ob dieser Garten angelegt wurde oder nicht, doch der Entwurf ist minutiös ausgearbeitet, bis hin zur Angabe aller Maße in Ellen. So lässt sich beispielsweise berechnen, dass die baumbestandene Allee etwa fünfzehn Meter breit war. Die Darstellung der Fläche kann gleichzeitig als Querschnittzeichnung gelesen werden, ganz entsprechend den bekannten Konventionen für Architekturzeichnungen aus der Pharaonenzeit. Nach diesen Zeichnungen werden auf einem Plan dargestellte Gebäude im Aufriss auf die Fläche projiziert.

Ein anderes interessantes Dokument, eine Szene aus dem Grab des Ineni in Theben, stellt einen mit einer Mauer aus gestampfter Erde umgebenen Garten mit zwei Türen dar. Die beigefügte Hieroglypheninschrift beschreibt die Anpflanzungen, die Ineni in seinem Garten besaß: 73 Sykomoren, 31 Avocados, 170 Dattelpalmen, 120 Dumpalmen, 7 Feigen, 3 Akazienbäume, 12 Rebstöcke, 5 Granatapfelbäume, 12 Jujuben, 16 Johannisbrotbäume, 9 Weiden, 10 Tamarisken und weitere sicher bestimmte Bäume. Wie man sieht, handelt es sich um in den Gärten Ägyptens gemeinhin angepflanzte Arten: fruchttragende wie den Granatapfel (in Ägypten während der 18. Dynastie aus Asien eingeführt), die gewöhnliche Feige mit exquisiten Früchten, die Dattelpalme (Datteln spielten zumindest ab dem Mittleren Reich eine Rolle bei der Diät des Ägypters), die Avocado *(Mimosops schimperi)*, deren Frucht nach Apfel schmeckte und die dem Thot heilige Jujube *(Ziziphus Spina Christi)*. Der Olivenbau findet sich nicht in der Aufzählung des Ineni, da diese Pflanze erst relativ spät nach Ägypten kam (vielleicht in der Amarnazeit; ihr Verbreitungsgebiet waren die Oasen). Ihre Blätter finden wir auch bei Grabgirlanden wie den auf der Mumie Tutanchamuns gefundenen.

Bisweilen schlossen die Parks einen Obstgarten und als Gemüsegärten angelegte Bereiche ein, doch in den königlichen Anlagen oder denen bedeutender Persönlichkeiten kann man eine Tendenz erkennen, den Nutzbereich oder Obstgarten

(oben) Die Toilette im Palast Ramses' III. Theben, Medinet Habu (20. Dyn.)
(unten) Transport ungebrannter Ziegel. Theben, Grab des Rechmire (18. Dyn.) (I. Rosellini, Monumenti Civili)

immer stärker vom Ziergarten zu trennen, wobei letzterer näher am Haus lag. Bemerkenswert ist die »soziale« Differenzierung, die sich in den Städten anhand der Gärten zeigt. In städtischen Zusammenballungen, wo der zur Verfügung stehende Boden knapp war, waren die Gärten von geringerer Ausdehnung und fehlten geradezu in den ärmeren und dicht bewohnten Vierteln. Der Traum vom Grünen wurde dort durch wenige vor die Häuserfassaden gepflanzte Bäume erfüllt.

Die Königspaläste waren pompös, Fußböden und Wände prächtig mit Malereien verziert, die heute in vielen Museen zu den Exponaten gehören. Aus einem Palastarchiv stammen die Keilschrifttäfelchen von Amarna, die offizielle Korrespondenz Amenhoteps' III., Echnatons und Tutanchamuns mit den Herrschern Mesopotamiens, Babyloniens, Assyriens, der Hethiter und Hurriter.

Neben dem Palast des Apries in Memphis wurden noch weitere Königspaläste in Ägypten entdeckt: Zum einen die Residenz Amenhoteps III. in Malqata, in der sich der Palast auf einer Fläche von mehr als vierzig Hektar am linken Nilufer gegenüber von Theben erstreckte. Zum anderen in Abu Gurob am Eingang zum Faijum sowie in Medinet Habu, wo der Palast Ramses' III. (20. Dynastie) mit dem Totentempel des Königs verbunden war und wo der Pharao von dem mit Gold und polychromen Glaskacheln geschmückten »Erscheinungsfenster« des Palastes auf den Tempelhof blickte.

Die Tempel, die Grabaufbauten sowie die Pyramiden waren in der Regel aus Steinblöcken errichtet, aus Kalkstein, Sandstein, Granit, Alabaster, Diorit. Kleine Tempel oder »Kapellen« konnten aus ungebrannten Ziegeln mit einzelnen architektonischen Elementen aus Stein hergestellt sein. Diese Bauten wiesen Gärten mit Seen auf, in denen das klare Wasser des Nils zutage trat. Die Königin Hatschepsut (18. Dynastie) ließ aus dem Lande Punt – aus Somalia – Weihrauchbäume und Myrrhesträucher importieren, um daraus einen exotischen Hain für den Amuntempel in Theben gestalten zu lassen. Die Vorliebe für die Anpflanzung exotischer Gewächse, wie des Weihrauchbaums und des Myrrhestrauchs in den Tempelgärten, kehrte im Übrigen im Begriff des Gartens als eines Spiegels der Schöpfung, der vom Schöpfergott organisierten Natur in Ägypten und in den fremden Ländern wieder, die ebenfalls »Erde Gottes« waren. In diesem Licht ist der sog. »Botanische Garten von Karnak« zu verstehen, der auf den Wänden eines Tempelsaales Thutmosis' III. plastisch dargestellt ist. Er zeigt eine Sammlung exotischer und seltener, aber auch anomaler und sonderbarer Pflanzen, die während der siegreichen Feldzüge des Pharaos in den Gebieten des Nahen Ostens gesammelt wurden. Der die Darstellung begleitende Text informiert: »Jede Art fremder Pflanzen und jede Gattung schöner Blumen, die sich auf Gottes Erde finden«. Dieses kostbare »steinerne Herbarium« gibt einen aufschlussreichen Einblick in die Methode botanischer Systematik, die der an Natur interessierte Künstler der 18. Dynastie anwandte. Er hinterließ uns dabei geradezu einen ökologischen Katalog, denn mit der Flora verband er gleichzei-

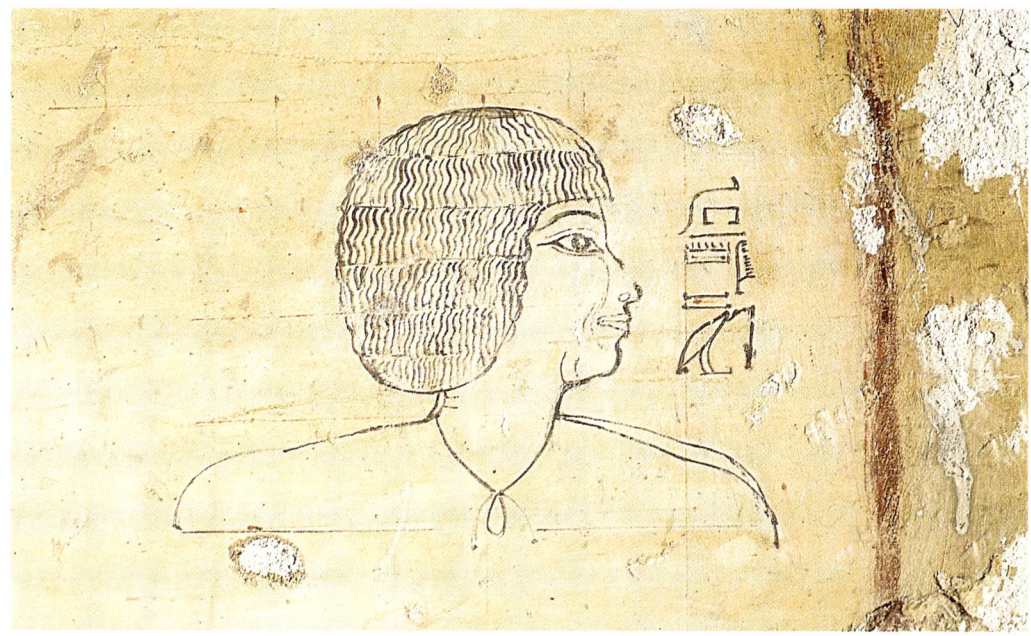

(oben) Lehmziegelarbeiter. Theben, Grab des Rechmire (18. Dyn.) (I. Rosellini, Monumenti Civili)
(unten) Porträt des Senmut, des Architekten der Hatschepsut und Majordomus des Amun. Theben, Grab 353
(18. Dyn.), auf der Treppenmauer

(oben) Deckenverzierung mit Rebblatt- und Weintraubenmotiven. Theben, Grab des Sennefer (18. Dyn.)
(unten) Nachzeichnung eines der Reliefs im »Botanischen Garten« des Tempels Thutmosis' III. in Karnak:
Vögel und Pflanzen aus fremden Ländern in Ägypten (W. Wreszinski, Atlas, II)

tig die Fauna (Vögel und Säugetiere), die zu diesem für Ägypten fremden Ambiente dazu gehörte.

Einige mit Mauern umgebene Typen von Dörfern waren für die »staatlichen« Arbeiter- und Handwerkergruppen bestimmt, die bei der Errichtung und Ausschmückung von Grabstätten und Totentempel der Pharaonen beschäftigt waren. So ist unter anderem an das Arbeiterdorf von Gisa zu denken (das älteste bekannte; es steht in Zusammenhang mit der Errichtung der Chephrenpyramide), an das von Kahun im Faijum und an das sehr gut erforschte von Deir el-Medineh. Letzteres liegt am Westufer des Nils gegenüber von Theben und liefert uns, dank seiner Nekropole, ein in jeder Hinsicht herausragendes Zeugnis über das Leben und die Organisation einer Vereinigung von Arbeitern, Handwerkern, Malern und Bildhauern in Theben zwischen dem Beginn der 18. und dem Ende der 20. Dynastie.

Die Errichtung von Bauwerken wie der Pyramiden des Alten Reiches erregt wegen der technischen Schwierigkeiten, die zu überwinden waren, und wegen der Großartigkeit der Resultate nach wie vor Staunen. Herodot, der Ägypten in der Zeit der persischen Herrschaft im 5. Jahrhundert besuchte und überall Informationen und im Allgemeinen glaubwürdige Auskünfte sammelte, erzählt, dass 100 000 Männer, in Gruppen eingeteilt und in Schichten zu drei Monaten, an der Errichtung der Cheopspyramide arbeiten mussten, der größten Pyramide unter denen, die noch heute mit ihrer geometrischen Form den Horizont von Gisa markieren.

Aus den zu dieser Pyramide angestellten Berechnungen ergibt sich, dass sie bei einer Höhe von etwa 150 Metern ein Volumen von 2 600 000 Kubikmetern, ein Gewicht von 7 000 000 Tonnen, eine Grundfläche von über 54 000 Quadratmetern aufweist und dass mehr als 2 500 000 Steinblöcke verwendet wurden. Napoleon schätzte, man hätte mit den Blöcken der drei großen Pyramiden von Gisa ganz Frankreich mit einer Mauer von drei Metern Höhe umgeben können.

Um die Blöcke für die Pyramiden in die Höhe zu schaffen – einzelne wiegen mehr als drei Tonnen –, dachten sich die Ägypter als Lösung die Errichtung von Rampen aus Ziegeln und Schlamm aus, die gleichzeitig auf allen vier Seiten auf die Pyramide zugeführt wurden. Bei Beginn der Arbeiten waren die Rampen zunächst breiter und man konnte bei relativ geringem Anstieg mehrere Blöcke gleichzeitig nach oben wuchten. Mit dem Anwachsen der Pyramide wurde die Rampe nach oben hin schmaler und die Steigung stärker. Dieses System, die Blöcke hochzuhieven, wurde bei der Errichtung aller großen Monumente angewandt, und die Reste einer Rampe aus ungebrannten Ziegeln ist in Karnak noch an Ort und Stelle längs dem ersten Pylon zu erkennen.

Als große Baumeister mussten die Ägypter frühzeitig lernen, die benötigten Steinblöcke aus den Steinbrüchen, welche meist in unzugänglichen, beschwerlichen Wüstengegenden lagen, herauszubrechen und abzutransportieren. Das gleiche galt für die Monolithen, die man für die Obelisken benötigte, welche die Tem-

pel schmückten, und für die Kolossalstatuen. Diese Monolithen mussten anschließend an ihren Zielort geschafft werden, teils zu Lande, teils auf Flößen, bis an die
Stege der dem Standort des Gebäudes nächstgelegenen Kanäle. Die zur Verfügung
stehenden Geräte und Werkzeuge waren sehr beschränkt, die Arbeiten wurden mit
Geduld und Erfahrung unter Nutzung der wenigen Werkzeuge (Seile, Rollen, Balken, Keile, Schmirgel...) und unter maximaler Ausbeutung der zahlreichen Arbeiter zu Ende gebracht. Dazu gehörten auch diejenigen, die die Steinschichten orten
mussten, die Steinbrecher, die Stollengräber sowie schließlich die Arbeiter, die die
unterirdischen Räume der Nekropolen und Felstempel aushöhlten.

Die Organisation aller Vorgänge, die Koordinierung und Einhaltung von Termi-
nen waren die entscheidenden Faktoren für das Gelingen der komplexen Bautätig-
keiten. Um zu zeigen, wie die Verantwortlichen für öffentliche Arbeiten in der 6. Dynastie vorgingen, ist ein Brief interessant, der vom Aufseher des Arbeitstrupps,
welcher in den Steinbrüchen von Tura (nicht weit von Heliopolis) Baumaterial gewann, verschickt wurde. Darin rechtfertigt sich der Arbeiter vor dem Wesir, der ihn
für die Verspätung gerügt hatte, mit der er die Steinblöcke lieferte. Er erklärt ärger-
lich, dass man in der Residenz (den zentralen Magazinen) gut sechs Tage gebraucht
habe, um die Arbeiter auszurüsten, während ein einziger genügt hätte. Battiscombe
Gunn, der den nicht gesiegelten und wie absichtlich zusammengeknüllten Papyrus
während seiner Grabungen in Sakkara fand, schlägt vor, darin den Ausdruck des
Ärgers eben des Wesirs zu sehen, nachdem er die Mitteilung seines Untergebenen
gelesen habe.

In einem Steinbruch von Assuan, in dem man Rosengranit gewann, wurde
ein unvollendeter Obelisk zurückgelassen. An diesem kann man gut die Phasen
des langwierigen Vorgangs des Herausschlagens erkennen: die eingehauene Kontur des Obelisken auf der Oberfläche des Steins, die durch die Verwendung von
Kugeln aus härtestem vulkanischem Stein hineingeschlagenen Eintiefungen (man
hat ausgerechnet, dass die Steinmetzgruppen pro Stunde fünf Millimeter tief vor-
ankamen), die Abtrennung auch am unteren Teil sowie den Transport mit Balken
und Seilen bis zum Fluss auf Lehmrampen, auf denen der Schlitten leicht gleiten
konnte.

Ein Relief vom Totentempel der Hatschepsut in Deir el-Bahari stellt die Über-
führung zweier Obelisken für den Amuntempel in Karnak von Assuan nach Theben unter der Leitung des Architekten Senmut dar. Die Obelisken werden auf einem
Floß von siebzig Metern Länge transportiert, das von drei Reihen Ruderbooten gezogen wird. Zur Aufrichtung des Monolithen wurde wahrscheinlich eine große
Rampe aus ungebrannten Ziegeln angelegt, die im Innern mit Sand gefüllt war.
Wenn der von hunderten von Männern hochgehievte Obelisk dabei seine richtige
Position erreicht hat, wird der Sand entfernt, der Obelisk schwankt hin und her und
erreicht – von Seilen und Menschen gehalten – seine aufrechte Position.

(oben) Gisa, Pyramide des Pharaos Chephren (4. Dyn.)
(unten) Steinbruch bei Assuan: der unvollendete Obelisk

Die Verantwortung für die Bauarbeiten in ganz Ägypten war einem der höchsten Beamten übertragen, einem Fachmann mit der Bezeichnung »Vorsteher aller Arbeiten des Königs von Ober- und Unterägypten«. Eine solche Aufgabe erhielt keiner, der nicht über große Talente und Fähigkeiten verfügte. Daher nimmt es nicht Wunder, dass zwei große Architekten, Imhotep, der Erbauer der Stufenpyramide und des Grabkomplexes des Djoser in Sakkara unter der 3. Dynastie, und Amenhotep, Sohn des Hapu, der Leiter der Architekten des Pharaos Amenhotep III., sich soviel – und dauerhaften – Ruhm erwarben, dass sie einen Kult als wunderheilende und wunderwirkende Gottheiten erhielten. Imhotep wurde später von den Griechen mit dem Gott der Medizin, Asklepios, gleichgesetzt und als solcher verehrt. Doch der göttliche Erfinder der Künste war Ptah aus Memphis, die Schutzgottheit der Handwerker.

Der Leiter der königlichen Architekten verfügte natürlich über eine sehr große Zahl von Untergebenen, Schreibern, Geometern, Architekten und über das ganze technische Personal, das auch bei den vorbereitenden Arbeiten benötigt wurde. Ein richtiger vor dem Beginn der Bauarbeiten aufgestellter Umsetzungsplan diente dazu, Grundrisse und Aufrisse zu berechnen, die Menge des Materials und der benötigten Arbeiter abzuschätzen und den Zeitaufwand sowie die Kosten der verschiedenen Maßnahmen vorherzusagen.

Es handelte sich dabei um eine angesehene Aufgabe, die jedoch nicht frei von Gefahren war, wie wir vom Architekten des Sonnenheiligtums des Pharaos Neferirkare (5. Dynastie) in Abusir wissen. Diesem, dem Wesir Waschptah passierte es, dass er nach einem Unfall auf der Baustelle starb. Waschptah war in Gegenwart des Pharaos, der das Monument besuchte, auf den gewaltigen Obelisken des Sonnenheiligtums geklettert, verletzte sich jedoch und schaffte es nicht mehr herunterzusteigen. »Darauf ließ Seine Majestät ihn stützen und ließ ihm einen Verband besorgen.« In den Palast zurückgekehrt, rief der König zusammen mit den Fürsten und dem Vorlesepriester seinen Oberarzt zum Konsilium. Dabei kam der Rat heraus, bestimmte Medizinbücher zu konsultieren (»Darauf ließ Seine Majestät eine Schatulle mit Schriften herbeiholen«), doch für den unglücklichen Architekten gab es keine Heilung. Der König betete zu Re und pries dabei die Verdienste Waschptahs. Er befahl, dass das Geschehene in eben dessen Grab schriftlich festgehalten werde, und machte viele kostbare Geschenke wie acht mit Salben gefüllte Alabastervasen, die in einer versiegelten Schatulle aus Ebenholz untergebracht wurden: »Nie wurde etwas Ähnliches für jemand seit dem Anfang der Welt getan.«

Die Herrscher kontrollierten gern persönlich den Fortschritt der Arbeiten. Debehni, dessen Grab in der Nekropole von Gisa zwischen der Pyramide Chephrens und Mykerinos' errichtet wurde, stellt uns diesen letztgenannten Pharao in seiner Autobiografie dabei vor, wie er die Baustelle seiner Pyramide besucht (»Seine Majestät stand auf der Straße an der Seite des königlichen Grabes, um die Bauarbeiten an

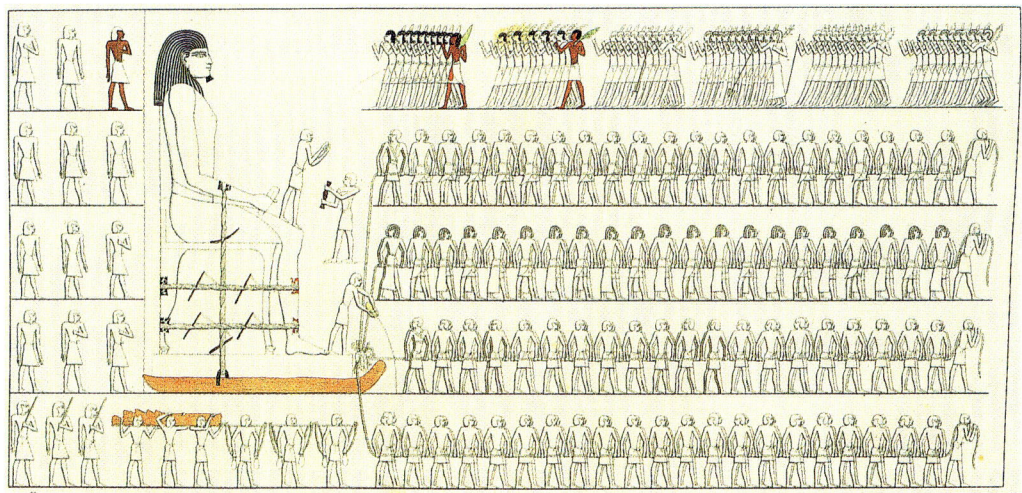

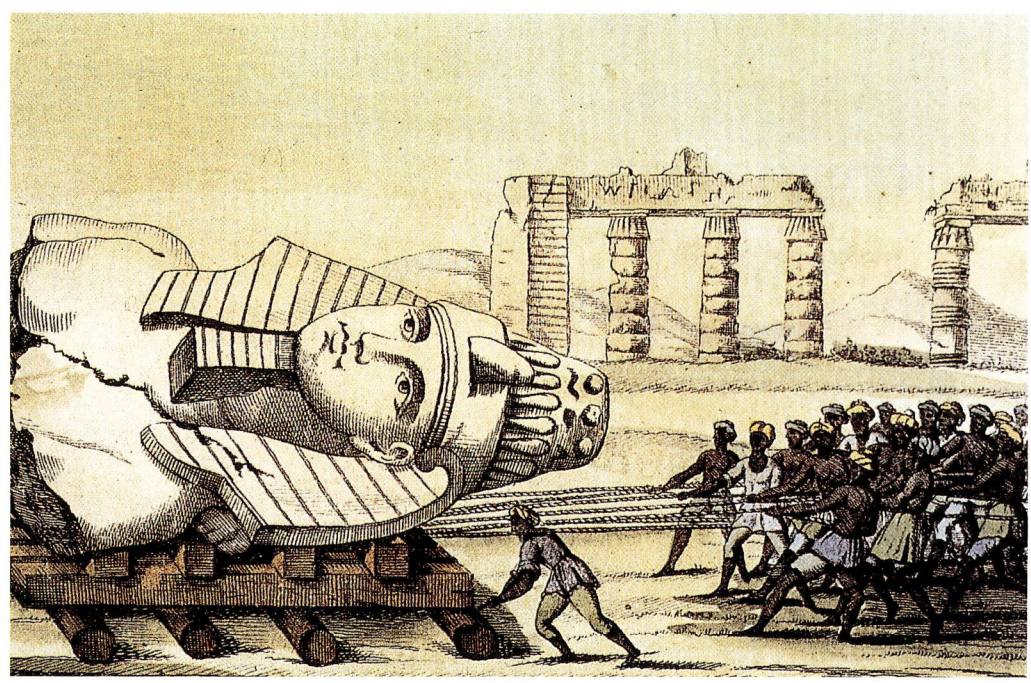

(oben) Transport einer Kolossalstatue. El-Berscheh, Grab des Djehutihotep (Mittleres Reich) (I. Rosellini, Monumenti Civili)

(unten) Neuzeitliches Ägypten (1816): Transport der Büste des Kolosses von Ramses II., in Theben, Ramesseum, nach der Zeichnung von G. B. Belzoni (G. B. Belzoni, Voyages en Egypte et en Nubie)

der ›Göttlich ist Mykerinos‹ genannten Pyramide zu inspizieren«). Bei dieser Gelegenheit beschloss Mykerinos, seinem tüchtigen Diener das Grab zu schenken, das daraufhin von den Arbeitern des Königs unter Leitung des königlichen Architekten verwirklicht wurde.

Ramses II. (19. Dynastie) suchte persönlich in den Steinbrüchen die passenden Blöcke für die Monumente aus, die er errichten lassen wollte. Auf einer in das 8. Jahr seiner Herrschaft datierten und am Hathortempel von Heliopolis aufgestellten Stele (jetzt im Museum von Kairo) erinnert er daran, dass er die Quarzitbrüche der Roten Berge bei Heliopolis besucht und einen kolossalen Quarzitblock entdeckt habe – neben verschiedenen für Statuen geeigneten Blöcken, die er für Tempel in Memphis, Piramesse und Heliopolis bestimmte. So groß war dieser, rühmt der Stelentext, »wie nie einer ähnlich zur Zeit des Re gefunden worden war. Er war größer als ein Obelisk aus Granit«. Daher befahl er unversehens seinen Bildhauern, diesen Stein für eine seiner Kolossalstatuen von sich selbst zu verwenden. Die Arbeit dauerte drei Tage weniger als ein Jahr und erlaubte es ihm, seine Handwerker entsprechend zu bezahlen:

»Für euch stürzen die Kornspeicher unter dem Korn ein, damit ihr keinen einzigen Tag ohne Nahrung verbringt (...). Ich habe für euch die Speicher mit jeder Art Sachen gefüllt: Brot, Fleisch, Süßspeisen als Nahrung, Sandalen, Kleider, Salben in großer Menge, damit ihr euch alle zehn Tage den Kopf salbt, sodass ihr das ganze Jahr gut gekleidet seid, jeden Tag gute Schuhe an den Füßen habt, und dass keiner unter euch sei, der die Nacht in Angst vor dem Elend verbringt. Ich habe euch zahlreiches Personal zugeteilt, damit es euch gegen den Mangel versorgt: Fischer, die die Produkte des Nils herbeischaffen, und andere wie einen Gärtner zur Versorgung des Gemüses und Töpfer zur Herstellung der Gefäße, die in der Sommerzeit euer Wasser frisch halten.«

In Hatnub, südlich von Amarna, befanden sich Steinbrüche mit wertvollstem Alabaster oder Kalzit, der für Statuen, Gefäße, Opfertische oder kleine Gebäude Verwendung fand. Der Gouverneur Djehutihotep (er lebte zur Zeit Sesostris’ III., 12. Dynastie) ließ in seinem Grab in El-Berscheh Bearbeitung und Transport eines mehr als sechs Meter langen königlichen Kolosses darstellen, der auf einen Schlitten gebunden über fünfzehn Kilometer auf der Lehmpiste geschleppt wurde. Den Schlitten zogen einhundertundsechzig Männer in vier Reihen, während der Aufseher über die anstrengende Aktion auf den Knien der Statue steht. Die die Szene kommentierende Inschrift ist sehr erhellend, auch im Schlussteil, wo Anstrengung und Hingabe der Männer aufs Höchste gepriesen werden:

»Transport einer Statue von dreizehn Ellen aus Stein von Hatnub. Siehe, die Straße, über die sie kam, war sehr schwierig, äußerst schwierig. Siehe, das Schleppen dieser Last war sehr leidvoll für das Herz der Männer wegen des harten steinigen Bodens aus

Hartgestein. Ich ließ junge Leute kommen, frisch gezogene Soldaten, zum Bau einer Straße für die Statue, außerdem Trupps von Steinmetzen, Meister und Spezialisten. Die kräftigen Männer sagten: ›Wir können es machen‹, und mein Herz freute sich. Die Stadt versammelte sich und stieß Freudenschreie aus. Das Schauspiel war schöner als alles andere. Der Alte stützte sich auf die Jungen, Starke und Schwache halfen einander, und ihr Mut wuchs beständig. Ihre Arme waren stark, und ein einziger von ihnen hatte die Kraft von tausend Männern. Siehe, diese Statue, die in Gestalt eines Blocks von den großen Bergen kam, hatte mehr Wert als der ganze Rest.«

Die Bautätigkeit der Pharaonen bestand nicht nur darin, neue Monumente zu errichten, denn die Herrscher besaßen auch die Pflicht, Monumente zu erhalten, zu restaurieren und zu ersetzen. Tatsächlich erlebten über die Jahrtausende der ägyptischen Geschichte hindurch Tempel und Städte, Gräber und Paläste, Nekropolen und Pyramiden sowie eine große Zahl an Monumenten ihren durch Nachlässigkeit und fehlende Instandhaltung verursachten Verfall. Vor allem bei den Nekropolen war das Phänomen besonders deutlich, wo der Generationenwechsel auch im Falle von Gräbern und Totentempeln der Herrscher dazu führte, dass die Nachkommen schnell die Vorfahren vergaßen. Außerdem, und das betrifft nicht nur die Grabmonumente, gewann der ökonomische Faktor häufig die Oberhand über die Ideologie des Herrschers als desjenigen, der die Kontinuität mit den Vorfahren aufrechterhielt. Zudem lieferten die Bauten der Vergangenheit billiges Baumaterial – eine verbreitete Praxis, wie allgemein bekannt, die Cheti II. (10. Dynastie) in seinen *Lehren* für den Sohn Merikare am Ende des 3. Jahrtausends v. Chr. anprangert: »Granit kannst du ohne Schwierigkeit bekommen, also zerstöre nicht die Monumente von anderen. Besorg dir Kalkstein aus den Steinbrüchen von Tura, errichte dein Grab nicht aus abgerissenen Gebäuden. (...) Das Königtum ist ein schönes Amt. Auch wenn er keinen Sohn oder Bruder hat, um seine Monumente zu erhalten, erweist ein König dem anderen Wohltaten.«

Insbesondere viele Restaurierungsmaßnahmen sozusagen »archäologischen« Charakters wurden durch Verdienst und Ansehen inspiriert, die sich die Pharaonen durch die Reaktivierung des Namens der großen Königsnekropolen erwerben konnten, besonders derer in Memphis, wo die Pyramiden der Könige des Alten Reiches lagen; dabei fügten sie ihren eigenen Namen natürlich dem vorhandenen hinzu. Unter den Restaurierungsarbeiten, die von verschiedenen ägyptischen Herrschern initiiert wurden, sticht die im Gebiet von Memphis während der Regierung Ramses' II. durch Einheitlichkeit und Umfang hervor – einer Zeit, in der sich, so hat es den Anschein, ein »historisches Bewusstsein« für die Vergangenheit deutlicher feststellen lässt. Zur Leitung der Arbeiten war einer der Söhne des Pharaos bestimmt, der Königssohn Chaemwaset, der als »Sem-Priester« und »Oberpriester des Ptah« mit Aufgaben betraut war, die ihn in die Lage versetzten, in den weiten Gebieten der Nekropolen von Memphis einzugreifen. Es handelte sich um systematisch

Die Pyramide des Unas in Sakkara. Die Inschrift feiert die Restaurierung des Monuments durch den Fürsten Chaemwaset, Sohn Ramses' II. (19. Dyn.)

vorgenommene Maßnahmen, die sowohl Urkunden und Recherchen in den Tempelarchiven voraussetzten als auch Reinigungsarbeiten und Grabungen in den alten Nekropolen und die es dem Fürsten ermöglichten, die heruntergekommenen oder zerstörten Pyramiden und Totentempel zu identifizieren, deren Besitzernamen wieder anzubringen und ihren Kult nach Jahrhunderten des Vergessens zu erneuern. Zeugnisse dieser »archäologischen Pietät« wurden im gesamten Pyramidengebiet von Memphis gefunden, von Abusir bis zur Mastabat el-Faraun in Sakkara. Auf jeder identifizierten Pyramide ließ Chaemwaset in riesigen, aus weiter Entfernung lesbaren Hieroglyphenzeichen einen Text anbringen, der über seine Maßnahmen informierte. Die am besten erhaltene Inschrift ist die auf der Südfassade der Unaspyramide, deren Blöcke 1937 vom französischen Archäologen Jean-Philippe Lauer gefunden und von ihm selbst wiederaufgestellt wurden.

Chaemwaset bewahrte ehrfürchtig auch jene anderen Reliquien, auf die er bei den Nachforschungen unter den alten Königsgräbern stieß. Ein Zeugnis dafür ist eine 1908 in Mit-Rahina am Ptahtempel gefundene Statue (heute im Museum von Kairo), die den Prinzen Kawab darstellt, einen der Söhne des Cheops. Er ist übrigens auch auf den Wänden des prächtigen Grabes seiner Tochter Meresanch, der Gattin des Chephren, in Gisa dargestellt. Die Inschriften auf der Vorderseite der Statue des Kawab sind original und geben Namen und Titel des Fürsten wieder, während die auf den Seiten und der Rücklehne des Sitzes eingravierten Hieroglyphentexte von Chaemwaset mehr als tausend Jahre später hinzugefügt wurden. Diese Inschriften bezeugen demnach, dass die Statue während der in der Nekropole von Rasetjau (Gisa) durchgeführten Untersuchungen und Restaurierungen vom Boden des Grabkammerschachtes der Cheopspyramide ans Licht gebracht und anschließend im Ptahtempel von Memphis geweiht wurde.

Die in der Pharaonenzeit vorgenommenen Restaurierungs- und Restituierungsmaßnahmen sind jedenfalls im Wesentlichen als religiös motiviert zu verstehen. Man denke an ein berühmtes Monument in Memphis, das schon den Ägyptern des Neuen Reiches als Symbol und göttliche Gestalt bewahrenswert erschien, nämlich der große Sphinx von Gisa, der das Gesicht des Pharaos Chephren trägt. Der Sphinx wurde in pharaonischer Zeit mindestens zwei Mal vom Sand befreit, das erste Mal durch den Prinzen Thutmosis (der später als Thutmosis IV. König wurde), sodann unter Ramses II., was sicher von Chaemwaset bewerkstelligt wurde. Gegen den Sand ließ man eine Ziegelmauer errichten und die durch Einwirkung von Wind und Sand erodierten Teile der Statue (Pranken, Bart) durch neu gefertigte aus Kalksteinblöcke ersetzen.

Ein weiteres Monument, diesmal in Theben, das auch in der Antike als außergewöhnlich galt, sind die sog. »Memnonskolosse«, die von griechischen und später römischen Reisenden als Touristen besucht wurden. Die Geschichte der Memnonskolosse – in Wahrheit Kolossalstatuen Amenhoteps III. – ist recht merkwürdig.

Ihre schon damals hohe Berühmtheit stieg ins Unermessliche, als infolge eines Erdbebens des Jahres 27 v. Chr. einer der Kolosse, der nördlich aufgestellte, sich spaltete und aus der Statue sozusagen eine Art Musikinstrument wurde. Es erklang, wenn sich die Steinfragmente durch die Einwirkung der Sonnenstrahlen, insbesondere bei Tagesanbruch, ausdehnten und dabei ein akustisches Phänomen hervorbrachten. Viele von denen, die diese Begrüßung der Morgenröte hörten – darunter auch so hervorragende, gar kaiserliche Zeugen wie Hadrian, seine Gemahlin Sabina und ihr Gefolge während ihres Besuches in Ägypten – ließen auf dem Koloss ihre Namen und Epigramme lateinisch und griechisch eingeritzt zurück. Die tönende Statue von Theben wurde in der Folge Opfer eines, um es so auszudrücken, gutwilligen Aktes der Archäologie. Veranlasser war der Kaiser Septimius Severus, der darauf brannte, den eigenen Namen an dem berühmten Koloss zu verewigen und ihn daher mit einem Eingriff zu restaurieren beschloss. Die beschädigten Teile wurden durch modellierte Steinpackungen ersetzt, die der Statue ihre Form wiedergaben. Diese Ausbesserungen sind noch heute gut erhalten, sodass die Restaurierung durch den Kaiser gut zu sehen ist. Seitdem hatte der Koloss jedoch seine Stimme verloren und gewann sie nicht wieder zurück. Zweifellos eine mit guten Vorsätzen gepflasterte Restaurierung...

Auch die Bergbauaktivitäten waren königliches Monopol. Türkisgruben fanden sich in der Ostwüste und auf dem Sinai, wohin schon seit der 3. Dynastie Expeditionen zur Suche nach dem Stein in engen Minen ohne Luftzufuhr organisiert wurden. Wir wissen von einer aus 734 Ägyptern bestehenden Expedition und von einer weiteren, bei der gut 600 Esel zum Transport von Material und Nahrung eingesetzt wurden. Den Ägyptern standen zahlreiche Asiaten als Arbeiter und Dolmetscher zur Seite. Im Mittleren Reich wurde in Serabit el-Chadim auf dem Berggipfel ein Heiligtum für Hathor, der Herrin des Türkis, errichtet. Die Lebensbedingungen für die Grubenarbeiter waren hart, und besonders für die Gruben auf dem Sinai ist mehrere Male die Anwesenheit von Ärzten und Spezialisten gegen Skorpione bezeugt.

Galenit (Bleiglanz), der zur Herstellung von Kajal, also der Augenschminke, und für therapeutische Zwecke diente, wurde in Gebel Zeit gewonnen; dazu stieg man in engen Stollen bis zu dreißig Meter tief hinab.

Das kostbarste Mineral war natürlich Gold, von dem es im eigentlichen Ägypten keine Lagervorkommen gab und das man in den Wüsten bis hin nach Nubien suchen musste. Die Expeditionen erforderten die Anwesenheit sowohl von Spezialisten (Exploratoren, geologischen Prospektoren und Meldern von Erzadern) als auch gewöhnlicher Arbeiter. Beamte und Schreiber sorgten für die Organisation des Nachschubs und die Verproviantierung der Expedition, die von Soldaten zur Verteidigung gegen eventuelle Angriffe vonseiten der Wüstenbevölkerung begleitet wurde.

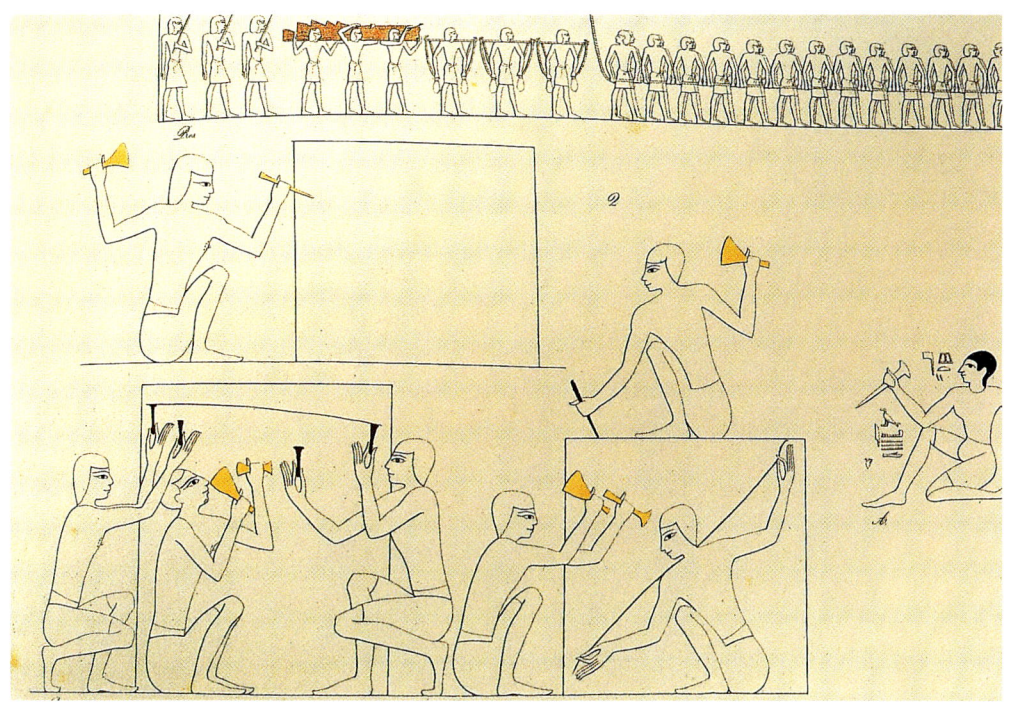

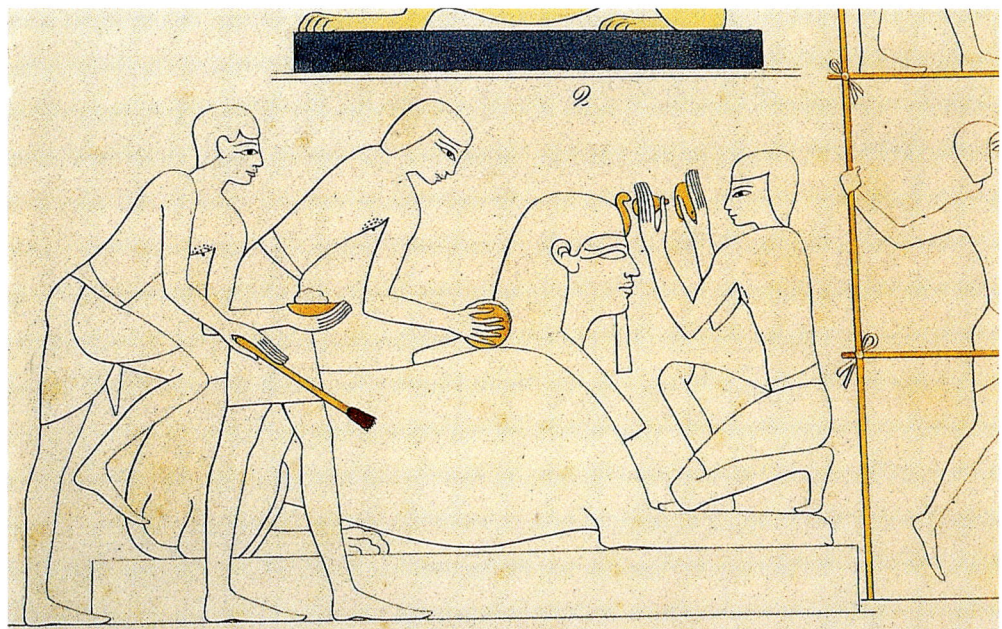

(oben) Eine Gruppe von Steinmetzen bearbeitet einen Steinblock. Theben, Grab des Rechmire (18. Dyn.)
(I. Rosellini, Monumenti Civili)
(unten) Eine steinerne königliche Sphinx wird skulptiert, poliert und bemalt. Theben, Grab des Rechmire
(18. Dyn.) (I. Rosellini, Monumenti Civili)

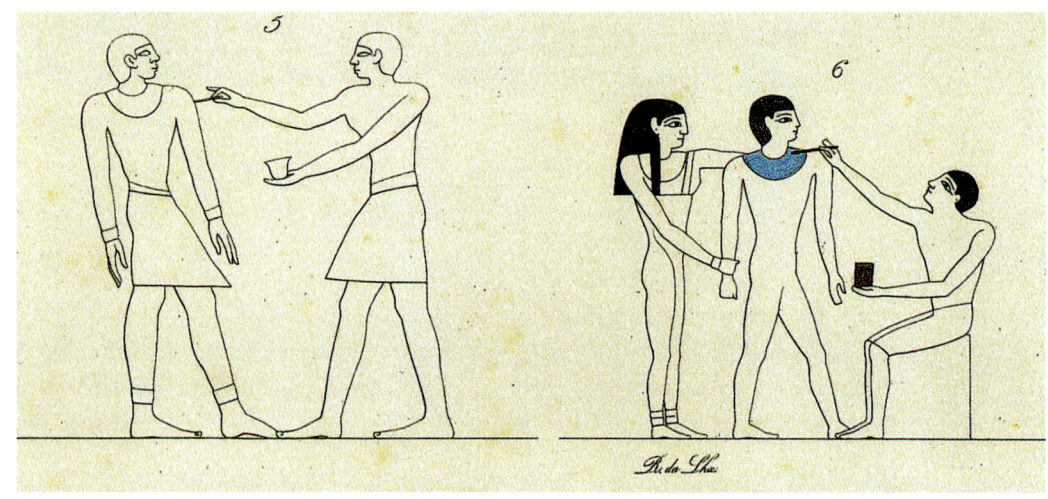

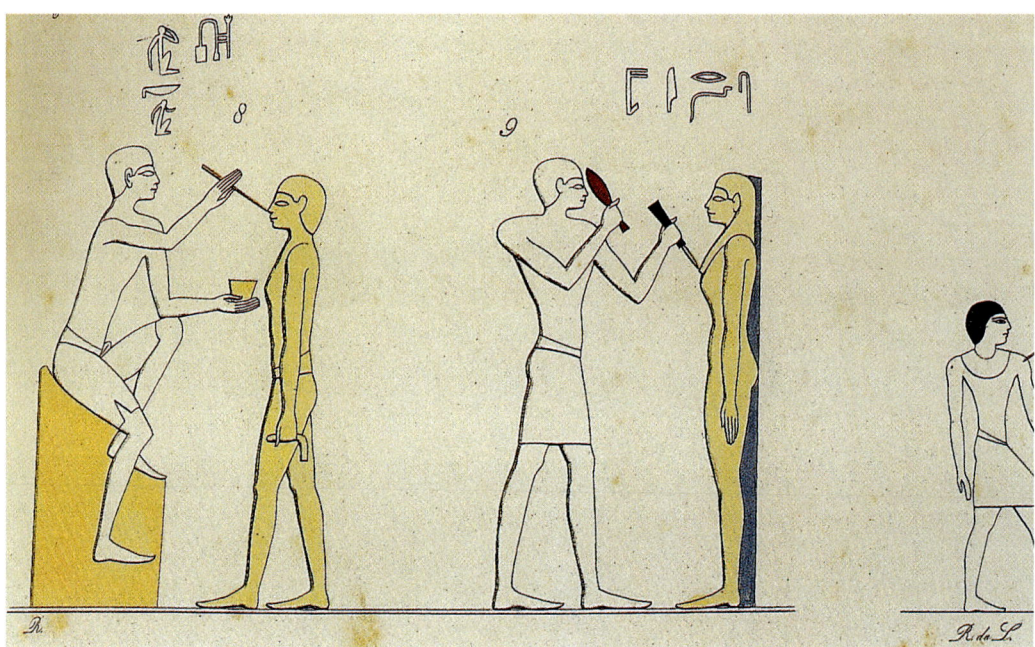

Herstellung von Holzstatuen: Modellierung und Bemalung. Theben, Grab des Ibi (26. Dyn.)
(I. Rosellini, Monumenti Civili)

Ein berühmter Papyrus im Ägyptischen Museum von Turin enthält eine Karte der Goldgruben des Wadi Hammamât in der Ostwüste, die gegen 1100 v. Chr. angelegt wurde. Dort sind der Verlauf der zu den Gruben führenden Pisten, die Siedlungen der Arbeiter und die Brunnen vermerkt, wo man trinken und den goldhaltigen Quarzstaub auswaschen konnte, um daraus Goldklumpen zu gewinnen.

Wassermangel führte dazu, dass die Tätigkeit in noch abbauwürdigen Gruben unterbrochen werden musste. Die Goldgruben im Wadi Allaqi in Nubien wurden dank dem persönlichen Eingreifen Ramses' II. wieder in Betrieb genommen. Als wunderwirkender Wünschelrutengänger ortete der Pharao einen Brunnen, in dem in weniger als sieben Metern Tiefe eine wasserführende Schicht gefunden wurde, in der das kostbare Element eine Höhe von zwei Metern erreichte.

Bei einem Bauprogramm wie der Errichtung und der Ausgestaltung eines Tempels, eines Palastes oder eines Grabes bezog der für die Arbeiten verantwortliche Architekt bei den entsprechenden speziellen Aufgaben den Ziselierer, den Flächenpolierer, den Reliefbildhauer, den Flachreliefbildhauer und den Maler (der beruflich dem Schreiber gleichgestellt war und »Umrisszeichner« genannt wurde) mit ein.

Die Dokumente der Handwerkervereinigung von Deir el-Medineh machen es möglich, die Arbeit in den Königsgrüften fast von Tag zu Tag für die beiden Gruppen zu verfolgen, die von einem vom Wesir ausgewählten Vorsteher geleitet wurden. Nach Festlegung des geeigneten Ortes zur Aushöhlung des unterirdischen Raumes wurde dieser von den Steinmetzen vorbereitet. Danach kamen Zeichner, Bildhauer und Maler mit ihrer Arbeit zum Zuge. Zunächst werden auf den Flächen in rot die Quadratlinien aufgezeichnet, die für die Proportionen der Figuren notwendig sind. Anschließend wird die Zeichnung skizziert, in schwarz korrigiert und vom Bildhauer mit seinem Bronzemeißel herausgearbeitet. Die Maler fügen mit Pinsel und Palette die Farben hinzu. Dabei handelt es sich um von der Natur gelieferte Farbstoffe (das rote Ocker ist Eisenoxid, das Blau kalkhaltiges Kupfersilikat, Weiß ist Kalziumsulfat, Schwarz Holzkohle), die rein verwandt werden, aber auch Abtönungen werden versucht – v. a. in der Amarnazeit.

Maler oder Bildhauer zu werden bedurfte, genauso wie der Beruf des erfahrenen Schreibers, einer langen Lehrzeit. Man musste Spezialkenntnisse im Zeichnen erwerben, den Gebrauch der mit Zeichnungen zu deckenden Wandflächen und die Anlage von Quadratnetzen lernen, den Proportionskanon für Figuren beherrschen, ebenso wie die Methode zur Übertragung der Figuren aus den Modellheften auf die Wand oder in die Statuenform. Man weiß, dass es regelrechte Handbücher gab wie das *Lehrbuch der Wandmalerei und der Proportionsgebung für Figuren* (der Text ist unter den Fachbüchern im Besitz der Tempelbibliothek von Edfu aufgeführt, doch leider nicht erhalten). Der junge Mann übte sich zuerst weiter in der Werkstatt des Vaters. Derartige Berufe gingen vorzugsweise vom Vater auf den Sohn über. Man denke nur an die berühmte Stele des Künstlers Irtisen, die immer in diesem Zusammenhang mit dem Teil der Inschrift zitiert wird, auf dem der Künstler das Lob seiner selbst und des eigenen Sohnes festhält:

> »Ich bin einer, der das Geheimnis der Hieroglyphen kennt und die Weise, die religiösen Zeremonien auszuführen (...). Ich bin ein Künstler, der hervorragend ist in seiner Kunst, und der an den Gipfel seines Lernens gelangt ist (...). Ich kann das Gehen einer männlichen Figur und das Kommen einer weiblichen Figur (wiedergeben), die Positur eines Vogels in der Falle, die Handbewegung dessen, der einen Gefangenen schlägt (...). Ich kenne die Verhältnisse der Farben und ihrer Elemente, und ich lasse es nicht zu, dass das Feuer sie verbrennt und das Wasser sie verblassen lässt. Das wurde niemandem enthüllt außer mir selbst und meinem eigenen größeren Sohn, weil der Pharao (wörtlich: Gott) befohlen hatte, dass er diesbezüglich ausgebildet würde.«

In einigen Fällen erfolgte die Lehre in der Werkstatt anderer Meister, wo der junge Mann weiter lernte und sich zur selben Zeit zu üben begann, indem er die einfacheren Teile der Arbeiten unter der Kontrolle des Aufsehers ausführte. Wenn er die nötigen Qualitäten hatte, konnte er selbst anschließend vollendeter Künstler werden.

Wahrscheinlich griff der Auftraggeber bei der Vorbereitung für die Ausgestaltung von Gräbern häufig selbst in das Dekorationsprogramm ein, indem er die Einfügung bestimmter Szenen verlangte. Die Künstler besaßen die Möglichkeit, wenigstens in bestimmten Details, die Themen der mit Zeichnungen zu deckenden Wandflächen zu variieren und amüsante Einzelheiten oder vielleicht in einer Ecke ihr Selbstporträt hinzuzufügen.

In der Malerei und der Reliefkunst existierten feste figürliche Konventionen, die aus der Verfolgung eines absoluten Realismus herrührten, nämlich des Willens, die Dinge darzustellen, wie sie sind, nicht wie sie erscheinen. Um eine Figur zum Beispiel auf vollständigere Weise darzustellen, finden sich Auge und Schultern dem Betrachter gegenüber, der Kopf dagegen im Profil. Das gilt nicht nur für Menschen. Bei der Darstellung eines Gartens zeichnete der ägyptische Künstler das Wasserbecken im Grundriss, die Bepflanzung hingegen in der Seitenansicht. Die Größenverhältnisse folgen einem hierarchischen Protokoll. Es sind Regeln, feste Konventionen, die mehr als drei Jahrtausende überdauerten, welche die Künstler aus Musterheften erlernten. Sie waren auf Papyrus nach Art von Instruktionen über die Geheimnisse des künstlerischen Schaffens gezeichnet und gehörten zur Bibliothek des »Hauses des Lebens« der Tempel.

Es gab jedoch für die ägyptischen Künstler auch die Möglichkeit, sich freier auszudrücken, sich von den traditionellen Kanons ab- und sich einer freien, spontanen Kunst zuzuwenden. Das bezeugt die große Zahl von Skizzen und Zeichnungen, die v. a. auf Kalksteinsplittern ausgeführt wurden; man fand sie größtenteils im Hand-

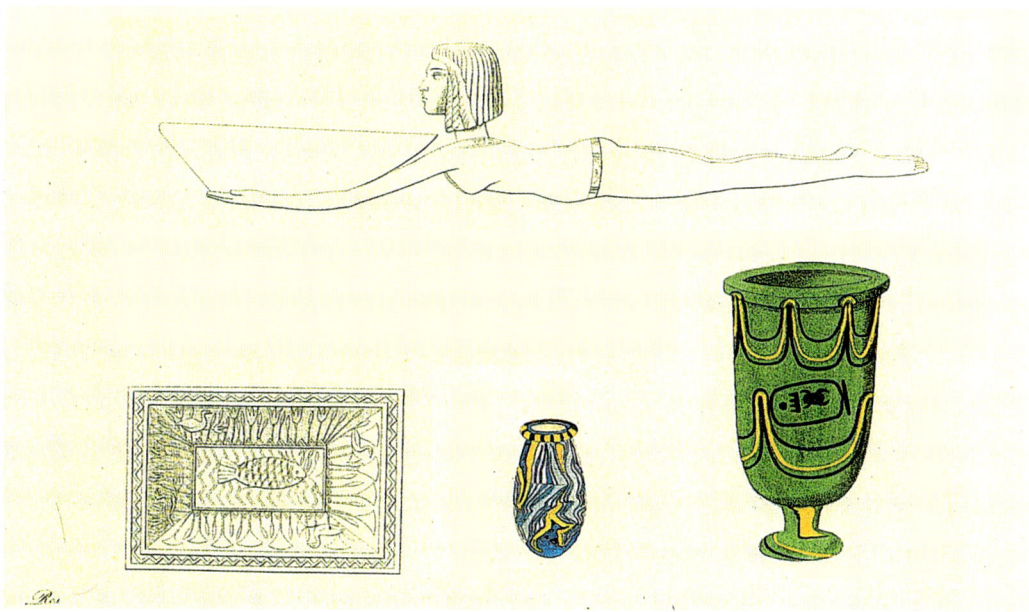

(oben) Toilettegegenstände (I. Rosellini, Monumenti Civili)
(unten) Elegante Gefäße aus Glas (I. Rosellini, Monumenti Civili)

werkerdorf Deir el-Medineh. Die Breite der Themen spannt sich von Mädchenfiguren bis hin zu Tänzerinnen, von Studien zu Tieren wie Pferden oder Stieren in Ruhe oder Bewegung bis hin zu Jagdszenen, karikaturhaften und satirischen Figuren sowie Szenen aus der Welt der Menschen und Tiere.

Der Bildhauer wurde »der Belebende« genannt. Diesen anonymen Künstlern sind unter den Statuen, die die antike Welt uns hinterlassen hat, solche von höchster plastischer Ausdruckskraft zu verdanken. Auch wenn sie Konventionen unterlagen, die ihre Expressivität einschränkten: die Person – König, Gottheit, Privatmann – wurde dem Betrachter gegenüber dargestellt, den Kopf senkrecht auf den Schultern, den Blick gerade nach vorn gerichtet. Ob Mensch oder Gott, der linke Fuß war vorgesetzt, und auch bei Personengruppen blicken alle auf den Betrachter.

Die Bildhauer arbeiteten in Werkstätten, in denen auch überdimensionale Statuen angefertigt wurden, wie man es in einer Szene im Grab des Rechmire, des Wesirs Thutmosis' III., sieht. Diese zeigt ihn, während er die Bildhauerwerkstatt des Amuntempels in Karnak inspiziert. Die Bildhauer sind hier in Gruppen arbeitend dargestellt. Um die oberen Teile des Kolosses zu erreichen, haben sie ein Holzgerüst hergestellt. Die Werkzeuge sind die üblichen: Hammer, Meißel und Polierstein, der mit schleifendem Quarzpulver benutzt wurde, um den Oberflächen Glanz zu verleihen.

In den ägyptischen Gräbern gibt es oftmals Darstellungen von »Werkstätten«; so sieht man Bildhauer bei der Arbeit (an Stein oder Holz) und Maler, jeweils in verschiedenen Vorbereitungsphasen der Statuen. In Amarna wurden drei Häuser von Bildhauern nicht im Handwerkerviertel entdeckt, sondern südlich des zentralen Stadtviertels, dort, wo sich der Atontempel und der Hauptpalast des Königs erhoben. Es ist möglich, dass diese Bildhauer im Kontakt mit der Herrscherfamilie nach genauen, persönlichen Direktiven arbeiteten. Das Atelier eines von ihnen, Thutmosis', ist zu Recht berühmt, denn es wurden dort mehr oder weniger fertiggestellte plastische Werke gefunden, die zu den bekanntesten der Welt gehören. Dazu zählen die polychrome Büste der Nofretete (heute im Ägyptischen Museum von Berlin) und verschiedene steinerne Köpfe – hervorragende Meisterwerke – der Königin und der Prinzessinnen. Außerdem fand man in seinem Atelier Gipsmasken von lebenden oder verstorbenen Personen (wahrscheinlicher jedoch von lebenden), von denen einige Überarbeitungen zeigen, was beweist, dass man ein Höchstmaß an Ähnlichkeit mit den menschlichen Gesichtern erreichen wollte.

In der Wohnung Thutmosis' in Amarna (die Entdeckung erfolgte 1912) blieben in den Räumen, in denen er lebte, im Lager für die Modelle und in der Werkstatt für die Abdrücke alle Gegenstände erhalten, die dem Bildhauer gehörten. So sind seine Farben erhalten, seine Palette, sein Hammer, der Bohrer und die übrigen Werkzeuge, die Lehmpfropfen seiner Weinamphoren, sein Hausschlüssel und eine Reihe von Angelhaken.

Die Suche nach »realistischer Wahrheit« in der Ähnlichkeit durch Verwendung von Gipsabdrücken war jedoch keine Erfindung der Amarnakünstler, denn Masken dieser Art wurden auch an anderen Orten und in anderen Epochen gefunden (zum Beispiel in Sakkara an der Tetipyramide). Die Ähnlichkeit des Werkes mit dem Vorbild, d. h. das, was man »Porträt« nennen kann, bildete ein »ideologisches« Interesse in allen Epochen der ägyptischen Zivilisation, obwohl stilistische Kanons bald den einen, bald den anderen Aspekt verstärken können. In bestimmten Fällen wie bei der Kalksteinbüste des Fürsten Anchhaf aus der 4. Dynastie (gefunden in Gisa und jetzt im Museum of Fine Arts in Boston) wurde das Resultat eines erstaunlichen Realismus durch den Künstler dadurch erreicht, dass er auf den Stein eine Gipsschicht auftrug, was ihm ein Maximum an Plastizität in der Behandlung des Gesichts – das anschließend bemalt wurde – ermöglichte.

Echnaton selbst zögerte nicht, den Bildhauer Beki in den Konzepten der neuen Ästhetik Ratschläge und Instruktionen zu erteilen, die der König als Inhalte ausgearbeitet hatte und die seine Propaganda zur Gewinnung von Anhängerschaft unterstützen sollten.

Ein anderer Bildhauer aus Amarna, von dem wir den Namen kennen, ist Juti. Er stellte sich im Felsgrab des Hui in der Nekropole von Amarna selbst dar (sein Name ist sogar zweimal aufgeführt!), während er die Bemalung einer Statuette der Prinzessin Baketaton vollendet. Für diese Statuette hatte er einen Auftrag direkt von der Königinmutter Teje während ihres Besuchs in Amarna zur Einweihung des Tempels, der ihr zu Ehren von ihrem Sohn Echnaton errichtet worden war, erhalten. Als Belohnung erhielt Juti den Titel eines Oberbildhauers der Großen Königlichen Gemahlin Teje. Auf der Szene, die im Grab des Hui in Amarna zu sehen ist, hält der Bildhauer gerade inne, um Anweisungen seines Vorgesetzten entgegenzunehmen, der, sitzend und den Pinsel in der Hand, die vorzunehmenden Korrekturen bezeichnet.

Es ist allgemein bekannt, dass sogar in unserer westlichen Welt erst nach dem 17. Jahrhundert allmählich das Bewusstsein vom Unterschied zwischen der Persönlichkeit des Künstlers und der des Handwerkers aufkam. Im alten Ägypten dagegen bezeichnete ein einziges Wort die »künstlerische« und manuelle Tätigkeit. Daher finden wir keine Trennung in Kunst und Handwerk, sondern es herrscht ein utilitaristischer, funktionaler Begriff von Produktion vor, sei sie religiös oder zivil. Das ist auch bei Werken der Fall, die wir wegen der erreichten Perfektion und der erreichten stilistischen Ausgewogenheit als Meisterwerke empfinden und bewundern.

Die Herstellung all dieser Gegenstände, die das Leben leichter oder schöner machen, war im alten Ägypten einer breiten Bevölkerungsschicht anvertraut, den Handwerkern. Die Werkstätten standen in Abhängigkeit von den Tempeln oder Palästen (und brachten Produkte feinster Qualität hervor). Man konnte jedoch genauso in Städten oder Dörfern frei arbeiten.

Nicht die gesamte materielle Produktion war für Luxuszwecke bestimmt, für die Erlangung sozialen Prestiges oder die Befriedigung der Bedürfnisse der Reichen. Natürlich existierten Töpfer und bescheidene Tischler, Seiler und ländliche Korbmacher, Hersteller von Fischernetzen und einfachen Matten, aber auch Spezialisten, die wertvolle Teppiche in bunten Farben webten.

Auch die Herstellung von Fayencegegenständen (farbig glasierte Keramik) war ganz unterschiedlich. Schüsseln, Töpfe, Figürchen, Amulette und Halsschmuck waren nicht alle von derselben Qualität und vom selben Wert, ob für sich oder kommerziell betrachtet. Glasgegenstände waren wegen der Schwierigkeit der Herstellung immer Luxusprodukte.

Die ägyptischen Tischler arbeiteten exzellent, und manche Gegenstände der Kunsttischlerei erstaunen uns wegen ihrer Linienführung und zugleich ihrer Funktionalität (ihres Designs, würde man heute sagen): Tische und Tischchen, auch dreifüßige, sogar mit intarsierter Platte; Schemel, gefällig oder nicht, mit Sitzflächen aus bemaltem Leder oder geflochtenen Binsen; Betten und Sessel; intarsierte oder bemalte Truhen; Ädikulen für die Götter (in den Tempeln oder für den häuslichen Kult) aus vergoldetem Holz. Die Throne und großen Sessel der Könige waren mit Fußstützen versehen, die Betten mit Kopfstütze; hohe Betten besaßen bisweilen auch eine Treppe danebben.

Die aus Holz oder Stein – zumeist Alabaster – hergestellten Kopfstützen bestanden aus einem Basisteil, einem senkrechten Ständer, und einem oberen Element, das entsprechend dem Punkt, wo es den Hals berühren sollte, gebogen war; der Kopf war beim Schlafen darauf seitlich aufgestützt. Diese Betten sind in den Gräbern häufig dargestellt, doch man hat nicht viele – auch nicht unter den Grabbeigaben – gefunden. Der Gebrauch von Kopfstützen, ähnlich den ägyptischen, ist auch heute noch bei bestimmten afrikanischen Stämmen bekannt. Da der Schlaf als Zeitpunkt der Gefahr betrachtet wurde, ist die Kopfstütze regelmäßig mit Figuren von Schutzgottheiten – des Lebenden oder des Toten – verziert, mit Löwen- oder Greifenfiguren oder auch mit dem Gott Bes, der drohend Messer schwingend einen Kriegstanz aufführt, oder aber mit der Göttin Neith, während sie Pfeile zum Schutz gegen die Geister schleudert.

Unter den elegantesten Gegenständen der Kunsttischlerei, die erhalten sind, erinnern wir an die Kosmetikkästchen, deren Form und Verzierung von der Natur inspiriert sind. Es gibt sie auch aus Stein, ebenfalls von feinster Machart, in der Tradition der prä- und protodynastischen »Paletten«. Manchmal haben sie die Gestalt einer Ente, bei welcher der zweiflügelige Deckel häufig aus den Flügeln selbst gebildet wird, die sich beim Öffnen auf Zapfen drehen. Oder sie haben die Form einer Heuschrecke mit beweglichen Flügeldecken als Deckel oder auch eines Fisches. Bisweilen handelt es sich um nackte Figuren schwimmender Mädchen, die eine Wildente vor sich hertreiben oder sie an den Beinen packen, während sie zwischen dem

Papyrus in den Sümpfen jagen; auch in diesem Fall dient der Körper des Vogels als Behälter. Es finden sich zudem Figuren eines jungen Mädchens, das eine Art Mandoline spielt, wobei hier der Instrumentkasten der Behälter ist. Es handelt sich um im Neuen Reich häufig anzutreffende Erzeugnisse, deren Motive sich oft wiederholen. So kann man bei aller Raffinesse sagen, dass es sich um Ergebnisse einer handwerklichen Serienproduktion handelt.

Möglicherweise wurden viele dieser »künstlerischen« Holzgegenstände – wie die bronzenen Toilettenartikel – auch für den Export, besonders in die syrische oder phönizische Welt, hergestellt. In dieser Zeit war der künstlerische Handelsaustausch zwischen den beiden Kulturbereichen sehr intensiv.

Schmuck und Geschmeide verbanden mit den kostbaren Materialien auch besondere Techniken wie die Tauschierung, bei der andere Metalle in kontrastierenden Farben eingelegt werden. Man fügte auch kostbare Steine wie Lapislazuli und Malachit ein, aber auch farbige Pasten. Die komplizierte Kunst der Goldschmiede – häufig handelte es sich dabei um kleinwüchsige Menschen – brachte Ketten und Pektoralien hervor, Armreife und Ohrringe für Könige, Königinnen und Prinzessinnen, goldenes Symboldekor für die Paradezwecke der Herrscher, schwere Diademe, aber auch leichte wie Blumenkränze, die aus feinem Golddraht und Blattgold gemacht sind. Außerdem fand man goldene und silberne Pokale und Platten sowie goldene Aquamanilien (Handwaschschüsseln) unter den Grabbeigaben der Könige, wie beispielsweise in den Schatzkammern der Königsgräber von Tanis.

Bronze – in der Praxis häufig fast nur Kupfer – fand Verwendung zur Herstellung auch ritueller Gefäße, für Königsstatuen und Götterfiguren. In der ältesten Technik wurden für die Königsstatuen gehämmerte Metallplatten verwendet, dann wandte man die Technik der »verlorenen Form« an (oder »cire perdue«, das sog. »Wachsausschmelzverfahren«; dabei wurde eine Wachsschicht zwischen zwei Tonmodellen durch flüssiges heißes Metall ersetzt). Es ist eine große Zahl häufig minderwertiger (wir würden sagen »industrieller«) Groß- und Kleinbronzen von Göttern und göttlicher Tiere mit Votivcharakter erhalten. In der Spätzeit wurden die Statuen tatsächlich an den von den Gläubigen am meisten besuchten Heiligtümern kommerziell vertrieben.

Die Bronzespiegel, blank wie die Sonnenscheibe (sie besaßen aber auch eingravierte Verzierungen), sind oft mit tauschierten Gold- und Silbermotiven geschmückt, während der Griff – aus Elfenbein oder Holz – häufig der Gestalt eines Mädchens nachgeformt ist oder den Gott Bes, den göttlichen Zwerg, zeigt, der mit den Frauen verbunden ist, den Dämon des Spaßes und der Eitelkeit.

Nicht die gesamte handwerkliche Produktion von Hausrat war zum tatsächlichen Gebrauch in den Haushalten der einzelnen Kunden bestimmt. Sie dienten auch dazu, ihren Besitzer in das Grab zu begleiten, das vorausschauend vorbereitet wurde. Es stellte keineswegs eine produktive wirtschaftliche Investition dar, wohl aber, könnte man sagen, eine »Prestige«investition. Die bei der Bestattung mitgegebenen Gerätschaften – außer den Sarkophagen, Kanopen und Grabfiguren – wiederholten zum größten Teil die Gegenstände des normalen Gebrauchs im täglichen Leben. In anderen Fällen gehörten Geschmeide und Möbel, Stoffe und Truhen schon zu Lebzeiten dem Besitzer des Grabes und wurden von ihm praktisch genutzt.

Pharao und Wesir
Gesellschaft und öffentliches Leben

An der Spitze des altägyptischen Staates – häufig wird er als Gesellschaftspyramide dargestellt – stand der Pharao, dem das Selbstverständnis des Königtums eine von den Menschen verschiedene Stellung zuwies, nämlich die eines Mittlers zwischen diesen und den Göttern. In jedem Tempel des Landes war der Lokalgott in seinem Heiligtum die höchste Gottheit. Entsprechend wurde in jedem Tempel des Niltals und des Deltas der Pharao, Erbe der prähistorischen Lokaldynastien, als Sohn des jeweiligen lokalen Gottes betrachtet, und der Sohn-König stellte in jedem Tempel den Kult des Vater-Gottes sicher, der jenem im Gegenzug die Königswürde garantierte.

Die grundlegende Aufgabe des Königs in Ägypten bestand darin dafür zu sorgen, dass in den verschiedenen Wirklichkeitsbereichen Gleichgewicht herrschte (von der Monarchie bis zu den Naturphänomenen, den Rechtsverhältnissen und auch der Moral). Dieses Gleichgewicht orientierte sich am Begriff Maat (personifiziert als weibliche Gottheit), dessen grundlegender Sinn »Ordnung«, »Ordnung der Dinge«, »wahre Ordnung« und insofern »Wahrheit« war. Und da Ordnung an sich auch das ist, was jedem das Seine gibt, ist Maat »Billigkeit«, »Gerechtigkeit«. Noch besser kann man das ägyptische Wort Maat häufig als »Recht« im Gegensatz zum »Unrecht« (ägyptisch jsfet) übersetzen, wobei dieses letztere dem »Recht« – verstanden als positives Recht – entgegengesetzt ist und nicht als transzendentes Gesetzesprinzip, das dem Buchstaben nach anzuwenden wäre.

Von Maat, sagen die ägyptischen Texte, »nähren sich die Götter«, und der König hat sie ihnen insofern zu gewähren, als die Verpflichtung, sie in die Tat umzusetzen, bei ihm liegt – für Ägypten und, könnte man hinzufügen, mit Ägypten. Zum Begriff Maat gehörte auch das politische, nationale und internationale Gleichgewicht, das dem Pharao von Anfang der Geschichte an in die Hände gelegt worden war. Unter dieser Perspektive stellen eine politische Revolution oder eine Aggression von außen vor allem eine Art von »Unordnung/Chaos« dar.

Einige Details der Kleidung, die Insignien und die Kronen, die wir in der Ikonografie des Königs wahrnehmen, erinnern daran, dass der Pharao ein Gott unter Menschen ist. Er hat einen falschen, gebogenen Bart wie die Götter, trägt auf der Stirn den Uräus, die Kobra, die den Gott Re vor seinem Feind Apophis schützt, und jede seiner zahlreichen Kronen muss ihm eine spezifische, zur Situation passende Kraft

Nachzeichnung einer Seite der Narmer- (oder Menes-) »Palette« (1. Dyn.). Der König schreitet mit der roten Krone auf dem Haupt daher; vor ihm geht ein Beamter (wahrscheinlich der Wesir), nach ihm folgt der Sandalenträger. Aus Hierakonpolis, jetzt im Museum von Kairo

(gegenüber) Der ruhmreiche Ramses II. zwischen dem Gott Ptah und der löwenköpfigen Göttin Sachmet. Aus Memphis (19. Dyn.), jetzt im Garten des Museums von Kairo

verleihen. Der üblichste Kopfschmuck des Pharaos war das Nemes-Kopftuch, eine Haartracht in Form einer Perücke, und die Doppelkrone, die weiße und rote zusammen, symbolisierte die Ausübung der Macht über beide Landesteile. In der Hand hielt er das Zepter mit Stab und Geißel, Sinnbilder des Osiris.

Da jedoch der König auch ein Mensch war und als solcher dem Prozess des Schwächerwerdens und Alterns ausgesetzt, wurde ein – wahrscheinlich auf prädynastische Zeiten zurückgehendes – Ritual geschaffen, das auf magische Weise Kräfte und Macht erneuert. Es handelt sich um das Jubiläums- oder Sedfest, das theoretisch alle dreißig Jahre stattfinden sollte, in der Praxis jedoch in viel engeren Abständen wiederholt wurde. Die wiedergewonnene jugendliche Kraft wurde durch einen rituellen Kultlauf des Königs und andere körperliche Prüfungen demonstriert.

In seinen Residenzen – entsprechend seiner Stellung waren das pompös ausgestattete Paläste – erfüllte der Pharao, umgeben von einem aus Familienangehörigen, dem Wesir, Ratgebern sowie hohen Beamten bestehenden Hof, seine institutionellen Verpflichtungen. Im Audienzsaal hielt er Rat, empfing die wichtigsten Gesandtschaften fremder Länder und führte den Vorsitz bei offiziellen Zeremonien. Im Palast Ramses' III. in Medinet Habu war eines der hervorstechendsten architektonischen Elemente das Erscheinungsfenster, eine Art Balkon, auf dem sich der König und die Königin anlässlich eines feierlichen Ereignisses, wie zum Beispiel der Belohnung von Untertanen mit Geschenken und Auszeichnungen, zeigten.

Die ägyptische Königin hatte ebenfalls eine herausragende Stellung und begleitete gewöhnlich den Gatten bei religiösen Zeremonien und Besuchen in Heiligtümern und Städten, die der Herrscher im ganzen Land abstattete. Obwohl theoretisch keine Hindernisse dafür existierten, dass eine Königin effektiv königliche Funktionen erfüllte, gibt es tatsächlich nur sehr wenige Fälle, in denen eine Frauengestalt in dieser Rolle volle Rechte genießen konnte. Man kann Nitokris am Ende der 6. Dynastie nennen, Nefrusobek am Ende der 12. und die berühmte Hatschepsut in der ersten Hälfte der 18. Dynastie.

In der Königsresidenz befand sich auch der Amtssitz des Wesirs (»Minister«, ein dem Arabischen entnommener Begriff zur Bezeichnung des auf ägyptisch tjati genannten Beamten). Der Wesir trug am Hals als Symbol seines Ranges und seiner Pflichten eine Figur der Maat. Ab dem Neuen Reich wurde dieses Amt, das gleich hinter dem Pharao kam, doppelt besetzt, mit einem Wesir für den Norden und einem für den Süden.

Unter den Trägern dieser Würde ist Rechmire (18. Dynastie, tätig unter Thutmosis III. und Amenhotep II.) dank dem Umstand die bekannteste Gestalt, dass er sein Grab in Qurna in der Nekropole von Theben mit verschiedenen Szenen und Texten von außerordentlicher Bedeutung ausstatten ließ. Durch sie weiß man, wie der Arbeitstag des Wesirs verlief, außerdem bieten sie in bildlicher Form Details zu jeder Art von handwerklicher Tätigkeit und zum täglichen Leben.

Königin Kleopatra. Philae, Isistempel (ptolemäische Zeit) (I. Rosellini, Monumenti Storici)

Die junge Prinzessin Neferure, Tochter der Hatschepsut (18. Dyn.). Theben, Tal der Königinnen
(I. Rosellini, Monumenti Storici)

Morgens informierte sich Rechmire über Ausgaben und Einnahmen der königlichen Besitztümer, dann hörte er sich die Polizeiberichte an. Am späteren Vormittag kontrollierte er die Öffnung der Palastpforten, schließlich begab er sich zur Audienz, um die in seine Zuständigkeit fallenden dringenden Angelegenheiten zu regeln. Dazu gehörten Justiz, Landwirtschaft, Bewässerung, Heer, Polizei, Steuern, Finanzen, Inspektion der königlichen Magazine, Besuche bei den Hohepriestern Amuns, Ernennung von Beamten sowie der Empfang von Gesandten und Kaufleuten (bemerkenswert sind im Grab die Darstellungen von Besuchern aus dem minoischen Kreta und der Ägäis).

Ein Text aus demselben Grab gibt die genauen Worte wieder, mit denen der Pharao sich an Rechmire bei der Einsetzung in das Amt wandte. Es handelt sich um eine regelrechte »Instruktion«, die uns das hohe Ideal zeigt, unter dem das Amt des Wesirs stand:

> »Der Hofstaat wurde in den Audienzsaal des Pharaos geführt, und man ließ den soeben erwählten Wesir Rechmire kommen. Ihm sagte Seine Majestät: ›Behalte den Audienzsaal des Wesirs aufmerksam im Auge, überwache alles, was sich dort tut, denn er ist die Stütze des ganzen Landes. Siehe, was das betrifft, Wesir zu sein, es ist keinesfalls süß, sondern es ist bitter wie Galle. Siehe, er ist die Bronze, die das Gold des Hauses seines [Herrn] umgibt. Siehe, er ist jemand, der sein Gesicht nicht auf die Richter und die Ratgeber lenkt und der aus keinem einen [Parteigänger] macht um zu (...). Siehe, wenn ein Bittsteller kommt aus Ober- oder aus Unterägypten oder gleich welchem Land, im Begriff den Saal des Wesirs zu betreten, musst du wachsam sein, damit alles nach dem Gesetz geschehe und dass alles genau nach Gerechtigkeit geschieht, sodass jeder auf das gestellt werde, was sein Recht ist. Siehe, im Falle eines Beamten, der öffentlich richtet, Wasser und Wind werden alles berichten, was er tut (...). Siehe, es gibt einen Satz im *Buch von Memphis,* der besagt: „Der Herrscher ist barmherzig, der Wesir streng.“ Doch hüte dich vor dem, was man in Bezug auf den Wesir Cheti sagte: „Er hat die Leute aus seiner Familie arm gemacht zugunsten der anderen, aus Furcht, man könne von ihm sagen, er war ungerecht“ (...). Das geht über die Gerechtigkeit hinaus. Richte nicht in Parteilichkeit, denn Gott verabscheut Parteilichkeit. Siehe die Lehre und handle also auf diese Weise: Betrachte, den du kennst, wie einen, den du nicht kennst und den, der dir nah ist, wie den, der deinem Hause fern ist.«

Nicht nur die Untertanen, sondern auch der Pharao war den Regeln Maats unterworfen. Wurden diese Regeln angewandt, wirkten sie wie Gesetze und schützten den, der im Recht war. *Dass* sie angewandt wurden, war vor allem durch die »Publizität« garantiert, die Prozesse und Urteilssprüche sowie die gegenseitigen Kontrolle fanden, die für Beamte, Privatleute, Herrscher galt.

Zweifellos kann man auch bei den Ägyptern eine nicht zu unterschätzende Fähigkeit der Reflexion über moralische und rechtliche Fragen erkennen. Obwohl es bis

Ausländer in Ägypten. Asiaten liefern Tribute ab (einen Kupferbarren, einen Elefantenzahn und einen lebenden Bären am Halsband). Theben, Grab des Rechmire (18. Dyn.) (I. Rosellini, Monumenti Civili)

Ausländer in Ägypten. Ein Schwarzer liefert Tribute: einen Ebenholzstamm und eine Pantherin am Halsband. Theben, Grab des Rechmire (18. Dyn.) (I. Rosellini, Monumenti Civili)

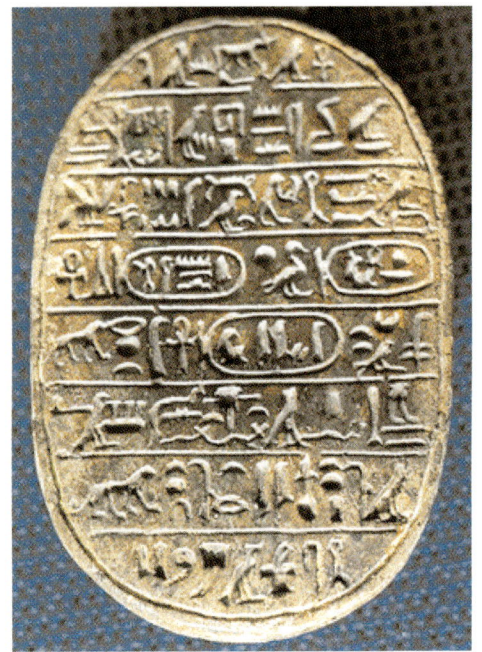

(oben) Ausländer in Ägypten. Ägäisbewohner und ein Schwarzer. Theben, Tal der Könige, Grab Sethos' I. (19. Dyn.) (I. Rosellini, Monumenti Storici)
(unten) »Jagdskarabäus« zur Erinnerung an die Tötung von 102 Löwen durch Amenhotep III. (18. Dyn.). Aus Soleb (Sudan), Sammlung Schiff Giorgini, Universität Pisa

in die Spätzeit keine direkten Zeugnisse für die Existenz einer schriftlichen Kodifizierung gibt, erlauben es dennoch Hinweise und Anspielungen, die man aus Texten ab dem Ende des Alten Reiches entnehmen kann, ihre Existenz zu behaupten. Es handelt sich um schriftliche Sammlungen königlicher Anordnungen, die im Archiv des Wesirs aufbewahrt wurden. Auf diese hatten sich die Richter zu beziehen, die insofern nicht willkürlich vorgehen konnten.

Im Übrigen vollzieht sich – wenn auch nur auf mythologischer Ebene – die Zuerkennung der Rechte in der Frage, ob Horus seinem Vater Osiris legitimerweise auf den Thron Ägyptens nachfolge, ebenfalls nach einem vom Göttertribunal erlassenen Spruch im Anschluss an einen Rechtsstreit, der sich zum Leidwesen der Beteiligten über gut achtzig Jahre hinzog.

Wir verfügen über eine nicht geringe Menge an Nachrichten und Informationen zu den Rechtsstrukturen und Rechtsgrundlagen des alten Ägyptens. Wir wissen, dass es verschiedene Stufen ziviler Gerichtshöfe gab, von örtlichen bis hin zu den obersten Gerichten und dem Tribunal des Wesirs. Die letzte Instanz war der König, dem auch das Gnadenrecht zukam.

Die Normen des Strafrechts sind recht gut bekannt. Es konnten körperliche Strafen wie die Prügelstrafe verhängt werden, eine Geldstrafe wurde in vielen Fällen Körperstrafen vorgezogen, und schwere Vergehen zogen die Verurteilung zu Zwangsarbeit nach sich (in den Bergwerken zum Abbau von Metall, Kupfer oder Gold, oder in den Steinbrüchen in der Wüste, wo die Arbeit sehr hart war). Körperverstümmelungen waren nur in Ausnahmefällen angedroht.

In Strafprozessen (aber wahrscheinlich nur, wenn die betroffenen Personen der Tempelverwaltung unterstellt waren) wegen Diebstahls oder bei anderen Streitfällen, pflegte man sich, zumindest seit dem Neuen Reich, des Urteils des göttlichen Orakels zu bedienen, vielleicht im Berufungsverfahren nach einem Spruch des Tempeltribunals.

Von einigen großen Prozessen, die zu ihrer Zeit zweifellos Aufsehen erregten, sind die Akten erhalten: vom Tempelräuberprozess und vom Prozess über die Palastverschwörung gegen Ramses III., die am Ende seiner langen Herrschaftszeit von zweiunddreißig Jahren steht. Die Verschwörung wurde organisiert, um den legitimen Erben, Ramses IV., von der Nachfolge auszuschließen, zugunsten von Pentaweret, dem Sohn einer königlichen Konkubine mit Namen Tiji. Das Protokoll des von Ramses IV. gegen die Verschwörer angestrengten Prozesses ist in hieratischer Schrift auf Papyrus niedergeschrieben, und eine der wichtigsten Handschriften befindet sich im Ägyptischen Museum von Turin. Der Prozess schloss mit der Verurteilung der Verantwortlichen, achtundzwanzig Personen, Angehörigen des Harems und des Palastes, Militärs sowie Richter. Diesen Verschworenen wurde nachgewiesen, dass sie nicht davor zurückgeschreckt waren, sich verbotener Zauberpraktiken mit magischen Figuren zu bedienen...

Das soeben Erzählte ist jedoch im Ägypten der Pharaonen nicht der einzige Fall eines Anschlags auf die Person des Königs. Amenemhet I., der Begründer der 12. Dynastie, war im Schlaf getötet worden, und auch in diesem Fall war der Anlass zur Verschwörung die Rivalität um die Thronnachfolge gewesen, um die man den legitimen Erben, Sesostris, bringen wollte.

Das Privatrecht wurde in einem Land wie Ägypten, in dem der Einzelne seit den ersten Dynastien über Besitz verfügen konnte, früh entwickelt. Das Familienrecht erscheint geradezu »modern«, besonders mit Blick auf Frau und Ehe sowie auf den Aspekt des menschlichen Individuums. Wichtig ist hervorzuheben, dass die Institution der Sklaverei in der Form und Bedeutung, die sie in der griechischen und römischen Welt annahm, im Ägypten der Pharaonen nie existiert hat – auch wenn man freilich hinsichtlich der Kriegsgefangenen und der zu Zwangsarbeit Verurteilten von nicht-freien Menschen sprechen kann.

Rassismus war dem alten Ägypten fremd. In diesem Land war ein Geist der Toleranz selbstverständlich, der sich durch die Akzeptanz der verschiedenen Hautfarben, des äußeren Erscheinungstyps, der Sprachen und der Ernährungsgewohnheiten herausgebildet hatte. Diese Unterschiede wurden nicht als negative Merkmale verstanden, sondern als göttliche Differenzierungen, die göttlicher Wille so vorgesehen und realisiert hatte.

Die Fremden, die in Ägypten in großer Zahl lebten, genossen dieselben Rechte wie die Ägypter. Das Vermögen dieser Personen, sehr oft Kaufleute, war jedoch Normen internationalen Rechts unterworfen, das infolge der intensiven, zahlreichen Beziehungen zwischen Ägypten und den anderen Ländern nach und nach präzisiert worden war. Falls jemand in Ägypten starb, war vorgesehen, dass das Eigentum der Fremden vom ägyptischen Staat eingezogen wurde (eine Ausnahme liegt jedoch im Fall eines zyprischen Verstorbenen vor, dessen Besitz der Familie auf Zypern zurückgegeben werden musste). Auch ein internationales »Diplomatenrecht« war erarbeitet worden, für das das sprechendste Beispiel der zwischen Ramses II. und dem Hethiterherrscher (Hattušilis III.) geschlossene Friedensvertrag (im Jahre 1246/5 v. Chr.) ist, der erste bekannte internationale Friedensvertrag der Weltgeschichte.

Es gab sowohl Gesetze wie auch Gerichtshöfe und Richter. Doch das Vertrauen der Menschen in die Gerechtigkeit, besonders aufseiten der Armen, war kaum besonders fest, vor allem in Zeiten ökonomischer und sozialer Krisen. Die volkstümlichen Gebete aus dem späten Neuen Reich richten sich gern an »Amun, Wesir des Armen«, »der keinen Lohn akzeptiert von dem, der schuldig ist«, und beschwören den Gott, dass er sein Ohr leihe »dem, der vor Gericht allein ist und arm ist und nicht reich«. Sicherlich ist es, damals wie heute, schwer, die tägliche Aussicht des Bösen, der über den Unschuldigen triumphiert und des Schlechten, der über den Guten siegt, zu akzeptieren. Der Gerechte, der leidet, kann nur die Hoffnung ent-

Eroberung einer syrischen Festung und Flucht eines feindlichen Jägers in die Wüste. Abu Simbel, Felstempel Ramses' II. (19. Dyn.) (I. Rosellini, Monumenti Storici)

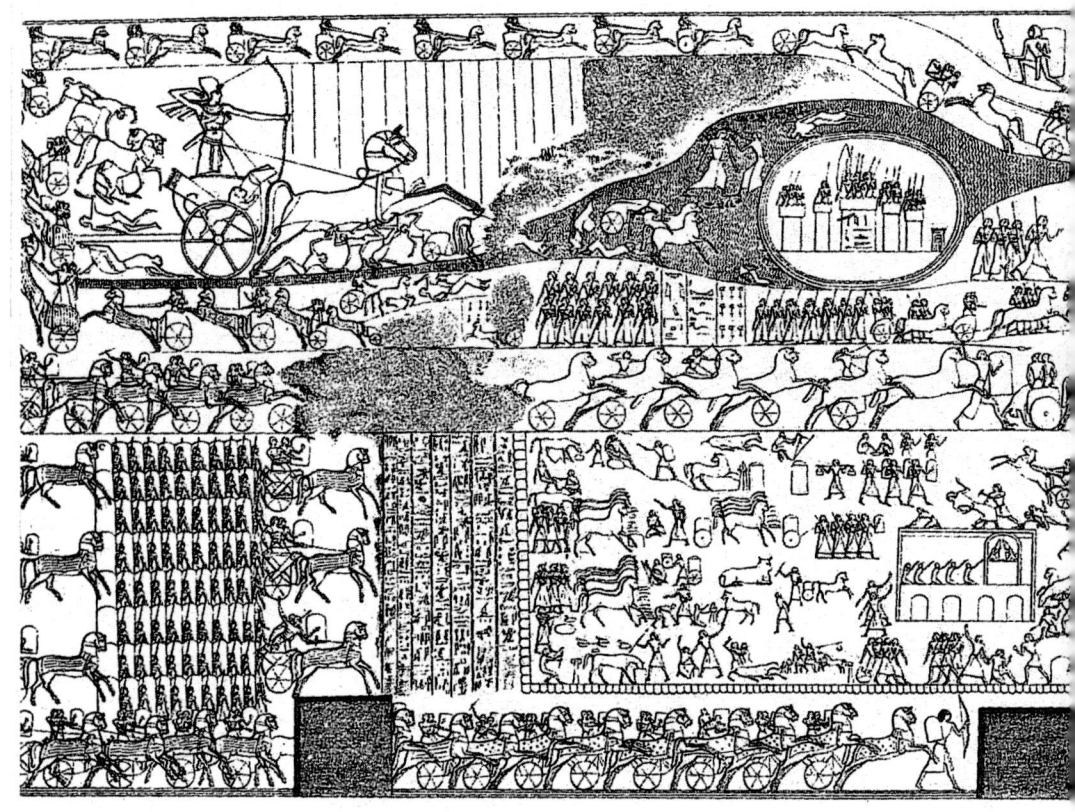

(oben) Prachtvolle Darstellung der Schlacht von Kadesch am Orontes zwischen dem Heer Ramses' II. und dem Hethiterheer. Abu Simbel, Felstempel Ramses'II. (19. Dyn.) (I. Rosellini, Monumenti Storici)
(folgende Seite) Feindliche Palästinenser werden von Ramses III. gejagt und vom König dem Gott Amun präsentiert. Theben, Tempel von Medinet Habu (19. Dyn.)

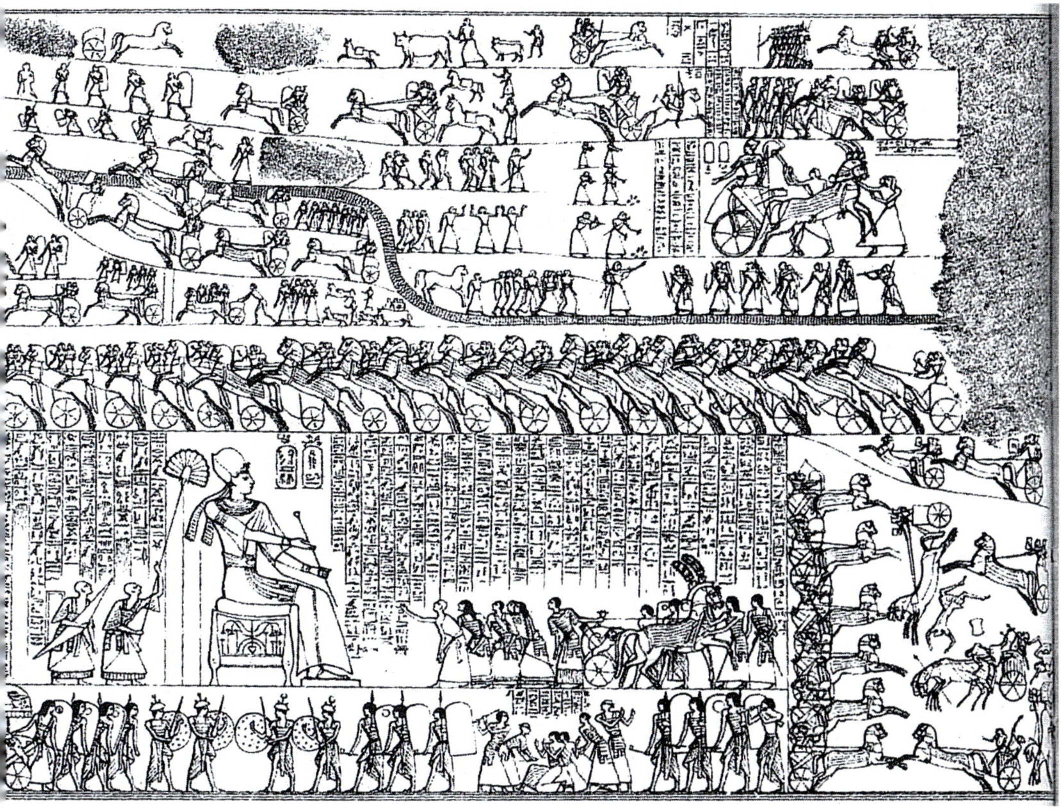

falten, dass – und sei es zu einer Zeit und auf eine Weise, die der Mensch nicht
erkennen kann – die göttliche Strafe den Ruchlosen und Bösen erreichen wird…

Reliefs, Malerei und Plastik haben von den Pharaonen reichlich bildliches Material
hinterlassen, auf dem der Herrscher sich selbst als Sieger über seine Feinde darstellen ließ. Von der Narmer-Palette aus der ersten Dynastie bis zum letzten der römischen Kaiser, die sich in Ägypten in das ideologische Gewand der alten Pharaonen kleideten, wird der König dabei dargestellt, wie er die Feinde besiegt, wie er sie
packt und mit der Keule niederschlägt oder wie er unter ihnen in Gestalt von Tieren
ein Blutbad anrichtet, die wie Löwe, Sphinx, oder Greif Symbole königlicher Macht
darstellen. Auch Szenen von Krieg und Eroberung feindlicher Städte, die wir die
ganze Pharaonenzeit über auf Reliefs finden, besonders grandios jedoch bei Thutmosis III., Ramses II. (Schlacht von Kadesch) und Ramses III. (Seeschlacht gegen
die »Seevölker« in Medinet Habu), bringen dieselbe Ideologie zum Ausdruck und
stellen illustrierte Erzählungen zum Ruhm der Pharaonen dar.

Zum Zwecke kriegerischer Aktivitäten, der Grenzverteidigung sowie der Expansion in die Nachbarländer, war es nötig gewesen, eine militärische Organisation
zu schaffen. Die Soldaten wurden daher auf jedem Gebiet der Kriegskunst und im
Bogenschießen ausgebildet. Truppenpräsenz war auch durch die Notwendigkeit dik-
tiert, an den Karawanenstraßen Patrouillen durchzuführen und Sicherheitsmaß-
nahmen zu treffen, wo wie durch die nubische Wüste oder im Nahen Osten kostbare, exotische Materialien transportiert wurden wie Gold, wertvolle Erze, Holz und
Weihrauch.

Schon im Alten Reich finden wir neben ägyptischen Soldaten Figuren nubischer
und libyscher Kaufleute. Im Mittleren Reich richtet sich der Expansionsdrang, der
sich in der Errichtung großer Festungen zwischen dem 1. und dem 3. Katarakt manifestiert, vor allem auf die Eroberung und Stärkung der Herrschaft über Nubien. Das
Neue Reich schließlich markiert die Epoche der größten Expansion und der meisten Eroberungszüge Ägyptens außerhalb seiner Grenzen.

Es gab eine reguläre Armee mit minutiös durchorganisierter Hierarchie, die von
einer umfassenden aus »Armeeschreibern« bestehenden bürokratischen Verwaltung ergänzt wurde. Im Neuen Reich bestand die Armee aus einem stehenden Heer,
und die Soldaten wurden nach einem System militärischer Dienstpflicht rekrutiert.
Das Heer bestand aus vier Infanteriedivisionen (jeweils unter dem Namen eines der
vier Hauptgötter des Staates, Re, Amun, Ptah, Seth), die 20 Kompanien zu 250 Mann
umfassten. Diese Kompanien waren wiederum in Abteilungen zu 50 Mann unter-
gliedert, zusammen mit den Bogenschützen. Darauf folgten die jungen Männer aus
reicher Familie mit Streitwagen. Hierbei handelte es sich um in der Hyksoszeit nach
Ägypten eingeführte zweirädrige, von Pferden gezogene Gespanne. Schließlich kam
noch die Seeflotte dazu, die v. a. aus im Delta gebürtigen Seeleuten bestand.

Aushebung von Soldaten. Auf den beiden unteren Registern warten die Rekruten im Schatten von Bäumen auf den Barbier. Theben, Grab des Userhat (18. Dyn.)

An Waffen gab es Bogen, Piken, Speere, Krummsäbel und Dolche. Die Schilde wurden aus fellüberzogenem Holz hergestellt, die Lederharnische waren mit Bronzeplatten bedeckt. Der Maschenpanzer wurde erst zu Beginn des Neuen Reiches aus Syrien eingeführt. Ebenfalls in dieser Zeit verstärkte eine weitere technische Neuerung die Kampfkraft der Bogenschützen: Die Erfindung des zusammengesetzten Bogens mit Doppelkrümmung ermöglichte das Schießen mit höherer Präzision und Durchschlagskraft.

Nach den Beschreibungen der *Schultextsammlungen* machten die Unbequemlichkeiten des Soldatenlebens dieses alles andere als anziehend, doch ist ihr, im Bereich der Schule entwickelter antimilitaristische Charakter, gewiss nicht objektiv.

Auch das Leben eines ägyptischen Dienst tuenden Beamten bei einer weitab gelegenen Garnison war nicht viel vergnüglicher: »Ich habe meinen Dienstsitz in Kenkentaui und mir fehlt jede Versorgung. Den Tag verbringe ich damit, in den Himmel zu schauen, und die Nacht verbringe ich unter Palmen, die nicht einmal Früchte zum Essen tragen. Bei Tagesanbruch gibt es Mücken, mittags Bremsen. Es gibt 200 Hunde und 300 Wölfe: insgesamt fünfhundert.«

Die Wirtschaft Ägyptens basierte auf den Erträgen der Landgüter des Königs und der Tempel sowie aus den Steuern, die auf privaten Grundbesitz erhoben wurden. Ein ganzer Verwaltungssektor und hoch entwickelter bürokratischer Apparat registrierte und leitete die an den Staat abzuführenden Naturalienabgaben. Ihr Umfang richtete sich nach der Größe der Ländereien und dem Erfolg des jeweiligen Jahres, der, wie schon mehrfach gesagt, in Relation zur Nilschwemme bemessen wurde.

Große Ländereien gehören dem König und den Tempeln, während die privaten Besitztümer in der Regel recht bescheiden waren. König und Tempel verpachteten ihr Land in Halbpacht, d. h. sie erhielten die Hälfte der jährlichen Erträge. Da sie die Ländereien nicht direkt bestellten, mussten die Pächter die Mittel zur Bezahlung der Bauern und der Steuereintreiber aus der Hälfte des Ertrags bestreiten. Die Bauern ihrerseits hatten ein Grundstück in Pacht, das normalerweise nicht größer als anderthalb Hektar wart.

Das Niltal in pharaonischer Zeit darf man sich jedoch nicht als überbevölkert vorstellen. Die Bevölkerung Ägyptens lässt sich nach einer Wahrscheinlichkeitsrechnung um 1500 v. Chr. auf etwa vier Millionen Personen schätzen (möglicherweise doppelt soviele erst in ptolemäischer und römischer Zeit), darin eingeschlossen sind die im Aufnahmeland im Allgemeinen gut assimilierten zahlreichen Fremden.

Da Ägypten ein stark zentralisierter und gemeinschaftlich organisierter Staat war, galt für öffentliche Arbeiten wie die Schaffung und Reparatur von Kanälen für und während der Nilschwemme ein System von Zwangsleistungen, zu denen Soldaten wie Zivilisten herangezogen wurden.

Eines der Grundrechte des Ägypters war schließlich der Erhalt eines Lohns für die Arbeit, die er für den Tempel oder für den Staat leistete, aber auch für einen Privatmann. Unter der Herrschaft des Mykerinos schritt sogar einmal bei Gelegenheit der Errichtung des Grabs für einen hohen Beamten der König ein, um die Arbeiter vor einer erzwungenen Arbeit zu schützen: »Seine Majestät gestattete es keinem, dass er zum Arbeiten gezwungen wird, sondern jeder soll nach seinem Willen arbeiten.«

Lohn wurde in Naturalien entrichtet: Getreide, Öl, Kleidung, auch Gemüse und Fisch; gelegentlich gab es Salz, Wein, süßes Bier und andere Luxusgüter.

Die den Handarbeitern als Entlohnung gegebenen Rationen waren anscheinend gehaltvoller als die für einen sitzend Beschäftigten; das bedeutet, dass man um ihren höheren Kalorienbedarf wusste. Im Sandsteinbruch von Silsile, wo etwa tausend Personen beschäftigt waren, erhielt jeder Arbeiter täglich etwa zwei Kilo Brot, zwei Strünke Gemüse und einen Braten.

Die staatlichen Arbeiter wurden mit Lebensmitteln und Gütern aus den Magazinen des Königs bezahlt. Als »Herren« und Arbeitgeber zeigten sich die ägyptischen Herrscher stets gern generös und verständnisvoll für die ertragenen Mühen. Sie waren sogar bereit Lohnerhöhungen und Verbesserungen in der Behandlung zu gewähren, vielleicht auf der Grundlage von nach und nach neu gefassten Arbeitsverträgen. In diesem Sinne kann man im alten Ägypten von einem »Arbeitsrecht« sprechen. Das Gesetz schützte die Arbeiter, und wenn sich einer in seinen Rechten verletzt fühlte, konnte er bei Gericht gegen den Arbeitgeber klagen. Wir wissen, dass eigens zum Zweck der Garantie sozialer Gerechtigkeit spezielle Beamte geschaffen wurden, sog. »Aufseher der Bitten«, die im ganzen Land umher reisten und die Beschwerden und Proteste derer sammelten, die Ungerechtigkeiten erlitten hatten.

Als am Ende der 20. Dynastie im 29. Regierungsjahr Ramses' III. der ägyptische Staat nicht mehr dazu in der Lage war, seinen Arbeitern in der Nekropole von Theben einen regelmäßigen Lohn zu zahlen, kam es zu zahlreichen Protesten. Nach den Berichten aus dem »Tagebuch« eines Oberaufsehers in der Königsnekropole von Theben (der Papyrus befindet sich im Ägyptischen Museum von Turin) setzten die Hunger leidenden Arbeiter den ersten auf der Welt bekannten Streik ins Werk um, d. h. sie blieben der Arbeit fern. Es ist jedoch wahrscheinlich, dass es sich dabei nicht um die einzige Episode dieser Art gehandelt hat. Zudem ist jüngst in Dokumenten ein Streik von Steinmetzen in einem Granitsteinbruch von Elephantine während der Herrschaft des Amasis (6. Jahrhundert v. Chr.) nachgewiesen worden.

Anders liegt der Fall, bei dem staatliche Arbeiter – zum Beispiel die Arbeiter der Königsnekropole von Deir el-Medineh, die hervorragend genau dokumentiert ist – der Arbeit aus Gesundheitsgründen fern blieben (es sind verschiedene Krankheiten und Skorpionstiche bezeugt) oder aus familiärem Anlass (Bier für das Haus herstellen, mit einem Mädchen auf ein Fest gehen, vielleicht anlässlich einer Hochzeit, oder die kranke Mutter pflegen). In einem Fall ist die Rechtfertigung recht amüsant: »Der Arbeiter Soundso fehlt, weil er einen Streit mit seiner Frau hatte.«

Am Tag wurde acht Stunden gearbeitet, vier vormittags und vier nachmittags. Wir kennen auch den Namen wenigstens eines für die kranken Arbeiter verantwortlichen Arztes. Es war Urlaub für körperlichen und geistigen Ausgleich vorgesehen, und zwar ziemlich häufig. Man arbeitete nicht an jedem Monatsersten, an den beiden letzten Tagen jeder Dekade (der Monat war in drei Dekaden eingeteilt) und außerdem während der offiziellen Feiertage.

Gewiss, es gab keine Altersbegrenzung für die Arbeit und auch keine Vorstellung von einer Rente. Doch im Fall von Arbeitsinvalidität war es möglich, dass die Arbeiter ein Anrecht auf Entschädigung hatten (Papyrus Anastasi IV). Für die griechisch-römische Zeit berichtet uns ein demotischer Text vom Fall eines Tempelangestellten, der bei der Arbeit am Auge verletzt und zunächst beurlaubt, sodann aber wieder eingestellt wurde, nachdem er mit der Forderung vor Gericht gezogen war, dass der Tempel ihm die Arztkosten erstatten müsse.

Zur Gemeinschaft der produzierenden Gesellschaft, die arbeitete und sich ihren Lebensunterhalt verdiente, gehörte die große Zahl der in verschiedenen Bereichen tätigen Menschen: Tischler, Wagenbauer, Lederhändler, Schuhmacher, Glasmacher und Fayencehersteller, Goldschmiede und Metallgießer, Töpfer, die ihre Tongefäße auf der Drehscheibe schufen, um sie im Ofen zu brennen. Dazu zählten außerdem Steingefäßhersteller, Binsen- und Palmblattflechter, die Körbe und Truhen herstellten, Weber, Sandalen- und Perückenhersteller, Bäcker und Konditoren, Bierbrauer, Ziegelbrenner, Wäscher und Stoffefärber, kurz: das gesamte Spektrum der tüchtigen, auf ihre Fähigkeiten stolzen Handarbeiter, was auch immer die gebildeten Leute sagen mochten, um ihre Arbeit in satirischen Texten zu diskreditieren. Wir wissen, dass sie natürlich tendenziös sind, auch wenn sie sich auf die Beobachtung von Kritikpunkten beziehen, die bei vielen Handarbeitern anzutreffen sind:

> »Schau mit deinen eigenen Augen! Die Berufe stehen vor dir. Der Wäscher verbringt den ganzen Tag damit, auf und ab zu gehen. Sein ganzer Körper ist schwach, mit Mühe wäscht er jeden Tag die Kleider seiner Nachbarn rein, und mit Mühe wäscht er ihre Tücher. Der Töpfer ist schmutzig von Erde wie jemand, dem einer aus der Familie gestorben ist. Seine Hände und Füße sind voller Lehm wie einer, der im Schlamm sitzt. Der Schuster mischt den Gerbstoff, sein Gestank ist gewaltig, und seine Hände sind rot von der Färberröte wie einer, der mit seinem Blut besudelt ist und sich rückwärts nach dem Roten Milan umsieht wie ein verletzter Mensch, dessen lebendiges Fleisch ausgestellt ist. Der Korbmacher (?) macht Körbe und poliert die runden Stützen (der Girlanden). Er verbringt eine Arbeitsnacht wie jemand, auf dessen Haupt die Sonne strahlt. Die Händler reisen auf und ab und werden geschlagen (?) wie Kupfer und bringen dabei Waren von einer Stadt zur nächsten und beliefern sie mit dem, was sie nicht hat. Doch die Steuereintreiber bringen Gold, das kostbarste aller Erze. Die Angehörigen

(oben) Wäscher bei der Arbeit. Theben, Grab des Ipui (19. Dyn.)
(unten) Errichtung eines großen Holz-Naos. Theben, Grab des Ipui (19. Dyn.)

(oben) Tischler und Ebenisten bei der Arbeit. Theben, Grab des Rechmire (18. Dyn.)
(unten) Zwei Maler verzieren eine Truhe mit einer Jagdszene. Beni Hassan, Grab des Baqet (Mittleres Reich)
(I. Rosellini, Monumenti Civili)

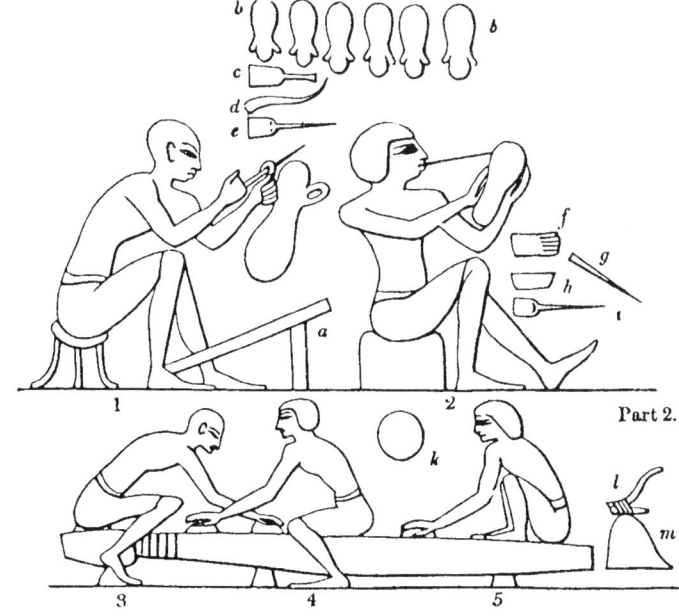

Schuster bei der Herstellung von Sandalen. Unten polieren Tischler die Oberfläche einer Holzsäule. Aus einem Grab des Neuen Reiches in Theben (J. G. Wilkinson, The Ancient Egyptians, II)

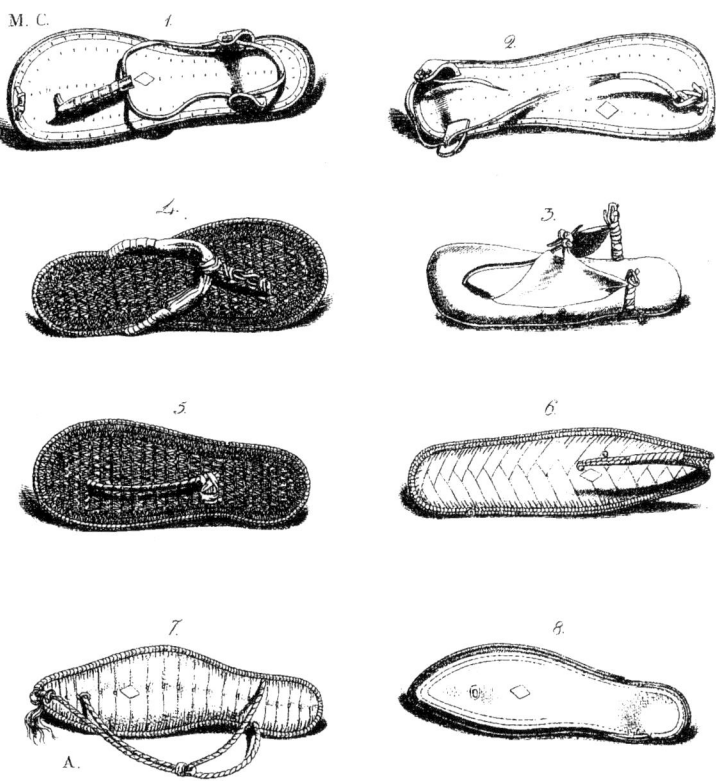

Sandalentypen (I. Rosellini, Monumenti Civili)

Herstellungsverfahren von Terrakottagefäßen auf der Töpferscheibe: vom Kneten des Tons mit den Füßen, bis zum Brennen der auf der Drehscheibe modellierten Gefäße im Ofen. Beni Hassan, Grab des Baqet (Mittleres Reich) (I. Rosellini, Monumenti Civili)

Ägypten heute (Nazla, Faijum, 1999): der Töpfer und seine Drehscheibe

jeder Handelsfirma haben ihre Fracht erhalten, sodass sie von Ägypten nach Syrien aufbrechen können. Jeder hat seinen Gott bei sich, keiner von ihnen (wagt zu) sagen: ›Wir werden Ägypten noch einmal wiedersehen‹. Ein Zimmermann, der an der Baustelle ist, trägt das Holz und legt es bereit. Wenn er heute seine Arbeit von gestern abliefert, wehe seinen Gliedern! Der Oberste Zimmermann steht hinter ihnen, um ihnen üble Dinge zu sagen. Sein Untergebener ist auf den Feldern, was am härtesten ist von allen Berufen. Er verbringt den ganzen Tag beladen mit seinen Arbeitsgeräten. Abends kehrt er nach Hause zurück, beladen mit Kiste und Holz, seinem Trinkkrug und seinen Wetzsteinen. Doch der Schreiber, er ist es, der die Arbeit all dieser Leute kontrolliert. Merk dir das!«

Über den Händler (auf ägyptisch hieß er schuti) zirkulierte Jahrhunderte später ein Sprichwort, das die Ansicht seiner Kundschaft widerspiegelte: »Trink kein Wasser im Haus eines Kaufmanns, er wird es dir in Rechnung stellen« *(Lehre von Anchscheschonki,* in demotisch verfasst).

Ziemlich häufig findet man in den Repertoires des »Alltäglichen«, besonders auf den Grabwänden des Alten Reiches, Darstellungen, die Szenen von An- und Verkauf zeigen. Männer oder Frauen tauschen an Landungsstegen Nahrungsmittel, Gemüse, Fische, gegen fertige Artikel, Stoffe oder Halsketten.

Die altägyptische Wirtschaft erlaubte also in einem System des Tauschhandels (franz. troc) Transaktionen zwischen Individuen. Man muss erst auf die Perser und später die Griechen warten, bis sich in Ägypten die Verwendung des geprägten Münzgeldes verbreitet. In einem Land mit landwirtschaftlicher Grundlage stellt sich Handel als ergänzende Tätigkeit dar. Gehandelt wird mit Überschussprodukten auf dem Primärsektor, doch auch auf dem des Handwerks wie zum Beispiel mit Papyrus, dessen Produktion mit den Tempeln, den Besitzungen der Könige oder reichen Privatleuten verbunden war.

Es gibt in Gisa einige Gräber aus dem Alten Reich, die die ältesten Darstellungen von Handelsaktivitäten und Händlern zeigen. So zum Beispiel die Mastaba des Tii, die ein Kommen und Gehen von Personen mit verschiedenen Gegenständen zeigt oder in Gruppen neben Körben von Obst, Gemüse, Fischen dastehende Verkäufer und Käufer.

Zwei Käufer streiten sich um eine Halskette mit bunten Perlen und bieten dagegen jeweils ein Paar Sandalen bzw. Gebäck. Es ist amüsant, die Hieroglyphen der Bildbeschriften zu lesen, fast wie in einem Comic: »Hier bitte, robuste Sandalen«, sagt der erste, und der zweite fügt hinzu: »Hier, ein süßes Gebäck«.

Eine andere Tauschszene zeigt eine Halskette in Konkurrenz mit einem Fächer. Die Bildbeschriften lauten: »Lass sehen, sag den Preis!«; »Hier, eine schöne Kette für deinen Fächer, hier, du hast Glück!«; »Hier, ein Fächer, Kaufmann!«. Ein Händler bietet eine Flöte und Angelhaken an.

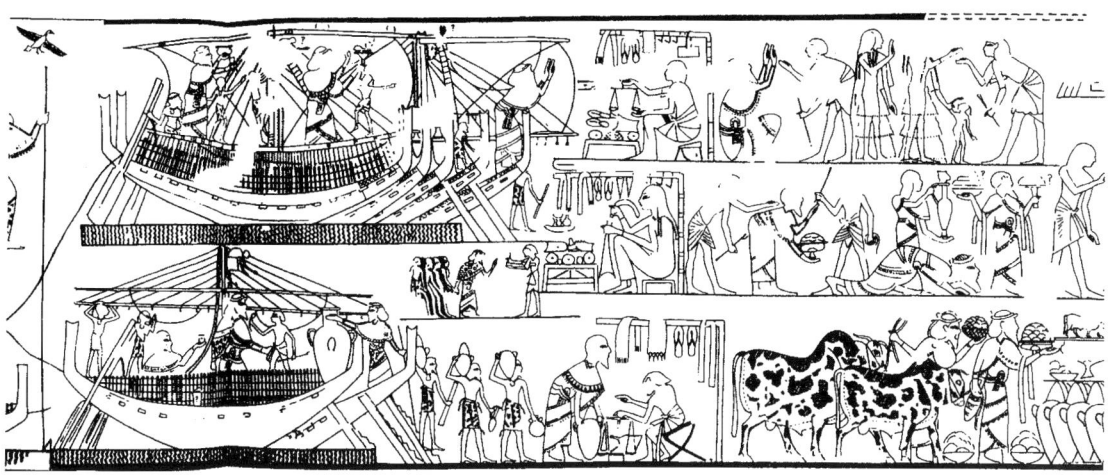

(oben) Frauen treiben mit ägyptischen Seeleuten Handel auf dem Landungssteg. Theben, Grab aus ramessidischer Zeit (19.—20. Dyn.)
(darunter) Kleinhandel mit Syrern, die ihre Schiffe am Nilufer verlassen haben. Theben, Grab des Qenamun (18. Dyn.)

Auf den Szenen der Mastaba des Kagemni werden Parfums und Salben angeboten, mit denen die vom Käufer mitgebrachte Alabastervase gefüllt werden soll, der mahnt: »Mach gut voll, mach gut voll!«. Ein anderer Händler preist sein Parfum an: »Hier, sehr milde Salbe«, und der Käufer bestätigt die Qualität: »Deine Salbe hat (der Gott) Sokaris angerührt«.

In der Mastaba von Ptahschepses bietet ein Händler Zwiebeln für ein Brot und sagt: »Leg es her und ich gebe dir schöne Zwiebeln!«. In der Mastaba von Anchmahor wird Brot gegen einen Fisch getauscht. Für das Neue Reich wirklich interessant ist folgende Szene, die wir im Grab des Ipui in Theben finden: Männer, die zur Besatzung eines Schiffes gehören, das eine Weizenladung transportiert, handeln zu Lande mit einigen Frauen, um Brot, Fische, Gemüse zu kaufen, und bieten dagegen das wertvolle Getreide, das sie in Körbe schütten.

Das Warentauschsystem wurde jedoch recht bald von einem Wertsystem ergänzt, das auf einer Silbereinheit basierte, dem Schenoti (ein kleiner Ring mit einem Gewicht von ca. 7,5 Gramm); es erfüllte die Funktion einer Rechnungs- und Werteinheit und eines Sparinstruments. Das Deben von 90 Gramm (unterteilt in 10 Kite oder 12 Schenoti) erfüllte das Bedürfnis nach einer schwereren Gewichtseinheit. Parallel zu den Gewichtseinheiten in Metall (Gold, Silber und Kupfer, deren Wert je nach Zeit variierte) dienten auch Maßeinheiten von Weizen oder Öl als Äquivalente. Wir wissen, dass in ramessidischer Zeit ein Weinkrug zu 20 Hin (etwa 10 Liter) zwischen 2 und 5 Deben Kupfer wert war; das war ziemlich teuer, da zur selben Zeit ein Gefäß mit 50 Hin (ca. 25 Liter) Bier zwischen 1 und 2 Deben wert war. Honig hatte einen hohen Preis, er kostete 1 Deben pro Hin (etwa 0,5 Liter), ebenso das Öl der Moringa. Wegen der Verbreitung des Münzgeldes wird man – wie schon gesagt – jedoch auf die Perser und dann die Griechen warten müssen.

Der Außenhandel, der wahrscheinlich staatlicher Kontrolle oblag, wie es die Eintreibung von Tributen oder die Zollgebühren bezeugen, sorgt seit dem Alten Reich für die Befriedigung von Bedürfnissen nach verschiedenen Waren, die nicht in Ägypten hergestellt werden. Auf dem Seeweg, aber auch zu Lande strömten Grundstoffe nach Ägypten (Nutzholz und Erze) oder Fertigprodukte, aber auch exotische Luxusartikel. Sie kamen aus dem Libanon und den anderen Ländern des Nahen und Mittleren Ostens, aber auch aus den Gebieten Innerafrikas. Konventionellerweise werden die mittels Austauschs mit ägyptischen Produkten nach Ägypten gebrachten Waren in den offiziellen Texten immer als »Tribute« bezeichnet. Ägypten exportierte Leinenstoffe, Weizen, Papyrus sowie Natron (Natriumkarbonat). Die Kaufleute benutzten Schiffe, die regelmäßig die Häfen des Nahen Ostens und ägyptische Häfen, vor allem Memphis, anliefen. Unmittelbar nördlich der Stadt nach Bubastis hin existierte ein bedeutender Hafen, und gut ausgestattete Schiffswerften nahmen häufig die aus dem Ausland angekommenen Warensendungen auf. Am Ufer erwarteten sie, wie eine Malerei im Grab des Qenamun in Theben zeigt, Bankette und Gartenpavillons von Kaufleuten. Unter diesen verkauft eine Frau Stoffe und Sandalen, Brot und getrocknetes (?) Fleisch, dieweil ein Mann, der unter seinem Pavillon Sandalen und Stoff zeigt, in der Hand eine Waage hält, wahrscheinlich um Kupfer-Deben zu wiegen.

Auch Wenamun, der sich als Gesandter Amuns nach Libanon begab, um das zum Bau eines neuen Bootes für den Gott Thebens benötigte Holz zu bekommen, war gleichzeitig Händler im Ausland. In dieser Rolle hatte er zum Schutz eine Statuette Amuns bei sich, des Hüters der Straßen und Schutzherrn der Reisenden und Kaufleute.

Das Problem und die Schwierigkeiten des Handels und seiner Verbindungswege waren Necho II. (26. Dynastie) voll bewusst, als er versuchte, Mittelmeer und Rotes Meer miteinander zu verbinden (das Unternehmen wurde später vom Achämenidenherrscher Dareios I. verwirklicht). Nach Herodot (IV, 42–43) soll Necho phönizischen Seeleuten den Auftrag zur Umschiffung Afrikas gegeben haben, die sie in drei Jahren durchgeführt haben sollen. Sie brauchten davon allein zwei Jahre zur Umsegelung der Säulen des Herkules (d.i. Gibraltar) und eines für die Rückkehr nach Ägypten. Diesem nur schwer annehmbaren Bericht zufolge hatten die Seeleute Saatgut mit sich geführt und gingen am Ende jedes Sommers an Land, säten, warteten die Ernte ab, ernteten das Getreide und nahmen dann die Fahrt wieder auf.

Das Leben in der Familie
Frau, Mann, Mode

Recht hübsch sind die Szenen in den ägyptischen Gräbern, auf denen die Herren des Hauses dargestellt sind. Die Ehefrau legt zumeist den Arm um den Rücken des Mannes, oder umgekehrt. Bei diesen Einblicken in das familiäre Leben ist es sehr selten, dass nicht auch die Kinder, Söhne und Töchter, dargestellt werden, denen der Fortbestand des Grabkultes und insofern das Weiterleben des Vaters anvertraut ist. Jedoch dürfen wir uns keine allzu konventionelle und idyllische Vorstellung von der altägyptischen Gesellschaft und Familie machen. So ist beispielsweise das Testament einer Frau bekannt, die einige ihrer Söhne enterbte, weil diese sie im Alter vernachlässigt hatten. Und aus dem Alten Reich sind an Verstorbene gerichtete Briefe von Familienangehörigen erhalten, die schwere Niederträchtigkeiten der Miterben sowie Vermögensmissbrauch brandmarkten und daher einen Eingriff des Toten verlangten. Während zudem der größte Teil der ägyptischen Väter ihrer Nachkommenschaft gegenüber voller Zuneigung und Zärtlichkeit war, klagt ein von zwei kleinen Waisen, einem Jungen und einem Mädchen, an den Gott Thot in demotisch (3. Jahrhundert v. Chr.) gerichteter Brief die väterliche Boshaftigkeit und Grausamkeit an:

»Elend bei Nacht, Unglück bei Tage wegen eines grausamen Mannes, eines Ruchlosen, der keine Gewissensbisse kennt, Horpaenkemet genannt, der jedoch den Namen Scheraha trägt, Sohn des Wenmont, den man unseren Vater nennt, obwohl er kein Mitleid mit uns hat. Nachdem unsere Mutter so viele Jahre mit ihm verbracht und uns zur Welt gebracht hat, ließ er unsere Mutter (an zerbrochenem Herzen) sterben. Als wir noch ganz klein waren, holte er sich eine andere (Frau) ins Haus und warf uns hinaus von dem Tag an, da sie gestorben war, ohne uns weder Brot noch Kleider noch Öl zu geben. Wer Mitleid mit uns hatte, weil Gott ihm das Herz (mit Erbarmen) erfüllt hatte, wenn er uns hungernd sah, gab uns Brot. Wer uns des Abends auf der Straße an Mauerecken sah und wem Gott das Herz (mit Erbarmen) erfüllte, holte uns bis zum Morgen nach Hause. Während unsre Mutter ihm ihre Mitgift gebracht hatte, hat er uns ihrer beraubt (...). Das Unrecht, das er uns getan, ist groß. Wenn ein herrischer Mensch uns auf der Straße schlug, sagte (unser Vater): ›Schlag ihn!‹, anstatt zu sagen ›Tu das nicht!‹. Wenn er uns an der Tür seines Hauses sah, warf er Steine hinter uns her. Und dennoch besitzt dieser Mensch Silber, Weizen und Eigentum. Bestimmt braucht er nicht das bisschen Brot, das er uns zuerst gab. Viel zu zahlreich ist alles, als dass man es aufschreiben könnte. Es gibt nicht genug Papyrus, der (alles) aufnehmen könnte: die Ängste, die

Entbehrungen, das Elend und die Bedrückung, die uns Horus-der-Grausame verursacht hat, dieser unser Vater. Elend bei Nacht, Unglück bei Tage wegen dieses Menschen! (...) Wir sind zu Boden geworfen, hebt uns auf! Wir sind bedrückt, lasst ihn Schluss machen damit. Wir werden ungerecht behandelt, es geschehe uns Gerechtigkeit!«

Vertrauliche Momente des Familienlebens der Herrscher wurden in der Regel nicht dargestellt, mit Ausnahme der Zeit Amenhoteps III. und vor allem Echnatons. Letztgenannter zögerte nicht, sich zusammen mit Nofretete auf dem Wagen darstellen zu lassen, während sie zärtliche Küsse austauschen. Zudem gibt es keine Stele oder kein Relief Echnatons, auf denen die sechs Töchterchen des Königspaares nicht zugegen wären und wie Trauben an den Eltern hingen. Außergewöhnlich ist die Tatsache, dass auch Augenblicke familiärer Trauer dargestellt werden wie der Tod der kleinen Prinzessin, welche die Eltern beweinen wie jeder andere von Schmerz erfüllte Vater oder Mutter.

Die Ehe war im alten Ägypten im Wesentlichen eine gesellschaftliche Angelegenheit: der Wille zweier Personen, zusammen zu leben: eine Entscheidung daher, aus der jeder religiöse Aspekt ausgeschlossen blieb, aber auch jede staatliche Kontrolle. Der Augenblick der Hochzeit, d. h. des Beginns des Zusammenwohnens (dabei waren Verträge zwischen den beiden Familien möglich, und es gab Bräuche, die sich mit der Zeit herausgebildet hatten) wurde wahrscheinlich durch ein Fest oder eine Zeremonie feierlich begangen. Die erhalten gebliebenen *Liebesgedichte* lassen vermuten, dass die Wahl des Ehegemahls frei auf Sympathie und gegenseitiger Anziehung basierte. Zudem schließen sie nicht aus, dass voreheliche Beziehungen eine Garantie für das Zusammenleben sein konnten, weil die gegenseitige Verträglichkeit dabei ihre Probe aufs Exempel bestanden hatte.

Die Autoren der *Lehren* empfehlen, die Braut gut zu behandeln. Ptahhotep sagt:

»Wenn du ein ehrbarer Mann bist, so gründe dein Haus. Liebe deine Frau mit Inbrunst, fülle ihren Magen, kleide ihren Rücken (und versorge sie) mit Salbe, die ein Heilmittel für den Körper ist. Erfreue ihr Herz in der Zeit, in der du lebst. Sie ist ein nützliches Feld für ihren Herrn.« Und weiter: »Wenn du eine anmutige, fröhliche Frau geheiratet hast, die ihre Mitbürger kannten, als sie anmutig und fröhlich war und als die Zeit für sie schön war, verstoße sie nicht, sondern gib ihr zu essen. Eine ausgelassene Frau bringt Fröhlichkeit.«

Das Gesetz konzedierte der Frau dieselben Rechte wie dem Mann. Die ägyptische Frau, egal ob verheiratet, ledig oder geschieden, handelte als juristisch unabhängige Person und konnte in eigenem Namen jeden gesetzlichen Akt vollziehen. Im Fall der Scheidung waren für denjenigen Mann schwerere Verpflichtungen vorgesehen, der die Ehe ohne Schuld der Frau auflösen wollte. In jedem Fall kann die Realität

(oben) Echnaton und Nofretete küssen sich im königlichen Wagen bei der Rückkehr in den Palast. El-Amarna, Grab des Mahu (18. Dyn.)

(unten) Unter den Strahlen Atons speisen Teje, Echnaton, Nofretete und die kleinen Töchter mit Appetit während eines Besuches der neuen Hauptstadt der Königsmutter; der König beißt in einen Braten am Spieß. El-Amarna, Grab des Hui (18. Dyn.)

unter Eheleuten ein Witz verdeutlichen, der in einem Brief wiedergegeben wird, den ein Schreiber an einen Kollegen schickt. In diesem Brief hält er ihm vor, dass er in seinem Herzen einen Groll hege, den er nicht abzureagieren schafft: »Du bist, wie man von der Frau mit nur einem Auge erzählt«, sagt er ihm, »die mit einem Mann zwanzig Jahre lang verheiratet war. Als der Mann eine andere Frau fand, sagte er zu seiner Frau: ›Ich verstoße dich, weil dir ein Auge fehlt, so laufen die Gerüchte!‹, und sie entgegnete ihm: ›Hast du die zwanzig Jahre gebraucht, die ich deine Frau war, um das zu bemerken?‹«

Der Status der Frau wurde durch die Ehe nicht verändert, ihr gesellschaftlicher Stand war einzig und ganz selbstverständlich an ihre Person gebunden. Dem Namen der verheirateten Frau wurde der Ausdruck »Herrin des Hauses« vorangestellt, er besaß dieselbe Bedeutung wie das lateinische Wort »domina«, also Frau, Ehefrau. Die Frau konnte den Mann beerben, der in jedem Fall verpflichtet war, für ihren Unterhalt zu sorgen. Sie konnte ein Testament zugunsten eines Kindes machen und dabei andere ausschließen. Wir wissen, dass sich eine Frau, Naunachte, die in der 20. Dynastie im Handwerker- und Arbeiterdorf Deir el-Medineh lebte, in dieser Hinsicht recht despotisch benahm. Sie schloss durch ein vor einem Gerichtshof abgefasstes Schriftstück drei ihrer acht Kinder von der Erbfolge aus, erzürnt darüber, wie sie deutlich sagt, dass diese sie in der Zeit ihres Alters vernachlässigt hatten.

Söhne und Töchter erbten sowohl vom Vater wie von der Mutter. Vielleicht sollte man daran erinnern, dass in Ägypten die Herkunft mütterlicherseits (auch auf natürlicher Grundlage) wichtiger war als die väterlicherseits. Das wird zum Beispiel im Fall der dynastischen Erbfolgerechte deutlich, die in weiblicher Linie weitergegeben wurden (»Thronerbinnen-Theorie«). So versteht man die Lehre der Theogamie im Selbstverständnis des Königtums besser, d. h. die Lehre der Verbindung zwischen einem Gott und einer Frau, und so erklärt sich die hochrangige Stellung, die Königinnen, Königsmütter und königliche Gemahlinnen einnahmen.

Viele Damen des Alten Reiches waren Priesterinnen der Neith oder der Hathor. Einige übten wie ihre männlichen Kollegen auf den Begräbniskult bezogene Ämter aus und bezogen Einkommen aus den mit dem Kult verbundenen Stiftungen. Obwohl die Zeugnisse dafür, dass Frauen das Amt eines Schreibers ausübten, die Ausnahme sind, kann man nicht ausschließen, dass eine – wenn auch nur elementare – Ausbildung bei den Vertreterinnen der oberen Mittelklasse weit verbreitet war, da sie ja frei Güter und Eigentum besitzen und verwalten konnten.

Die Aufgaben der »Herrin des Hauses« blieben zumeist an die häuslichen Tätigkeiten und das gute Funktionieren des Haushalts gebunden, an die Erziehung der Kinder, auch die Verwaltung der eigenen Güter und der des Mannes – falls sie Bäuerin war, an die leichteren landwirtschaftlichen Tätigkeiten. Die ägyptischen Frauen waren in der Gesellschaft offensichtlich respektiert, und wir sehen, dass sie ihr Leben auch als Handwerkerinnen, Hausbedienstete, Friseusen, Schankfrauen, Tänzerinnen, lebten, als Sängerinnen in Tempeln oder Palästen oder auch als Ammen. An erster Stelle waren es die mütterlichen, von Natur aus weiblichen Aufgaben, die auch zur Pharaonenzeit den Frauen Macht und Ansehen sicherten. Die Geburt von Kindern war ein zentraler Augenblick im Leben der Familie. Die Frau gebar auf eine Matte gekauert oder auf einer aus zwei Ziegeln hergestellten Stütze (»Gebärziegel«) hockend, die unter dem Namen Meschenet als Göttin personifiziert wurde. Auf diesem Gebärstein waren das Schicksal des Menschen und die Dauer seines Lebens aufgeschrieben. Während deren Wehen riefen die Gebärenden kleinere Gottheiten zu Hilfe an, so den Zwerg Bes, Toeris mit dem massigen Nilpferdleib, die froschgestaltige Göttin Heket.

In der altägyptischen Welt gab es ganz besondere Neugeborene, deren Vorherbestimmung es war, Pharao zu werden. Die Geburt der fünf Kinder der Frau eines Priesters von Heliopolis und des Gottes Re in Person, die Könige der 5. Dynastie sein sollten, wurde von vier Göttinnen unterstützt (Isis, Nephthys, Meschenet und Heket) und direkt von dem Gott, der die Welt auf seiner Töpferscheibe schuf, Chnum. Genauso wurde Königin Ahmose, die Gattin Thutmosis' I., als sie Hatschepsut, die leibliche Tochter des Gottes Amun, zur Welt brachte, von den Geburtsgöttinnen sowie von Bes und Toeris unterstützt, und Chnum bildete auf seiner Töpferscheibe den Ka der königlichen, göttlichen Neugeborenen.

Die Kinder wurden von der Mutter bis zu drei Jahren gestillt, wobei arbeitende Frauen sie in einem zusammengebundenen Tuch bei sich trugen. Kinder wurden auch der Pflege durch eine Amme oder einer Ziehmutter anvertraut. Dies war hauptsächlich in Familien höheren Standes und in der Königsfamilie der Fall, wo die Ammen große Bedeutung für die gefühlsmäßigen Bindungen zu den kleinen Prinzen, vielleicht den künftigen Königen, haben konnten. Es sind am Hofe auch Männer bekannt, die den Titel eines »Ziehvaters« des Königs tragen und die sich mit ihrem Zögling auf den Knien darstellen ließen wie Paheri, Senmut und Hekareschu, die alle während der 18. Dynastie lebten.

Ein Haus gründen, heiraten und Kinder zur Welt bringen ist ein Leitmotiv der *Lehren*. Djedefhor, der gelehrte Sohn des Pharaos Cheops, ließ aufschreiben: »Wenn du ein anständiger Mann bist, gründe ein Haus, heirate eine starke Frau, sie wird dir einen Sohn gebären.« Einige Jahrhunderte später rät der gelehrte Schreiber Ani: »Nimm eine Frau, solange du jung bist, die für dich gebären kann, wenn du noch kräftig bist. Sie wird dir ein Kind schenken, unterweise es in dem, was die Menschen machen. Dem Mann geht es gut, dessen Familie zahlreich ist. Er ist angesehen entsprechend der Zahl seiner Kinder.« Um so mehr berührt uns daher wegen seiner Gedankentiefe der Rat, den wir in der *Lehre des Ptahhotep* finden: »Erheb dich nicht über den, der keine Kinder hat. Sei nicht kleinlich, indem du mit deinen Kindern prahlst. Es gibt viele Väter in Trauer und Mütter, die geboren haben, aber eine andere (Mutter) ist glücklicher als sie.«

Geburtsszene: Zwei Hebammen mit dem Kopf der Göttin Hathor helfen einer Frau bei der Geburt.
Aus Dendera, jetzt im Museum von Kairo
(gegenüber) Teil eines Grabreliefs: Eine Mutter mit ihrem in einem Tuch gehaltenen kleinen Sohn. Theben,
Grab des Montemhet (25. Dyn.), jetzt im Brooklyn Museum of Art von New York

Viele Einzelheiten über die Haltung der alten Ägypter zur Familie begegnen uns in den biografischen Texten, die hinsichtlich der familiären Tugenden erhellend sind. Für das Alte Reich kennen wir die Fürsorge, die ein Gauvorsteher namens Djau darauf verwandte, sich um Grab und Bestattung seines Vaters zu kümmern. Er selbst beteuert, er habe ganz gewiss nicht um zu sparen im Grab seines Vaters begraben werden wollen, und so legt er Wert darauf zu erklären: »Ich wollte, dass sie mich in ein und demselben Grab mit dem besagten Djau (meinem Vater) begraben, um mit ihm am selben Platz sein zu können, und nicht weil ich nicht die Möglichkeit hätte, zwei Gräber zu errichten. Ich habe es getan, um Djau (meinen Vater) alle Tage zu sehen und mit ihm am selben Platz zu wohnen.«

Über den Fürsten Sabni aus der 6. Dynastie, einen der Statthalter des Südens, die in Elephantine residierten und ihre Felsgräber gegenüber von Assuan besaßen, wissen wir aus seiner Autobiografie, dass er aus Pietät gegenüber seinem Vater Machu, der in Afrika in der Gegend von Wawat während einer Expedition über den 2. Nilkatarakt hinaus getötet worden war, auf die Suche nach dessen Leichnam ging. Der Fürst kehrte mit den armseligen, in einer Holzkiste gesammelten Resten, die er auf einem Esel transportierte, nach Ägypten zurück und schaffte es so, dem Vater ein würdiges Begräbnis zu geben, das durch die Geschenke des Herrschers noch reicher ausgeführt wurde.

Güte und Großzügigkeit erstreckten sich für den alten, ehrwürdigen Ägypter im Übrigen durchaus über die Grenzen der Familie hinaus. Neferseschemra, genannt Scheschi, der zur Zeit der 6. Dynastie lebte und Besitzer eines Grabes in Sakkara war, hinterließ schriftlich:

> Ich sprach wahrhaftig, handelte richtig;
> ich sprach gut, berichtete auf korrekte Weise,
> ich saß im richtigen Augenblick und benahm mich gut unter den Leuten.
> Ich richtete zwischen zwei Personen und machte sie zufrieden,
> ich verteidigte den Schwachen vor dem, der stärker ist als er, soweit es in meinem
> Vermögen lag.
> Ich gab Brot dem Hungernden, kleidete den Nackten,
> ich ließ am Ufer anlegen den, der ohne Boot war.
> Ich begrub den, der keine Kinder hatte, machte ein Boot für den, der keines hatte.
> Ich respektierte meinen Vater, hatte Zuneigung zu meiner Mutter, zog ihre Kinder
> auf (meine Brüder).

In seiner (um 1400 v. Chr. verfassten) *Lehre* legte der Schreiber Ani die Gründe für die Verpflichtung zur Dankbarkeit gegenüber der Mutter dar und malte ein bewegendes Bild:

»Vermehre das Brot, das dir deine Mutter gab. Ernähre sie, wie sie dich ernährte, dich im Schoß trug, und sie verließ dich nicht, auch nicht, nachdem du geboren warst nach Monaten, die sie dich trug. Sie trug dich am Hals und säugte dich drei Jahre lang. Obwohl der Abscheu stark war vor deinen Ausscheidungen, hat sie nie Ekel gezeigt und gesagt: ›Was soll ich tun?‹. Sie gab dich zur Schule, als du im Lesen und Schreiben unterwiesen werden musstest, und sie erwartete dich jeden Tag mit von zu Hause mitgebrachtem Brot und Bier.«

Derselbe Ani ermahnt jedoch den jungen Ehemann dazu, ein gegenüber seinen Kindern ebenso besorgter und gewissenhafter Vater zu sein: »Du bist jung und hast dir eine Frau genommen, hast dein Haus gegründet. Also interessiere dich für den, den du in die Welt gesetzt hast, und für jeden, den du gewiegt hast, genauso, wie es deine Mutter für dich getan hat.«

Die liebevolle Beziehung, die der Ägypter zur eigenen Mutter unterhielt, geht aus einem sonderbaren Brief hervor, der von einem Tischler (20. Dynastie) an seine Mutter Neferetcha geschickt wurde. Er war mit ihr offenbar so sehr verbunden, dass er ihr einen Gewissenskonflikt vorlegte: »Ich hatte geschworen, weder Keule noch Kutteln zu essen, aber nun habe ich sie gegessen. Ich werde es nicht mehr tun. Bitte Gott, bei dem ich geschworen habe, mir zu verzeihen.« Der Tischler hatte ein kleines Opfer dargebracht und wollte auf Speisen verzichten, auf die er versessen war, doch dann hatte er es nicht geschafft, das Versprechen zu halten.

Die Geburtenrate war hoch, doch hoch war auch die Sterberate, zudem waren schädliche Krankheiten und Unfälle nicht selten. Also bediente man sich der Magie, um die Kleinen zu schützen. Es wurden Amulette mit ganz speziellen Aufschriften hergestellt (»Dekrete«, die Aussprüche bestimmter Götter darstellen), in Etuis getan und den Kindern um den Hals gehängt, sowohl Jungen als auch Mädchen. Die Listen körperlicher Krankheiten und unheilvoller Gelegenheiten, von Angriffen böser Geister und Begegnungen mit dem bösen Blick sind sehr interessant, und genauso interessant ist, dass den Kindern Intelligenz und Redegabe versprochen werden. Hier das Beispiel eines »Dekretes« für ein kleines Mädchen:

»Wir werden sie bewahren vor den sieben Sternen des Großen Bären und vor dem Stern, der vom Himmel fällt und unten zerspringt (...). Wir werden sie bewahren vor jeder Art Tod, vor jeder Krankheit, vor jeder Anklage, vor jedem Schlechten, vor jeder Unordnung, vor jeder Furcht, vor jeder unangenehmen Rede, vor jeder grausamen Rede, vor jeder zweideutigen Rede und vor jeder Spottrede. Wir werden sie bewahren vor jeder bösen Hexerei, vor jedem bösen Blick sowie vor jedem böswilligen Blick (...). Wir werden sie bewahren vor einem ungünstigen Orakel und einer feindlichen Rede. Wir werden sie bewahren vor den Göttern, die die Leute zum Verrat ergreifen, vor den Göttern, die die Leute als Kriegsbeute ergreifen, vor den Göttern, die die Leute auf

dem Lande finden und sie in der Stadt töten und umgekehrt. Wir werden sie bewahren
vor jedem Gott und jeder Göttin, die in Zorn geraten, wenn sie nicht zufrieden sind.
Wir werden sie bewahren vor den Göttern, die irgendjemand anstelle eines andern ergreifen. (...) Wir werden sie davor bewahren, ein gebrochenes und gedrücktes Herz
zu haben; wir werden ihr den Mund öffnen, damit sie (gut) spricht. Wir werden Unannehmlichkeiten für sie beseitigen auf jeder Reise, die sie macht, in welches Gebäude sie
auch tritt, an welchen Ort sie sich auch begibt. (...) Wir werden sie bewahren, (wenn sie)
auf einem Boot (ist), wenn sie in der Wüste ist und auf jeder Reise, die sie macht, wohin sie auch gehen will. Wir werden für alles sorgen, was gut für sie ist, jede gute Gelegenheit, und eine glückliche Kindheit (...). Wir werden sie bewahren vor der Zauberei
eines Syrers, vor der Zauberei eines Nubiers, vor der Zauberei eines Libyers, vor der
Zauberei eines Ägypters, vor der Zauberei eines Hexenmeisters und einer Hexe und
vor jeder Art Zauberei. Wir werden sie bewahren vor Juckflechten, vor Bläschenflech-
ten, vor Hautausschlag, vor Pocken, vor Pestbeulen und Wassersucht. Wir werden sie
bewahren vor jedem Unwohlsein des Unterleibs und vor jeder Krankheit, die plötzlich
auftauchen kann (...). Wir werden sie Söhne und Töchter empfangen und aufziehen
lassen, wir werden sie vorankommen lassen und ihr zurückgeben (was sie bekommen
haben, voller Dank). Wir werden ihr Besitztum mit Tieren ausstatten, Ziegen, Knechten
und Mägden, Gerste, Spelt, Kupfer und Geräten.«

Ein weiteres Schutzamulett ist für ein Kleinkind und zählt minutiös alle Körperteile
auf, die Schaden leiden könnten, um sicher zu sein, dass nichts vergessen wurde:

(Re-Harachte spricht:) »Ich werde gesund erhalten seine Knochen. Ich werde gesund
erhalten seinen Kopf. Ich werde gesund erhalten jede Öffnung. Ich werde gesund
erhalten das rechte Auge und das linke Auge. Ich werde gesund erhalten seine Nase.
Ich werde gesund erhalten seinen Mund. Ich werde gesund erhalten seine Zunge.
Ich werde gesund erhalten seine Zähne. Ich werde gesund erhalten seine Kehle. Ich
werde gesund erhalten seinen Hals. Ich werde gesund erhalten seine rechte und seine
linke Schulter. Ich werde gesund erhalten seine rechte und seine linke Hüfte. Ich werde gesund erhalten seinen Rücken. Ich werde gesund erhalten seinen Bauch. Ich werde
gesund erhalten sein Herz. Ich werde gesund erhalten seine Lunge. Ich werde gesund
erhalten seine Leber. Ich werde gesund erhalten seine Nieren. Ich werde gesund erhalten seine Därme. Ich werde gesund erhalten seinen ganzen Unterleib. Ich werde gesund erhalten seinen rechten und seinen linken Fuß. Ich werde gesund erhalten seinen ganzen Körper und alle seine Glieder vom Kopf bis zu den Fußsohlen. Ich werde
ihn wachsen lassen, ihn sich entwickeln lassen, ich werde ihn vollkommen machen
und werde ihn intelligent werden lassen. Ich werde ihn so (reich) werden lassen, (dass)
er die Hände sich biegen sehen wird (unter der Last der Gaben) hin zu Amun, Mut,
Chons und Month, dem Herrn von Hermonthis.«

(oben) Die weiblichen Gäste eines Banketts werden gastfreundlich empfangen. Theben, Grab des Rechmire (18. Dyn.)

(unten) Gartenfest unter Granatapfelbäumen und einer Weinlaube. Theben, Grab des Neferhotep (18. Dyn.) (I. Rosellini, Monumenti Civili)

Bienenzucht in Bienenstöcken aus Terrakotta und Sammeln des Honigs. Theben, Grab des Pabasa (26. Dyn.)

(oben) Rinder werden geschlachtet. Der Metzger wetzt das Messer am Schwanz des Tiers. Sakkara, Mastaba des Mereruka (6. Dyn.)
(unten) Zur Konservierung wird das Fleisch des geschlachteten Tieres in Stücken zum Trocknen an Leinen aufgehängt. Theben, Grab des Antefoqer (Mittleres Reich)

Bei der Arbeit, auf den Feldern oder in den Räumen der einfachen Häuser, stets mussten sie essen, die Ägypter – sei es auf den Gassen der Städte vor der Tür sitzend oder bequem in den Speiseräumen oder Gärten der Villen und Paläste, Männer, Frauen und Kinder, Könige oder Wesire, Priester oder Steinmetze. Sowohl bei den Riten des Götterkults als auch des Begräbniskults, bei dem die Toten durch die Speise ihre Kräfte wiedergewinnen sollten, waren die Speiseopfer ein wesentlicher Bestandteil.

Die Grundlage der Ernährung für alle war Brot und neben dem guten Nilwasser natürlich Bier. Der Speisezettel wurde durch weitere Lebensmittel ergänzt, die für alle reichlich vorhanden waren: Fleisch von Rind und Schaf, Wild, Enten, Gänse, viel Fisch, Obst und Gemüse. Menge und Güte der Speisen variierte natürlich je nach wirtschaftlichen Möglichkeiten, gesellschaftlicher Stellung und Gelegenheit (Zeremonien, Feste, Bankette oder Empfänge). Viele Darstellungen, die in den Grabdekorationen seit Beginn des Alten Reiches auf uns gekommen sind, haben uns alle möglichen Informationen über die Art der Zubereitung von Fleisch, Fisch, Geflügel (am Spieß oder gekocht), über die Brotherstellung sowie die Zubereitung von Süßspeisen vermittelt. Insgesamt ist das Thema der Ernährung im alten Ägypten sehr gut dokumentiert.

Die verschiedenen Brotsorten wurden in Öfen im Freien gebacken und waren aus Durra- *(Sorghum durrha)* oder Weizenmehl hergestellt. Durch die Beigabe von Honig oder Dattel- bzw. Johannisbrotmehl wurden die verschiedensten Kringel und andere Süßspeisen zubereitet. Bier machte man – wie schon gesagt – zu Hause, die Gärung wurde unterstützt durch nicht ganz durchgebackenen Gerstenmehlteig. Wein trank man nicht täglich, zumindest nicht bei weniger begüterten Leuten.

Besteck war keines vorhanden, es gab jedoch Messer. Bei Banketten saßen die Geladenen, Männer und Frauen, in Gruppen versammelt auf niedrigen Schemeln, nahmen jedoch auch auf normal hohen Stühlen Platz. Neben dem Gast ermöglichte es ein niedriger Tisch, Speisen und Wein- oder Biergefäße abzustellen. Für die Bedienung war in den Häusern der Reichen eine große Zahl flinker, anmutiger Dienerinnen und junge Diener zuständig.

Ein Fest mit Gästen bot Gelegenheit, Speisen und Getränke mit Musik, Liedern, Darbietungen von Tänzern und Tänzerinnen sowie Schauspielern zu begleiten oder durch Spiele und Geschicklichkeitstests zu bereichern. Die Eingeladenen kamen im Wagen oder in einer Sänfte in Begleitung eines Sonnenschirmträgers. Dieser Schirm ist zudem von den königlichen Wagen bekannt und seine Funktion – Sonnenschutz für die heilige Person des Herrschers – konnte auch durch einen Fächer aus Straußenfedern erfüllt werden. Wer als Gast zu spät kam, musste an die Tür klopfen lassen. Während des Banketts wurden die Hände mit Wasser gespült, Salben verteilt, Lotosblüten, Blumenkränze, und es kreisten die Becher voll Wein. Und natürlich gab es solche – auch unter den Damen –, die dem Alkohol zu stark zusprachen.

Spinnen und Weben der Leinenfasern waren handwerkliche Tätigkeiten, die großenteils von den Frauen der arbeitenden Klasse auch zu Hause ausgeübt wurden, obwohl sie zumindest für die Großproduktion unter dem Monopol der Tempel blieb. Die klimatischen Bedingungen Ägyptens haben dazu geführt, dass eine große Anzahl von Webstoffen aus der Pharaonenzeit bis in unsere Zeit erhalten blieb. Diese Webwaren zeigen eine extreme Vielfalt vom feinsten, transparenten Byssus bis hin zum groben Leinenstoff. Unter den schönsten Erzeugnissen antiker Leinenweberei ist die in einer Truhe im Grab Tutanchamuns gefundene, noch plissierte Robe zu Recht berühmt. Dieses Kleidungsstück war mit Ziermotiven versehen, d. h. es waren Jagdszenen, Sphingen und geflügelten Greifen von orientalischem Typ darin eingewebt. Außerdem verdienen eine in ihrer Farbigkeit herrliche, vielleicht ehemals Ramses III. gehörende und in Memphis gefundene Binde sowie die im Grab des Architekten Cha gefundene (heute im Ägyptischen Museum von Turin befindliche) Beigabe von Stoffen Erwähnung.

Die Leinenstoffe blieben zumeist in weiß gehalten. Die dichte Plissierung, die die von Königen und Königinnen, Männern und Frauen von der 13. bis zur 20. Dynastie getragenen transparenten Oberkleider so elegant macht, wurde auf mechanischem Wege durch die Verwendung eines geeigneten Geräts erzielt, auf dem man die Stoffe hat trocknen lassen (eines dieser Geräte wird im Archäologischen Museum von Florenz aufbewahrt).

Zum Weben kannten die alten Ägypter zwei Arten von Webstühlen: den horizontalen und, später, den vertikalen. Die Webstoffe waren in allen anderen Ländern begehrt und bildeten zusammen mit dem Papyrus eines der meistexportierten Produkte.

Im alten Ägypten interessierten sich Mann und Frau gleichermaßen stark sowohl für Kleidung als auch für Schmuck. Kein Zweifel, dass die Art sich zu kleiden verschiedene soziale Stellungen und unterschiedliche öffentliche Funktionen widerspiegelte. So konnte sich jeder in der Rolle herausputzen, die er auf der Bühne der Welt zu spielen bestimmt war.

Ein Statussymbol war es auch, Sandalen an den Füßen zu tragen, doch nur wenige besaßen und trugen sie. Es waren einfache Laufsohlen aus Leder oder Papyrus (aus Gold bei den Königen!), die an den Füßen mit dünnen Bändern befestigt wurden. Anscheinend nahm ihre Verbreitung im Neuen Reich zu, als auch die Modelle wechselten und gewichtiger wurden bis hin zu gebogenen Spitzen nach Sultansart.

Im täglichen Leben trug der gewöhnliche Mann seit dem Alten Reich einen einfachen Schurz um die Lenden, während die Frau ein schlichtes von zwei Trägern gehaltenes Kleid, das den Busen frei ließ, überzog. Es gab jedoch auch festliche Gewänder, die im Falle der Frauen aus einem bunten Netz über dem eng anliegenden Kleid bestanden zu haben scheinen. Auch die Soldaten hatten ihre Kleidung, und die fremdländischen Truppenteile bewahrten die charakteristischen Gewänder

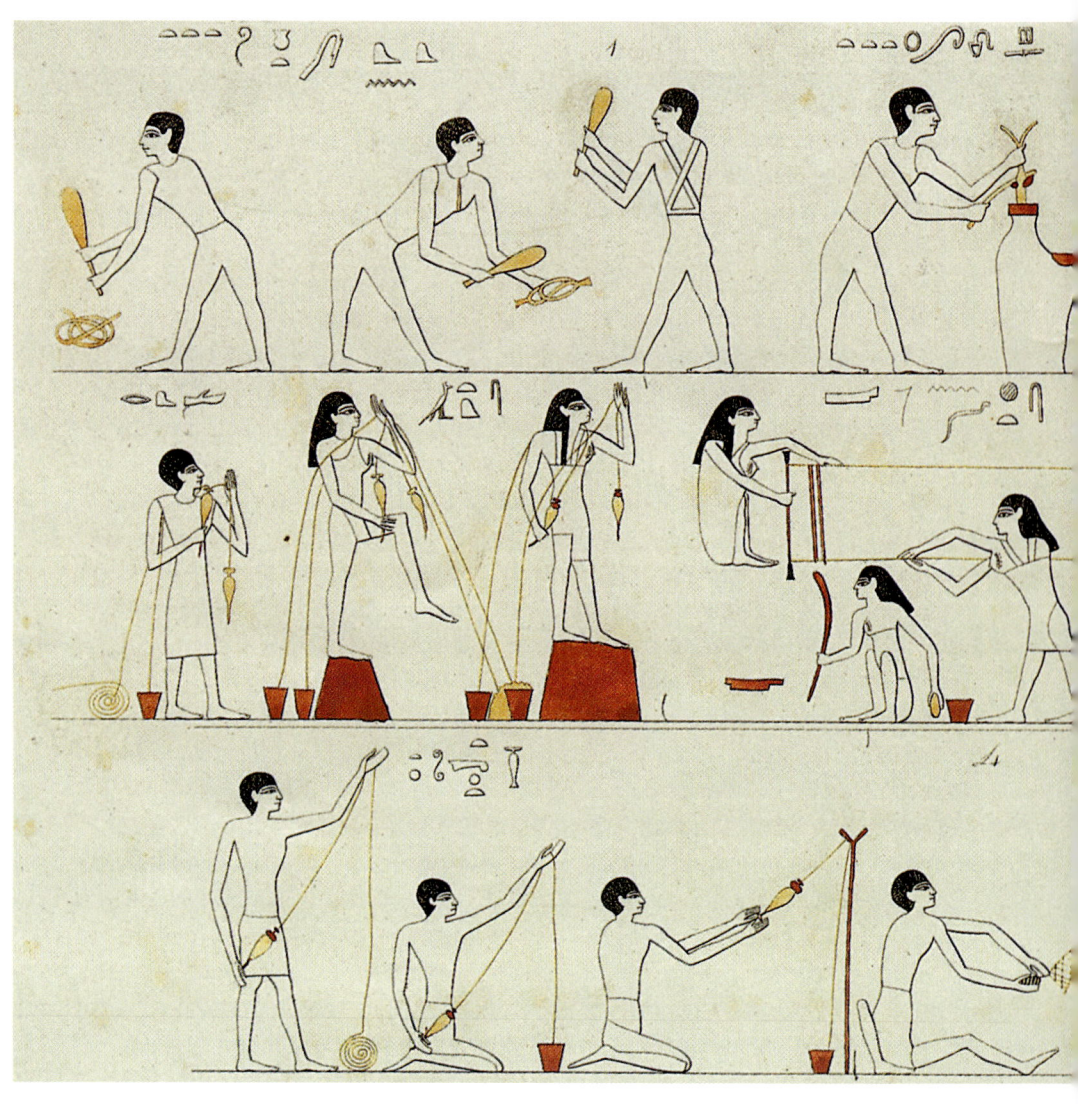

Bearbeitung von Leinenfasern: vom Klopfen über das Spinnen zum Weben. Beni Hassan, verschiedene Gräber (Mittleres Reich) (I. Rosellini, Monumenti Civili)

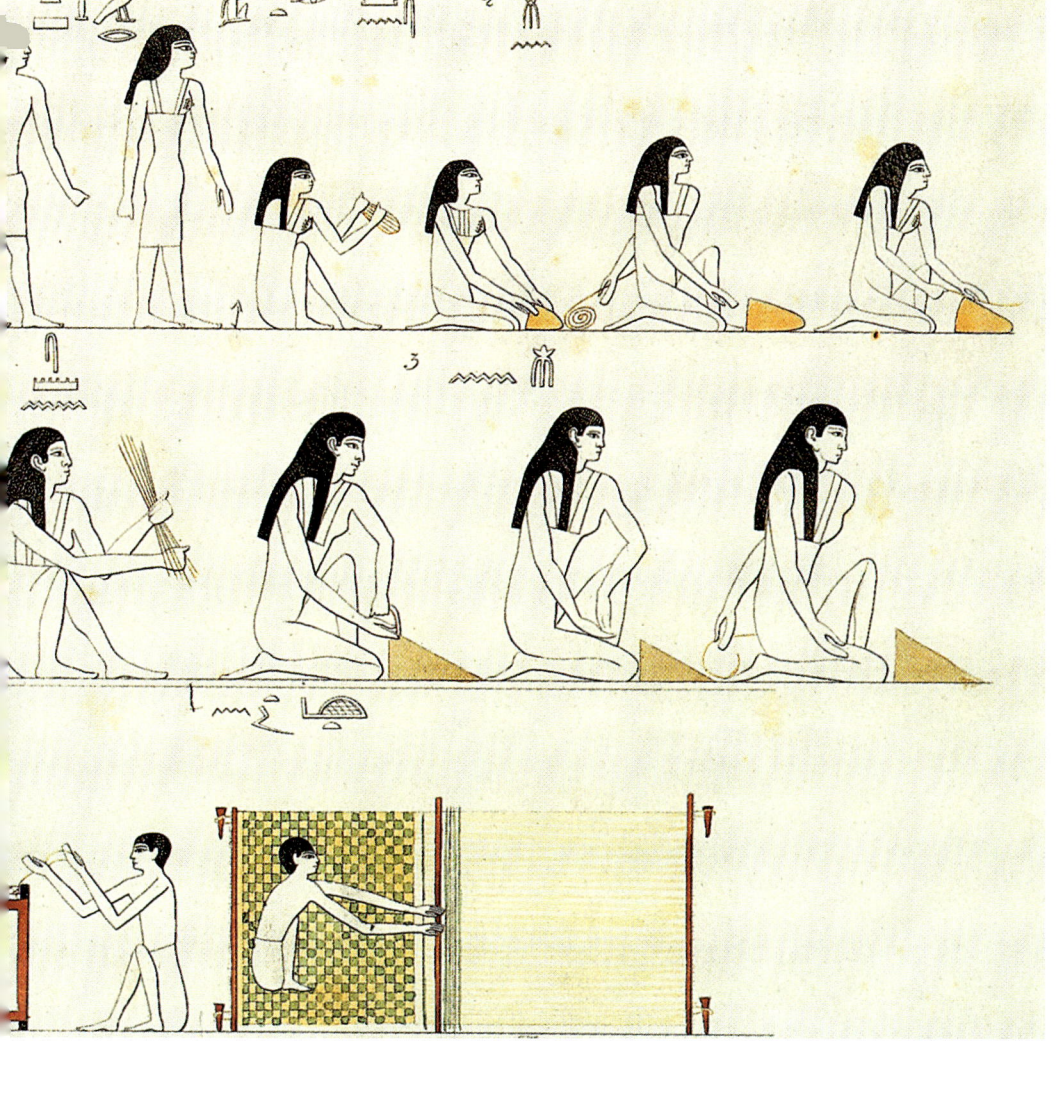

(oben) Friseuse und edle
Dame. Detail der Reliefszene
auf dem Steinsarkophag der
Prinzessin Kauit (11. Dyn.).
Theben, Deir el-Bahari, jetzt
im Museum von Kairo

Ein Mann rasiert sich und
spiegelt sich dazu in der glänzenden Fläche eines soeben
fertig gestellten Metallge-
fäßes. Detail aus der Darstellung einer Gießerei. Theben,
Grab des Puiemre (18. Dyn.)

ihres Ursprungslandes. Von den Steinbrucharbeitern und auch von den Soldaten wurde während bestimmter halbmilitärischer Operationen ein Schurz aus Leder getragen.

Doch Mode kennt nur Wandel und Variation. Ab der 18. Dynastie fügen auch einfache Schreiber ihrem Schurz vorn einen plissierten Schoß hinzu. Die Frisuren werden bei Männern und Frauen komplizierter, lockiger, und bei bestimmten Damen der oberen Gesellschaft nehmen sie Ausmaße an, die keinen Neid gegenüber den Frisuren der Damen am Hof Ludwigs XIV. aufkommen zu lassen brauchen. Die Berufstänzerinnen dagegen, die sowohl in gastlichen Häusern wie auf herrschaftlichen Banketten für Unterhaltung sorgten, kleiden sich immer spärlicher und gürten sich schließlich höchstens mit Kettchen und Halsbändern. Die männlichen Tänzer ihrerseits sind niemals nackt und tragen weite, faszinierende transparente Kleider oder einen Schurz.

Die große Zahl an Schönheitsrezepten unter den sog. »ärztlichen« Verordnungen auf den Papyri zeigt, welche Sorgfalt man dem eigenen Körper widmete, um sein Aussehen zu verbessern. Man musste um jeden Preis gefallen. Die Sammlungen von Schönheitsrezepten bezeugen, dass man auch damals ein glattes Gesicht wollte und einen Körper ohne Makel. So wollte der Alte wieder jung werden und der Grauhaarige seinen Haaren die Farbe wiedergeben.

Die Schönheitsmasken, die wir in den Rezepten finden, vermitteln den Eindruck wirksam zu sein. Um Falten zu entfernen, empfahl man »Weihrauch, Wachs, frisches Olivenöl und Zypergras. Zerdrücken, zerstoßen, in frische Milch geben und sechs Tage lang auf das Gesicht auftragen. Du wirst das Ergebnis sehen!« (Papyrus Ebers). Ein anderes Heilmittel gegen das Altern des Gesichts lautet: »Terebinthenharz 1, Wachs 1, frisches Moringa-Öl 1, essbares Schilfrohr. Fein zerstampfen und in Pflanzenschleim geben. Jeden Tag auftragen. Dann wirst du sehen!« Desgleichen, damit das Gesicht gestreckt erscheine, diente dazu »Harzpulver in Sumpfwasser (...). Nachdem das Gesicht wie gewöhnlich gewaschen wurde, das Gesicht damit bestreichen«.

Ein weiteres Zeichen des Alters neben den Falten ist zu allen Zeiten das graue Haar. Unter den zahlreichen Heiltränken gegen das Grauwerden der Haare empfahl man die Plazenta der Katze (Papyrus Ebers) oder eine in Öl gekochte Maus (Papyrus Hearst). Wer weiß, warum Katze und Maus die Haare nicht ergrauen lassen sollen! Kahlköpfigkeit bekämpfte man mit fetten Substanzen tierischen Ursprungs auf diese Weise: »Rezept, um die Haare einer kahlköpfigen Person wieder wachsen zu lassen: Fett vom Löwen, Fett vom Flusspferd, Fett vom Krokodil, Fett von der Katze, Fett von der Schlange, Fett von der Ziege. Bereite daraus eine glatte Masse und salbe damit den Kopf des Kahlen ein« (Papyrus Ebers).

Haarausfall und Kahlköpfigkeit verschonen auch die Königinnen nicht. So ist folgendes Rezept erhalten, das auf die 6. Dynastie (Ende des 3. Jahrtausends) zurückgehen soll: »Heilmittel, das die Haare wieder wachsen lässt, zubereitet für Schesche, die Mutter Seiner Majestät, des Königs von Ober- und Unterägypten, des Pharaos Teti: Schienbein eines Hundes, Dattelnüsse und Huf eines Esels. Alles in einem Gefäß zusammen mit Fett durchkochen und anwenden« (Papyrus Ebers).

Doch es war die Jugend, die Wiedergewinnung der Jugend schlechthin, die den alten Ägyptern wirklich am Herzen lag, so wie das für die Leute von heute gilt. Genau dieses Versprechen ewiger Jugend suggeriert ein Rezept, dessen Überschrift lautet *Anfang des Buches zur Umwandlung eines Alten in einen Jungen* (Papyrus Smith 21,9–22.10). In Wirklichkeit reduziert sich das Elixier auf zwei Ingredienzien: Mehl aus Bockshornkleesamen und Öl, das man ihnen durch Kochen entzieht, womit der Körper eingerieben wird. »Wenn der Körper mit der Salbe eingerieben wird, wird die Haut schön, und Flecken und Makel jeder Art werden beseitigt. Entfernt werden die Zeichen von Alterung jeder Art und auf dem Körper befindliche Reizungen jeder Art.« Als Erfolgsgarantie schließt das Rezept mit der Versicherung, dass es eine Million Mal ausprobiert wurde.

Die Welt der Tiere
Das Wirkliche und das Fantastische

Die Beziehung, die das alte Ägypten zur Welt der Tiere hatte, war ausgesprochen positiv. Man zeigte den Tieren gegenüber tiefen Respekt, da sie als Teil der wunderbaren göttlichen Schöpfung des Kosmos galten.

Der Demiurg erschuf die biologische Welt, indem er auf der Töpferscheibe aus dem Urschlamm des Nils die Götter, Menschen und Tiere modellierte. Die Liste von Memphis zählt im Rahmen der dort ausgearbeiteten Theologie »alle Götter, alle Menschen, alle Tiere, alle Reptilien, alles, was lebt« auf, auch wenn das System der Schöpfung alles in allem anthropozentrisch ist und der Menschheit, als der »Heiligen Herde Gottes« eine besondere Stellung zuweist; auf sie hin ist der göttliche Akt ausgerichtet. Im Tempel von Esna können wir einen Hymnus auf Chnum-Re lesen, »den Gott der Töpferscheibe, der die Erde eingerichtet hat durch die Tätigkeit seiner Arme, den Gott, der (die Elemente des Seins) zusammenbringt im Mutterschoß, den Baumeister, der die Embryos (wörtl. ›Küken‹) gesund macht und ihnen durch den Hauch seines Mundes Leben gibt«:

> Er hat auf seiner Töpferscheibe die Götter und die Menschen geformt,
> er hat die kleinen und großen Tiere gebildet,
> er hat die Vögel sowie die Fische geschaffen,
> er hat die männlichen Zuchttiere geschaffen und die Weibchen auf die Welt gebracht.

Liebevolle Naturbeobachtung findet sich auch in der Zeichnung der Hieroglyphentexte, in denen die Zeichen für die Tiere in ihrer naturalistischen Darstellungsweise oft kleine Kunstwerke darstellen.

Die Künstler vermehren dann besonders im Alten und Mittleren Reich die Darstellungen von Tieren auf den Wänden der Gräber unter Aufbietung ihres gesamten Engagements. Mit den Tierdarstellungen schaffen sie wahrhaftige Kunstwerke, die Eleganz, Realismus und Suche nach Detailtreue miteinander vereinen. Man denke beispielsweise nur daran, wie die Künstler des Mittleren Reiches es verstanden, Vögel in den feinsten Details der Federn oder Füße, der Bewegung und Dynamik beim Aufsteigen oder beim Aufsetzen auf den Boden darzustellen (vgl. das Grab von Beni Hassan).

Das Aussehen der Tiere, wie die Ägypter sie darstellten, hat in unseren Augen immer etwas Unvergessliches. So die Tiere der Wüste, wilde Stiere, Antilopen,

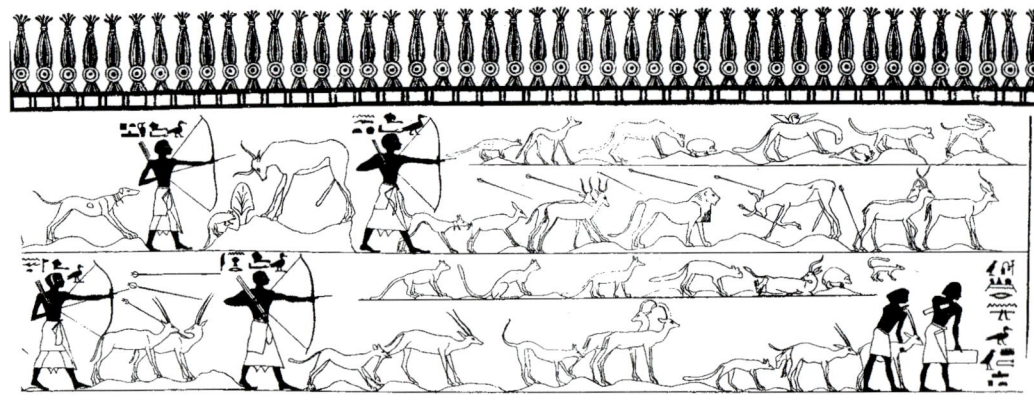

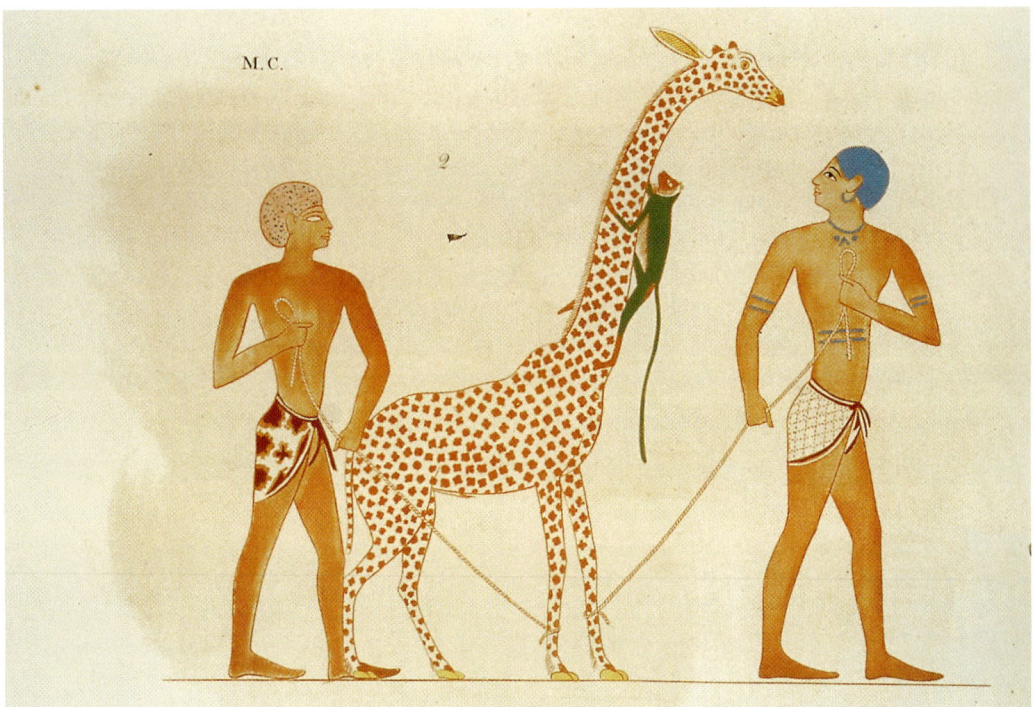

(oben) Jagd mit dem Bogen in der Wüste. Interessant sind einige Details wie die Geburt einer Antilope und einige Tiere wie Katze, Wüstenmaus und geflügelter Panther. Beni Hassan, Grab des Chnumhotep (Mittleres Reich)
(unten) Zwei Nubier führen eine gefangene Giraffe. An ihrem langen Hals klettert ein kleiner Affe. Theben, Grab des Rechmire (18. Dyn.) (I. Rosellini, Monumenti Civili)

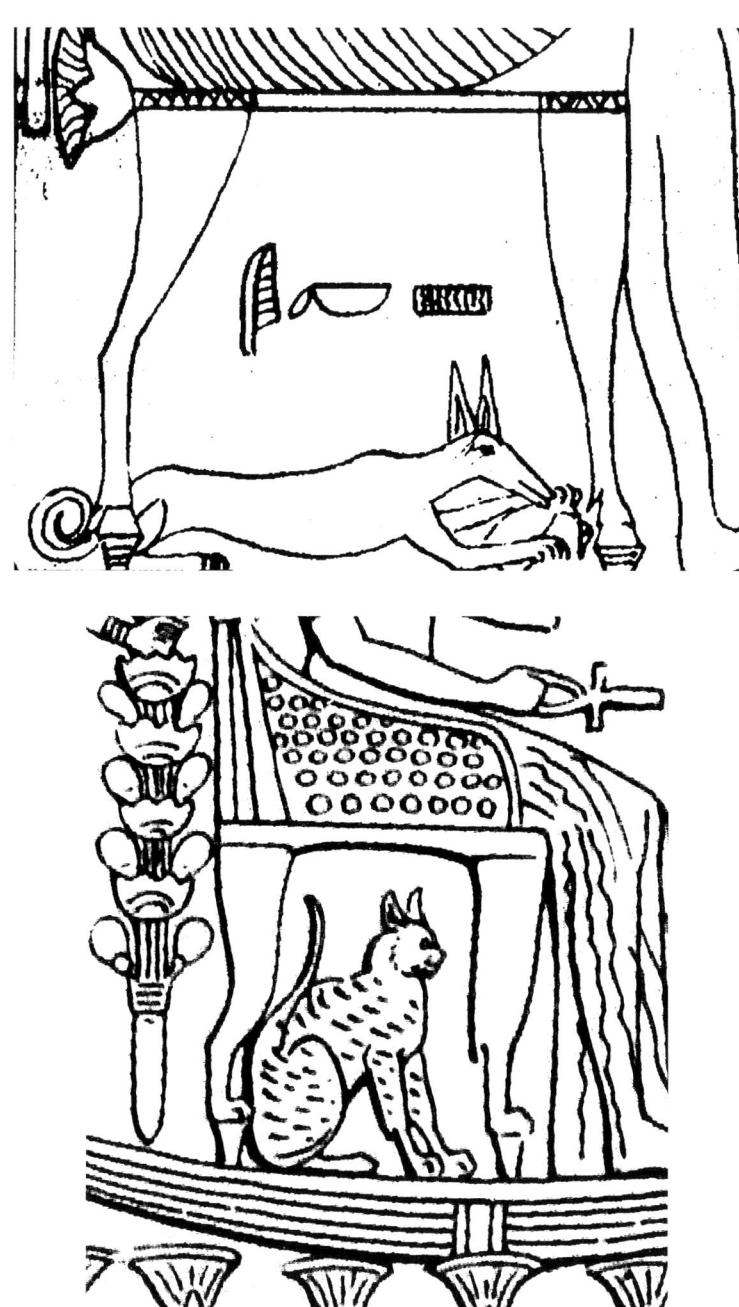

(oben) Unter dem Sitz seines Herrn, des Würdenträgers Nekanech, frisst der Windhund Scheki eine Gans. Aus Tehne, Grab des Nekanech (Altes Reich)

(unten) Die Katze sitzt unter dem Thron der Königin Teje. Darstellung auf der Rückenlehne des Sessels der Prinzessin Satamun, Tochter von Teje und Amenhotep III. (18. Dyn.). Aus Theben, Grab von Juja und Tuja, der Eltern der Königin. Museum von Kairo

Löwen, gejagt von mit Bogen bewaffneten und von Hunden (verschiedener Größe und Gestalt) begleiteten Menschen, die ganz genau geschildert werden, daneben aber auch kleine Wesen wie Stachelschweine, die von Jägern aufgeschreckt aus ihrem Bau hervorkommen; Wasservögel oder Katzen bei der Jagd; Insekten, die am Nil heimisch sind; Frösche, Schmetterlinge, Heuschrecken; Zuchttiere oder Hofgeflügel.

Die antiken Bildhauer und Maler hielten auf Stein auch amüsante Details fest wie: die Mästung von Hyänen, die still auf dem Rücken ausgestreckt daliegen, den Transport von Tieren aus den Jagdrevieren in Käfigen oder die Mästung von Gänsen und Rindern.

Als dekoratives und narratives Repertoire finden wir in den Gräbern exotische Tiere dargestellt, die als Tributleistungen aus dem ferneren Afrika hergebracht wurden. Der Maler im Grab des Wesirs Rechmire (18. Dynastie) hat eine hübsche Szene zustande gebracht, in der sich ein Affe an den langen Hals einer Giraffe klammert, als wäre dieser ein Baumstamm.

Auf einem Wedel aus Straußenfedern, der im Grab Tutanchamuns gefunden wurde, ist passenderweise eine Jagdszene festgehalten. Darauf verfolgt und tötet der Herrscher die Straußen »in der Wüste östlich von Heliopolis«, um die für den Wedel benötigten Federn zu bekommen (der Fächer ist von dicker getriebener Goldfolie bedeckt). Eine weitere große königliche Jagdszene, dieses Mal mit einer Jagd auf wilde Stiere, ist auf einem Pylonen des Totentempels von Ramses III. in Medinet Habu eingemeißelt.

Der Hund war Freund und Jagdbegleiter des Menschen seit dem Alten Reich. Mehr noch, wenn ein Hund des Königs seine Pflicht gut erfüllte, konnte er ein Imachu werden (d. h. mit einer Totenstiftung ausgestattet) und ein Grab als Geschenk erhalten, genau wie ein von seinem Herrscher geschätzter Beamter. So hatte der Windhund Abutiu zum Beispiel sein Grab in Gisa, und auf seinem im Museum von Kairo aufbewahrten Grabstein lesen wir die Lobinschrift: »Windhund, Wächter Seiner Majestät«.

Es gab viele Hundearten, die auf den Grabreliefs in realistischer Manier mit einfarbigem oder geflecktem Fell dargestellt sind. Eine Art Dackel war während des Mittleren Reiches besonders beliebt. Der Windhund, stark und wild, ist an seinen langen Läufen, dem länglichen Maul und seinem gebogenen Schwanz zu erkennen. Hunde waren auch in Wohnungen anzutreffen, denn in Szenen von Interieurs sehen wir sie unter dem Stuhl des Hausherrn »Platz« machen, unter dem Stuhl der Hausherrin finden wir hingegen die Katze.

Von den antiken Kulturen hat die ägyptische das den Feliden – d. h. Katzen, Löwen, Panthern und da vor allem den weiblichen – eigene besondere Wesen besonders gut begriffen und gerühmt. Die männliche Katze hat zweifellos als Personifizierung der Sonne eine entscheidende Funktion, aber auch als ihr Beschützer,

(oben) Steinsarkohag für die Katze Ta-Miu, Gabe des Prinzen Thutmosis, des ersten Sohnes von Amenhotep III. (18. Dyn.). Museum von Kairo

(unten) Katze und Maus auf einer bemalten Tonscherbe. Theben, Deir el-Medineh (Neues Reich). Ostraka IFAO (J. Vandier d'Abbadie, Catalogue des Ostraka)

da der Kater das Gestirn gegen die Angriffe des Schlangendämons Apophis verteidigt.

Die Liebe zu dem der Göttin Bastet heiligen Tier erkennen wir auch in den unzähligen Bronzen, die aus der Spätzeit Ägyptens erhalten sind. Sie stellen die Katze für sich dar, geschmückt mit goldenen Ohrringen und Halsbändern, auch beim Säugen ihrer Jungen oder während diese um sie herum spielen.

Die Katze wurde ab dem Mittleren Reich domestiziert, als man begriff, dass sie in der landwirtschaftlich bestimmten Welt die Vorräte der Bauern gegen gefräßige Mäuse schützen konnte. Als Haustier finden wir sie jedoch erst ab dem Neuen Reich vor, ja besonders in der 18. Dynastie, wo die Katze zum Lieblingstier der Königin Teje und der Prinzessin Satamun wird. Bisweilen muss die Katze den privilegierten Platz neben der Herrin mit einer im Haus aufgezogenen Gans teilen, wobei der Maler seinen Spaß daran hatte, die eifersüchtige Katze zu malen, die besonders mit der Gans ins Gehege kommt. Der Bildhauer Ipui hat sich in seinem Grab in Theben (Deir el-Medineh, ca. 1250 v. Chr.) mit dem Hauskätzchen dargestellt, das auf den Knien, die Krallen herausgespreizt und mit den Falten des reich plissierten Gewandes spielt, während sich die Katzenmutter ganz würdevoll unter dem Sessel der Hausherrin abseits hält.

Wenn die Katze starb, hatte sie das Recht auf ein Begräbnis in allen Ehren. So kam es, dass Prinz Thutmosis, der erstgeborene Sohn Amenhoteps III. für seine Ta-Miu (»Katzendame«), die in der Nekropole von Memphis begraben wurde, einen kleinen Steinsarkophag anfertigen ließ. Heute im Museum von Kairo, ist er von außen mit Szenen und Hieroglypheninschriften verziert, die daran erinnern, wie die Katze nach ihrem Tod zu Osiris wurde. Für Ta-Miu erklärt die Göttin Isis wie für eine menschliche Person: »Ich breite meine Arme hinter dir aus um dich zu beschützen.« Auf einer Seite des Sarkophags wird das Tierchen in seinem anmutigen Äußeren und mit einer schönen Schleife um den Hals dargestellt. Der Sarkophag enthielt zusätzlich noch einen Uschebti (Statuetten in der Gestalt des Osiris, die den Verstorbenen auf magische Weise bei der Arbeit auf den Feldern im Jenseits vertreten sollten), hier jedoch mit Katzenkopf. Thutmosis war wahrscheinlich noch ein Junge, als seine Ta-Miu zu Osiris wurde, doch auch er starb vor der Zeit und überließ so seinem Bruder Amenhotep IV./Echnaton die Möglichkeit, König zu werden. Auf diese Weise ging Ägypten die schöne Gelegenheit verloren, auf den Thron des Pharaos einen Katzenliebhaber zu bekommen.

Auch Affen, die aus Nubien und Somalia kamen, wurden als Haustiere aufgezogen. Auf den Grabszenen helfen sie beim Früchtesammeln, indem sie auf Palmen und Feigenbäume klettern, doch sie zeigen sich auch unter dem Stuhl ihrer Herrin, oft mit Hals- und Armbändern geschmückt. Der Pavian ist mit dem Gott Thot verbunden, dem Erfinder der Schrift und Beschützer der Schreiber. Wegen ihrer Fähigkeit, die Bedeutung von Gesprächen auf ägyptisch verstehen zu lernen, obwohl sie aus einem anderen Land kamen, werden die Affen Schülern oft als Beispiel zitiert: »Der Affe versteht die Wörter, und doch ist er aus Kusch gekommen.«

Wie viele als Menschen maskierte Tiere musizieren und tanzen, geben ganze Konzerte, auf den bemalten Tonscherben (Ostraka) und den satirischen Papyri, auf denen sich der humoristische Geist der ägyptischen Künstler übt!

Möglicherweise waren die vielen figürlich bemalten Tonscherben mit tierischen Akteuren, die erhalten sind, Illustrationsmotive aus Tierfabeln. Zumindest in einem Fall ist es sicher, dass das bemalte Ostrakon (im Ägyptischen Museum zu Berlin) die Fabel *Der Geier und die Katze* illustriert, die aus den *Philosophischen Gesprächen zwischen der äthiopischen Katze und dem kleinen Schakalaffen* bekannt ist (bzw. dem uns in demotisch überlieferten *Mythos vom Sonnenauge*).

Das Thema verkleideter und musizierender Tiere, das in Ägypten und der mesopotamischen Welt vielleicht auf die vorgeschichtliche Zeit zurückgeht, findet sich bei verwandten Motiven der christlichen Zeit in Ägypten wieder sowie in spätrömischer und romanischer Zeit im Westen bis hin zum berühmten Mosaik von Otranto.

In der Götterwelt der Pharaonen wurden fast allen Göttern durchweg tierische oder hybride Züge bzw. entsprechendes Aussehen zugeschrieben. Der Begriff der »Tierverehrung« dient daher ohne irgendeine negative Bedeutung zur Bezeichnung einer bestimmten Haltung religiöser Verehrung, welche die alten Ägypter den Tieren entgegenbrachten.

Die Tiere waren auf verschiedene Weise in das Schicksal der Götterwelt einbezogen. So war das Krokodil ein hilfreicher Bote, der auf dem Rücken die Mumie des Osiris trug und die Ankündigung der durch die Nilschwemme sichergestellten Wiedergeburt der Natur symbolisierte. Ein auf dem Totenbett liegender Fisch, geschützt vom schakalgestaltigen Gott Anubis und bewacht von den Schwestern Isis und Nephthys, den göttlichen Klageweibern, die das Aussehen des Roten Milans annehmen konnten, verkörperte den Verstorbenen, den Osiris, der als Horus wiedergeboren werden sollte.

Die Ägypter nahmen an, dass die Götter in Urzeiten tiergestaltig waren, wie es in dem demotischen *Mythos vom Sonnenauge* behauptet wird: »Und außerdem: Kater nennen wir sie (die Biene), obwohl sie das Aussehen einer Katze hat, deswegen, weil das dem großen Gott, d. h. Re, seit Urzeiten gebliebene Äußere das der Gestalt einer männlichen Katze war, während die Katze das Auge ist, d. h. der Uräus.«

Die religiöse Fantasie erschuf in Ägypten eine reiche imaginäre Tierwelt. Der Mistkäfer zum Beispiel *(Scarabaeus sacer)* war Ebenbild der Sonne, Sinnbild des ewigen Werdens und Garantie der Wiedergeburt. Um dieses Konzept auszudrücken, könnte man keine adäquateren Worte als die von Horapollon verwendeten finden, des Autors einer Abhandlung über die Hieroglyphen (5. Jh. v. Chr.). In seinem Exkurs über die Bedeutungen des heiligen Koleopteron heißt es: »Wenn sie den bezeichnen wollen, der von allein gezeugt ist (der einzelne Schöpfer), oder das Werden oder

Mit dem Mungo auf Jagd im Sumpf. Sakkara, Mastaba des Mereruka (6. Dyn.)

Flamingos. Sakkara, Mastaba des Ptahhotep (6. Dyn.)

(oben) Hyänen werden zur Mästung gewaltsam gestopft. Sakkara, Mastaba des Mereruka (6. Dyn.)
(unten) Der Windhund und seine Beute. Sakkara, Mastaba des Ptahhotep (6. Dyn.)

den Vater oder den Kosmos oder den Menschen, zeichnen sie einen Skarabäus.« Wenn man diesen mit Linien versieht, sagt Horapollon, gleicht er einer Katze, und wie die männliche Katze ist er der Sonne gleichgesetzt, während das Mistkügelchen – voll von Eiern der Skarabäen, die daraus entstehen werden –, das der Skarabäus formt und vor sich her rollt, das Abbild der Sonne selbst ist. So erklärt sich die schützende Bedeutung, die den weit verbreiteten Amuletten aus Fayence, Steatit oder hartem Stein ganz verschiedener Art mit kleinen Skarabäusbildern zugesprochen wird.

Der Ibis mit seinem spitz wie das Rohr des Schreibers zulaufenden Schnabel war das Tier Thots, des Gottes der Schrift und Meisters des Wissens, der Buchstaben und der Wissenschaften; Thot hatte als Tier allerdings auch den Pavian.

Wenn der Löwe wie der Stier Sinnbild der Stärke des Pharaos war, stellte die Löwin den entsprechenden Aspekt weiblicher Gottheiten dar, und zwar in der Doppelbedeutung von Herzlichkeit und wilder Macht, Sachmet, Pachet und Mut.

In Beni Hassan finden sich unter den Tieren der Wüste fantastische, fabelhafte Tiergestalten, von denen eines einen auf dem Rücken angewachsenen Kopf mit Flügeln aufweist, eine Art Cherub.

So wie die Bilderwelt der Tiere Teil des alten ägyptischen Universums ist, zeigt uns ihre religiöse Ikonografie auf dieselbe Weise – mit den ganz wenigen Ausnahmen stets anthropomorpher Gottheiten – die göttlichen Wesen, denen auf menschlichen Körpern Tierköpfe aufgepflanzt sind. Dazu zählen auch nicht identifizierbare wie im Falle des Gottes Seth, oder auch einzelne tierische Elemente wie im Fall der Hathor, deren schönes Antlitz von Rinderohren umrahmt wird. Man muss die Fähigkeit der ägyptischen Religionsgelehrten anerkennen, sich scheinbar realistische Tiere, in Wahrheit jedoch göttliche Wesen vorzustellen, und die der Künstler, sie zu zeigen.

Der Sphinx, in Ägypten von männlichem Geschlecht, besaß den Körper eines Löwen und einen menschlichen Kopf (der Sphinx von Gisa, welcher die Chephrenpyramide bewacht, ist 40 Meter lang), aber auch den eines Widders oder Falken. Er repräsentierte die Macht des Königs und war mit dem Sonnenkult des Horus verbunden.

Der Greif war ein Fabelwesen der Wüste, eine Kreuzung zwischen Löwe und Raubvogel. Er ist Symbol der Kraft und der Rache, insofern der Strafung durch Tod, weswegen wir ihn auf den Waffen des Pharaos und magischen Stelen als Schutz gegen Feinde dargestellt finden. Der Gott Horus und auch der Pharao konnten das Aussehen des Greifen annehmen, für den sich eine schöne Beschreibung in einem demotischen Text des *Mythos vom Sonnenauge* findet, und zwar in der Fabel *Der Seh-Vogel und der Hör-Vogel:*

»Es antwortete der Hör-Vogel zu dem Seh-Vogel: ›Wahrlich, weißt du vielleicht nicht, dass der Greif das Abbild [des Todes] ist, der Hüter von allem, was auf Erden existiert, der Bestrafer, dessen Bestrafung nicht bestraft wird? Sein Schnabel ist der eines Adlers, die Augen sind die eines Menschen, er hat den Leib eines Löwen, die Ohren wie die Schuppen von Barben (ein Karpfenfisch), sein Schwanz ist der einer Schlange. Die fünf Lebewesen, die an ihm sind, er nimmt ihre Gestalt an, weil er Macht über alles auf Erden besitzt, gleich wie der Tod‹.«

In einer demotischen Erzählung aus dem Zyklus von Inaro Petubastis ist der Greif ein Geschöpf des Meeres und des Himmels, dessen geöffnete Flügel die Erde mit Schatten bedeckten. Der Held der Sage, Inaro, besiegte natürlich den Greifen des Roten Meeres und verbarg mit dessen Fell seine Rüstung.

Die Nekropolen der heiligen Tiere nehmen in Ägypten ab dem Neuen Reich bis zur Spätzeit zahlenmäßig immer stärker zu. Diese Friedhöfe gaben Tiermumien und mit der Bestattung dieser göttlichen Tiere verbundenes archäologisches Material preis. Es existieren unzählige verschiedene Arten: Stiere in Sakkara, Heliopolis, Medamud; Ibisse in Sakkara, Hermopolis, dazu dem Gotte Thot heilige Paviane und Falken; Krokodile im Faijum in Arsinoë, in Medinet Madi, Tebtynis, Kom Ombo; Hunde und Schakale in Assiut und Koptos; Katzen in Bubastis und Sakkara; Steinböcke in Mendes und Elephantine; Fische in Esna; in Theben Ibisse und Falken.

In der spätägyptischen Literatur der griechisch-römischen Zeit begegnet man moralisierenden Fabeln, in denen Tiere die Hauptfiguren sind: *Geiermutter und Katzenmutter, Der Seh-Vogel und der Hör-Vogel, Die Schwalbe und das Meer.* Das bekannteste, *Der Löwe und die Maus,* will zeigen, dass auch der Kleine und Schwache für einen Großen und Starken nützlich sein kann (offensichtlich die Parallele zur gleichnamigen Fabel Äsops):

> »Es geschah, während der Löwe auf der Suche nach dem Menschen daherging, dass eine Maus kam und ihm über die Pranken stolperte. Sie war in erbärmlicher Verfassung und schon abgemagert bis auf die Knochen. (Der Löwe) wollte sie schon packen, doch die Maus sagte ihm: ›Pack mich nicht, Herr Löwe! Wenn du mich frisst, wirst du davon nicht satt, und wenn du mich gehen lässt, wirst du nicht durch meine Schuld hungern. Wenn du mir das Leben schenkst, schenke ich dir (meinerseits) das Leben, wenn du mich vor der Vernichtung durch dich bewahrst, befreie ich dich von deinem Unglück.‹ – Der Löwe lachte über die Maus und sagte zu ihr: ›Worauf willst du bloß hinaus? Gibt es auf der Erde vielleicht jemand, der mir die Stirn bieten kann?‹ – Doch (die Maus) schwor ihm und sagte: ›Ich werde dich aus deinem Unglück herausziehen an deinem Unglückstag!‹ – Der Löwe nahm das, was die Maus gesagt hatte, als Aufschneiderei und kalkulierte bei sich: ›Auch wenn ich sie esse, werde ich ganz und gar nicht satt sein‹, und ließ sie gehen. – Da war nun ein Jäger, der mit einem Käfig zur Jagd ging. Er grub vor dem Löwen eine Grube. Der Löwe fiel unglückseligerweise in die Grube und geriet dem Mann in die Hand. Er wurde in den Käfig gesperrt, mit

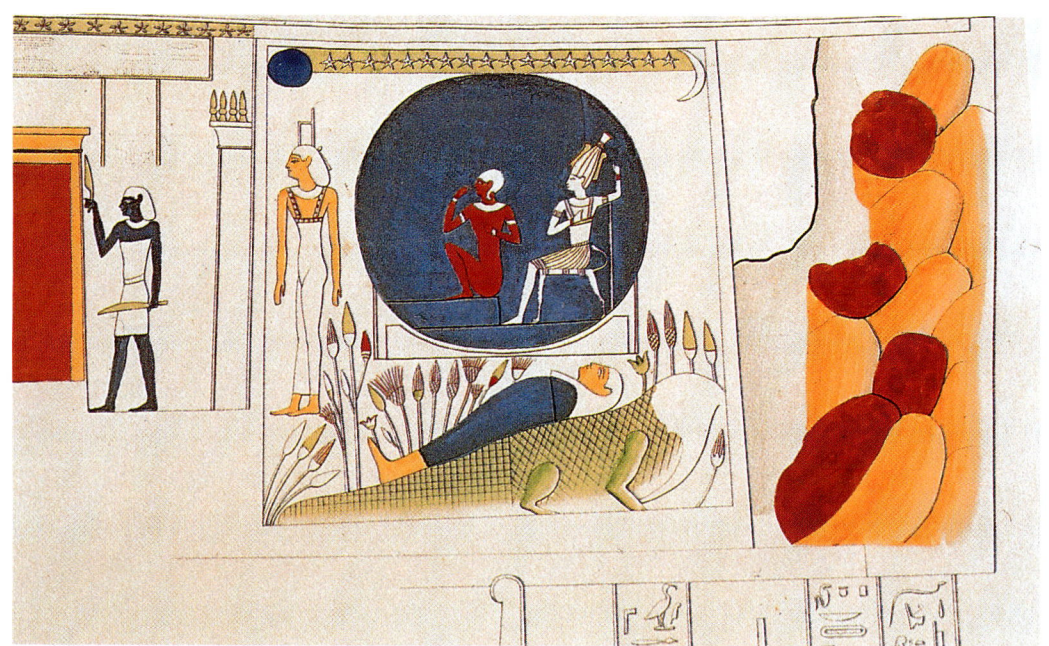

(oben) Die Mumie des Osiris wird von einem freundlichen Krokodil getragen. Auf der Sonnenscheibe Harpokrates und der Gott Atum auf dem Thron. Die Felsen links symbolisieren die Gegend der mythischen Nilquellen am 1. Katarakt. Philae, Isistempel (ptolemäische Zeit) (I. Rosellini, Monumenti del Culto)
(unten) Fantastische Wüstentiere. Beni Hassan, verschiedene Gräber (Mittleres Reich) (I. Rosellini, Monumenti Civili)

(oben) Die Maskerade der Tiere und die »verkehrte Welt«. Theben, Deir el-Medineh (19. Dyn.). Satirisch-erotischer Papyrus im Ägyptischen Museum von Turin (J. A. Omlin, Der Papyrus)
(unten) Die vornehme Mäusedame wird von Katzendienerinnen bedient. Die Katzenfriseuse legt die Frisur der Herrin, die derweil mit einem Schlauch Wein aus einer Amphore trinkt. Theben, Deir el-Medineh (Neues Reich). Ostraka IFAO (J. Vandier d'Abbadie, Catalogue des Ostraka)

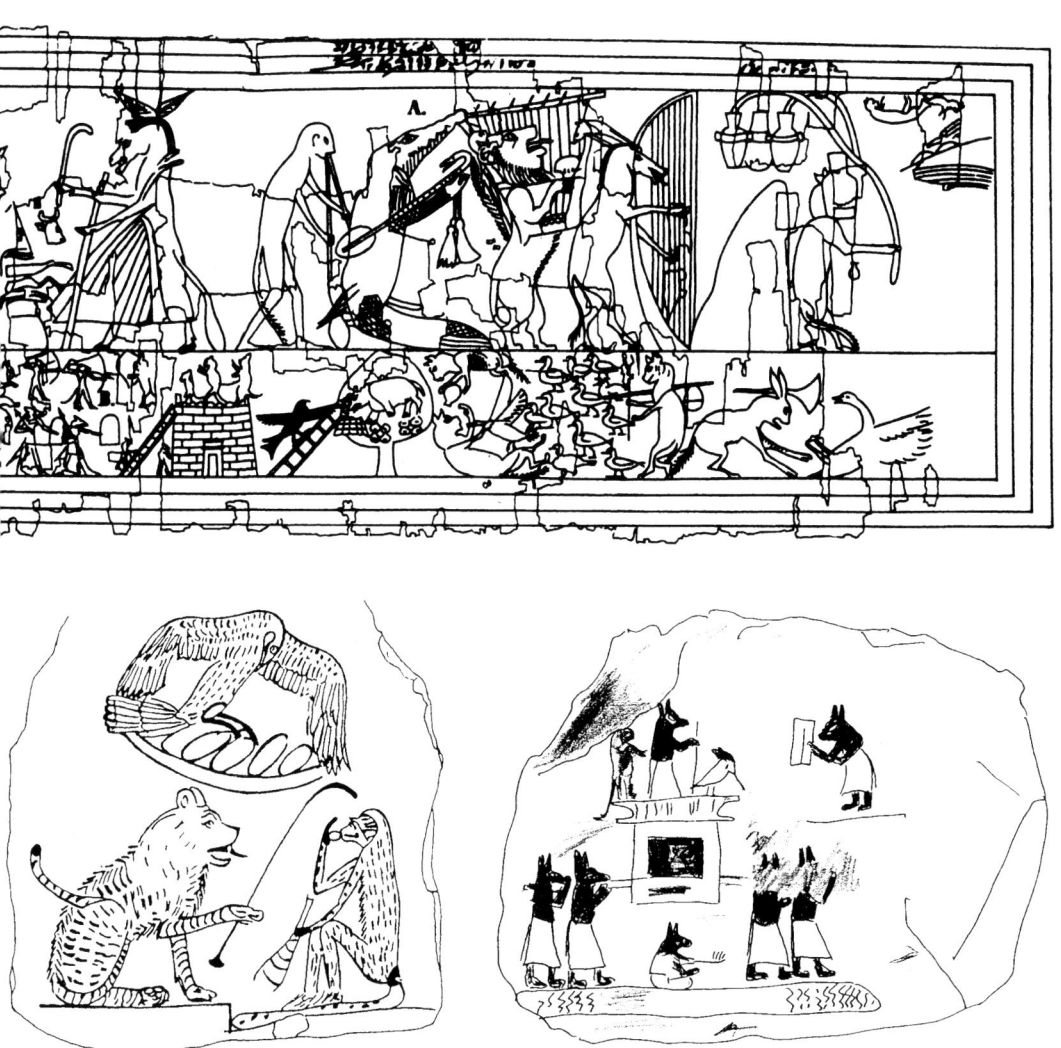

(unten links) Illustration zum Märchen »Die Katze und der Geier«, die in den »Philosophischen Gesprächen zwischen der äthiopischen Katze und dem kleinen Schakalaffen« zu lesen ist. Zeichnung auf einer bemalten Tonscherbe. Theben, Deir el-Medineh (Neues Reich). Ostraka IFAO (J. Vandier d'Abbadie, Catalogue des Ostraka)

(unten rechts) Heilige Prozession satirisch verschlüsselt. Zeichnung auf einer bemalten Tonscherbe im Ägyptischen Museum von Turin

trockenen Riemen gefesselt und mit frischen Riemen festgebunden und mit seinen Schmerzen in der Wüste zurückgelassen. – In der siebten Nachtstunde versuchte das Schicksal, ihren (der Maus) Spruch wegen der überheblichen Worte, die der Löwe gesprochen hatte, zu verwirklichen und ließ die Maus vor den Löwen kommen. (Die Maus) sagte: ›Erkennst du mich wieder? Ich bin die Maus, der du das Leben geschenkt hast, und ich werde es dir heute vergelten, indem ich dich aus deinem Unglück rette, nachdem du darein geraten bist. Es ist schön, dem Gutes zu tun, der dir Gutes erwiesen hat.‹ – Die Maus machte sich mit ihren Zähnen an die Fesseln des Löwen, zerschnitt alle trockenen Riemen und zernagte alle frischen Riemen, mit denen er festgebunden war, und löste den Löwen von seinen Fesseln. Die Maus versteckte sich in seiner Mähne, und (der Löwe) brachte sie am selben Tag in die Berge (und sich zur Katze wendend sagte er): ›[Hoffentlich verstehst du] die Bedeutung [dieser Geschichte, die erzählt, wie] die Maus, der gegenüber es in der Wüste niemand Schwächeren gibt, dem Löwen [in seinem Unglück geholfen hat], dem gegenüber es in der Wüste niemand gibt, der stärker wäre als er.‹ «

Bei dieser Betrachtung darf man die aus Theben stammenden Fundstücke, die mit Figurenzeichnungen versehen und in die Ramessidenzeit zu datieren sind, nicht außer Acht lassen. Es handelt sich um zahlreiche Tonscherben aus Deir el-Medineh (freie Darstellungen von Malern oder Entwürfe für komplexere satirische Illustrationen auf Papyrus) und um drei Papyrusstreifen (je einer in Turin, Kairo und im British Museum), die eine Reihe karikaturistischer Szenen aufweisen. In diesen Szenen verhalten sich Tiere wie menschliche Wesen und sind entsprechend kostümiert. In ihrer Darstellungsweise spiegelt sich menschliches Rollenverhalten wider.

Die Interpretation auf der Grundlage komischer Verschlüsselung ist unleugbar, um so mehr als die komische Transposition über das Mittel der Rollenverkehrung erfolgt. Es handelt sich um das, was oft als »verkehrte Welt« bezeichnet wird (als Beschützer erscheint, wer der natürliche Verfolger ist, als Starker der Schwache, als Hirt der Jäger, als Eroberer der Besiegte usw.), ein auch in der altägyptischen Literatur angewandtes Verfahren. In bestimmten Fällen ist es legitim, hinter »offiziellen« Szenen mit menschlichen Protagonisten, hinter Szenen mit Bestattungscharakter, religiösen oder mythologischen Szenen oder einfach solchen des täglichen Lebens eine satirische Bedeutung als Parodie oder komische Verkleidung zu vermuten.

Der Löwe zum Beispiel, der mit seiner traditionellen Feindin, der Gazelle, Schach spielt (Papyrus im British Museum), bildet eine Entsprechung zu bestimmten Grabszenen, auf denen der Verstorbene vor einem Dame-Spielbrett zu sehen ist (auch die Königin Nefertari ist in ihrem Grab so dargestellt). Die Katze, die Vögel auf die Weide bringt, deren Jäger sie natürlich ist (Papyrus im British Museum, in Turin und auf verschiedenen Gräbern), imitiert formal die Szenen vom Typ ländlicher Begräbnisse auf Grabwänden oder Totenpapyri, auf denen die Verstorbene

Gänse zur Weide bringt. Dasselbe gilt für die Karikaturen mit Füchsen, die Ziegen bewachen (Papyrus im British Museum). Die Katzenfestung, die von Mäusen unter Führung durch den Mäusekönig auf dem Streitwagen (Papyrus im Ägyptischen Museum von Turin) angegriffen wird, stellt das Bild der natürlichen Überlegenheit der Katzen bei der Jagd auf Mäuse auf den Kopf. Ebenso gehört zur verkehrten Welt das Flusspferd, das auf der Sykomore sitzt, um Früchte zu essen, während der Falke die Leiter benutzen muss, um auf denselben Baum zu steigen (Papyrus im Ägyptischen Museum von Turin).

Man hat jedoch behauptet, dass diese Karikaturen über die einfache Darstellung von Episoden aus einer »verkehrten Welt« hinaus als politische Satire interpretiert werden könnten; dabei würde die herrschende Klasse, also die Reichen und Adligen, dabei gezeigt, wie die tatsächlichen Untertanen, die Entrechteten und Ausgebeuteten an ihre Stelle treten.

Diese Interpretation überzeugt mich überhaupt nicht; wenn es so wäre, müsste man nämlich voraussetzen, dass die Künstler, die zu einer gebildeten Klasse gehören und alles in allem sozial durch das »System« genauso wie Schreiber und Beamte privilegiert sind, Interesse und Neigung gehabt hätten, auf der Seite von Armen, Ausgebeuteten zu stehen und in eine »Revolution« gegen den Staat, gegen das System verwickelt zu sein.

Wahr ist dagegen, meine ich, dass die Themen komisch waren, dass sie voller Anspielungen auf figürliche Themen offiziellen Typs waren – natürlich mit Bezügen und Verbindungen zu dem, was in der Umwelt unmittelbar wahrzunehmen war. Die viele Male wiederholten Szenen von Belagerung und Eroberung feindlicher Festungen durch Ramses II., ebenso Szenen mit Ramses III., der mit der Prinzessin Schach spielt und dabei gutmütig mit den Augen zwinkert, doppelsinnig, doch ohne politisch-soziale Aggressivität.

Nehmen wir ein anderes Beispiel, eine figürlich bemalte Tonscherbe im Ägyptischen Museum von Turin, die als eine Form religiöser Satire verstanden und interpretiert werden könnte. Die Scherbe (rot die Konturen, schwarz die Körper, weiß die Kleider der Tiere) stellt eine Prozessionsszene an den Ufern eines heiligen Sees dar. Auf dem von Hunden oder Schakalen (erkenntlich an den langen spitzen Ohren), die wie Priester gekleidet sind, getragenen Naos befindet sich ein Schakalgott. Die »Priester« sind von anderen, Rituale durchführenden Schakalen umgeben (einer nimmt die Beweihräucherung vor, ein anderer liest heilige Formeln aus einer Papyrusrolle), hinter dem Schakalgott befindet sich ein Affe und davor ein Vogel (vielleicht ein Wiedehopf).

Die Frage ist, ob die Szene auf der Tonscherbe ein Pendant zu einer modernen antiklerikalen Witzzeichnung sein kann? Gewiss handelt es sich nicht um ein sehr respektvolles Bild, doch es scheint Bestandteil des Vergnügens an mythologischer Maskerade zu sein.

Wir dürfen nie vergessen, dass die pharaonische Götterwelt eine Welt von Gottheiten in Tiergestalt war. Und die ägyptische Mythologie, um es zu wiederholen, war eine Mythologie, in der Götter und Göttinnen sich immer in Tiergewänder kleideten.

Liebe und Erotik
Dichtung und Sex

Die Macht des Sexualtriebs als universale Kraft war der alten Nilkultur bestens bekannt und in Gestalt vieler ihrer bedeutendsten Gottheiten gegenwärtig, zum Beispiel bei dem in Koptos verehrten Min, der durch sein großes erigiertes Glied charakterisiert wurde, in der Göttin der Freude und des Rauschs, Hathor, um deren Beistand die verliebten jungen Leute baten, aber auch in der schönen Katzengöttin Bastet, der Schutzpatronin der Frauen. Nach den von der Priesterschaft von Heliopolis entwickelten Theorien über den Ursprung der Welt war die Freude – ein mit sich selbst vollzogener Zeugungsakt des göttlichen Schöpfers Re-Atum – der Ausgangspunkt der Schöpfung, bei dem Re-Atum das erste Götterpaar, Schu (die Luft) und Tefnut (die feuchte Luft), zeugte. Aus diesem ersten geschlechtlich differenzierten Götterpaar entstanden Geb (die Erde, männlich) und Nut (der Himmel, weiblich), die bei ihrer Vereinigung wiederum zwei Paare zeugten, nämlich Osiris und Isis, Seth und Nephthys.

Es kam vor, dass ein Gott sich in eine Frau verliebte und sich mit ihr vereinigte, dabei zeugte er göttliche Nachkommen auf dem Thron Ägyptens. Aus einer solchen Verbindung mit einem Gott, so wird berichtet, sind Personen wie Hatschepsut (18. Dynastie), Tochter der Königin Ahmose, der Frau Thutmosis' I., und des Gottes Amun hervorgegangen, ebenso wie Amenhotep III. und Ramses II., gleichfalls leibliche Nachkommen dieses Gottes.

Die Geschichte der Liebesbeziehung Amuns zur Königin Ahmose und seiner Vereinigung mit ihr, die darauf Hatschepsut gebar, ist auf dem Tempel von Deir el-Bahari in Texten zu lesen, die im Ton der glühenden Leidenschaft einer irdischen Liebe gehalten sind. Der Gott erfährt durch Thot, den er zur Überprüfung nach Ägypten geschickt hatte, die Identität der schönen Frau, die er gesehen und in die er sich verliebt hatte:

> »Damals verwandelte sich Amun, der vortreffliche Gott, Herr des Thrones der Beiden Länder, und nahm das Aussehen Seiner Majestät (Thutmosis' I.) an, des Gatten der Königin. (Amun) fand sie schlafend in der Pracht ihres Palastes. Der Duft des Gottes weckte sie und ließ sie Seiner Majestät zulächeln. Kaum näherte er sich ihr, entbrannte ihr Herz, und er richtete es so ein, dass sie ihn unter seiner göttlichen Erscheinung sehen konnte. Nachdem er sich ihr direkt genähert und sie beim Anblick seiner Männ-

lichkeit in höchste Entzückung geraten war, drang die Liebe Amuns in ihren Körper
ein. Der Palast wurde erfüllt von dem Wohlgeruch des Gottes, dessen gesamte Düfte
aus dem Lande Punt kamen. Seine Majestät der Gott tat alles, was er wünschte und
(Ahmose) schenkte ihm jede mögliche Freude und küsste ihn.«

Ohne Scheu bringt die Königin vor dem Partner ihre Freude über den Orgasmus
zum Ausdruck, worauf dieser in Erregung den Liebesakt wiederholt: »›Wie groß ist
deine Kraft,« sagt sie, »es ist angenehm, deinen Körper zu schauen, nachdem du
dich in meinem ganzen Körper verbreitet hast.‹ Und Seine Majestät der Gott tat er-
neut mit ihr alles, was er wollte.«

Die bemerkenswerte Offenheit der Sitten, welche die pharaonische Gesellschaft
auch auf dem Gebiet der Ehe charakterisierte, betraf gleichermaßen die Freiheit der
Begegnung zwischen den Geschlechtern. Jugend, Schönheit und Liebe werden in
Werken der Dichtkunst besungen, die zu den sinnlichsten der antiken Welt gehö-
ren. Sie sind in ganzen Sammlungen auf Papyri und auf Tonscherben erhalten. In
diesen Hymnen wird die Liebe als Beziehung zwischen Geliebter und Geliebtem
verstanden, sie vollzieht sich in Liebkosungen und Umarmungen, in mit feinsten
Tüchern bereiteten Betten, inmitten intensiver Wohlgerüche, in leidenschaftlichen
Höhepunkten. Auch das Mädchen äußert sich in diesen Hymnen und zögert nicht,
Begehren und Gefallen zu offenbaren:

> Die Liebe, die ich für dich empfinde, ist in meinen Körper gedrungen
> wie das Salz, das sich im Wasser auflöst,
> so wie die Frucht der Alraune von Wohlgeruch durchzogen ist,
> so wie das Wasser sich mit Wein vermischt.
> (aus der Sammlung *Die Macht der Liebe*)

Und weiter:

> Wenn es keine Umarmungen und Liebkosungen gibt
> jedes Mal, wenn du (zu mir) kommst,
> [was bedeutet für uns] die Freude?
> Wenn du meine Schenkel und meinen Busen streicheln möchtest,
> [werde ich] dich [nicht zurückstoßen].
> (aus der Sammlung *Die Macht der Liebe*)

Er erwartet die Geliebte:

> So ist die Zeit gekommen, das Bett zu bereiten.
> Diener, ich sage dir:
> »Breite Byssus aus für ihren Körper,
> ein Bett für sie von königlichem Linnen.

Die Doppelflötespielerin ist leicht wie eine Libelle... Theben, Deir el-Medineh (Neues Reich). Ostraka IFAO (J. Vandier d'Abbadie, Catalogue des Ostraka)

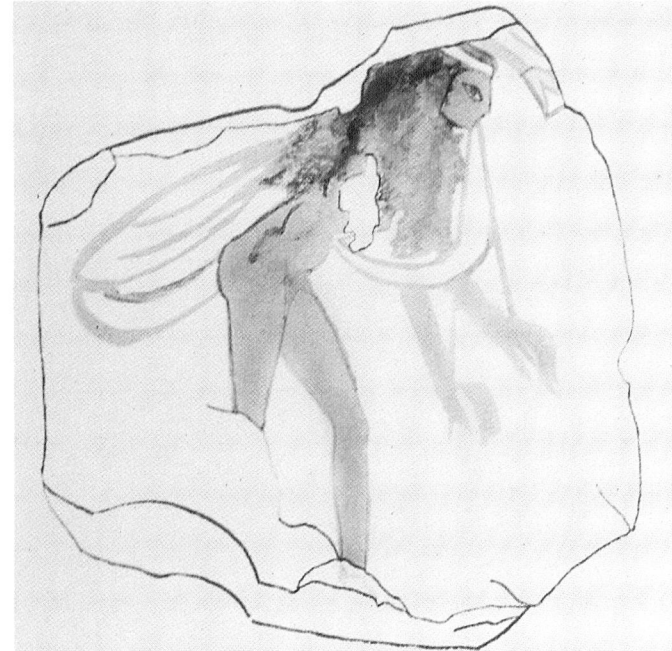

(unten) Schläft oder träumt das auf dem Bett liegende Mädchen? Theben, Deir el-Medineh (Neues Reich). Ostraka IFAO (J. Vandier d'Abbadie, Catalogue des Ostraka)

Gib acht, dass du gestickte Wäsche nimmst,
benetzt mit duftenden Essenzen.
  (aus der Sammlung *Liebeswünsche*)

Das erotischste unter den Liebesgedichten ist vielleicht aber das mit der offenkundigen phallischen Anspielung auf den roten Fisch, in dem das halbnackte Mädchen aus dem Wasser heraustritt:

Mein Gott, mein [Herr], [ich begleite] dich.
Süß machst du es, [ans Ufer] zu gehen,
zu den Lotosblüten [...].
Süß machst du es, ins Wasser zu steigen,
um vor dir ein Bad zu nehmen.
Ich lasse meine Schönheit [sehen]
in einem Gewand aus feinstem Byssus,
durchzogen [von duftenden Essenzen],
[eingetaucht] in duftendes Öl.
Ich steige ins Wasser mit dir,
und aus Liebe zu dir gehe ich hinaus und halte einen roten Fisch.
Ruhig liegt er zwischen meinen Fingern,
ich lege ihn [auf meine Brust].
O mein Geliebter, komm und schau!
  (aus der Sammlung *Liebeswünsche*)

Und weiter, nach einer Liebesnacht:

Die Stimme der Taube erklingt und sagt:
Die Erde wird hell, wo ist deine Straße?
Nein, o Taube, tadle mich nicht,
doch ich habe meinen Geliebten in seinem Bett gefunden,
und mein Herz ist sehr glücklich.
  (aus der Sammlung *Beginn der schönen, erfreuenden Gesänge für deine Geliebte,
  die dein Herz liebt, wenn sie von den Feldern zurückkehrt*)

Doch die Freuden der Liebe waren nicht immer und nur so unschuldig und von Grund auf anständig – nicht einmal im alten Ägypten. Es gab Frauen, die Angst machten, auf die man vor den jungen Leuten mit den Fingern zeigte, damit sie diese meiden konnten. Vor ihnen musste man sich hüten, wie die Verfasser der zahlreichen *Lehren*, die uns aus dem Alten Reich erhalten sind, beharrlich raten.

Es handelt sich da um unheilvolle Frauen, hochstapelnde Verheiratete, gierig nach Vergnügungen, Frauen, die man nicht kennt und von denen man schlecht spricht. »Hütet euch vor der ausländischen Frau, die in ihrer Stadt unbekannt ist«, bemerkt der kluge Ani, der auch dazu mahnt, sich vor der Frau in Acht zu nehmen, deren Gatte abwesend ist. So ermahnt Ani: »Sie ist wie tiefes Wasser, dessen Kontur man nicht kennt, ›Ich bin schön, sagt sie dir alle Tage, wenn sie keine Zeugen hat‹.«

Das ist der Grund dafür, warum die Erzählungen des alten Ägypten so reich an schönen, bösen Frauen sind. Eine unvergessliche Gestalt ist die hohe Dame aus der Erzählung *Wahrheit und Lüge,* eine flatterhafte, grausame Herrin, die sich aus plötzlichem Verlangen an den Pförtner ihres Palastes heranmacht, einen armen, aber überaus schönen Blinden. Sie holt ihn zu sich, verschafft sich Befriedigung mit ihm und macht ihm dafür Vorwürfe, dass er Pförtner ist. Sie ist vollkommen gefühllos gegenüber dem Liebhaber für eine Nacht, auch nachdem sie ein Kind von ihm bekommen hat. Dem daraus hervorgegangenen Sohn verrät sie über die Identität seines Vaters zunächst nichts.

In den ägyptischen Erzählungen wird die Frau häufig negativ dargestellt, denn in vielen Geschichten erscheint sie als frivol, verführerisch und verderblich für den Mann, der ihr Opfer ist (erinnern wir uns an das effektvolle Sprichwort »eine Frau, ein Weh«, das sich in der *Lehre des Anchscheschonki* findet). Man denke zum Beispiel an die Frau des Priesters in den Erzählungen des Papyrus Westcar, die sich in irgendeinen Mann verliebt, ihn nach Hause einlädt, ihm eine Kleidertruhe schenkt und sich im Pavillon ihres Landhauses mit ihm trifft, bis ihr Mann sie entdeckt und an beiden Rache nimmt. Erinnern wir uns außerdem an *Das Brüdermärchen,* die Boshaftigkeit der Frau des Anubis. Diese, von Verlangen nach dem jungen, stattlichen Verwandten Bata ergriffen, aber zurückgewiesen, denunziert ihn bei ihrem Mann als Vergewaltiger, sodass Bata sich entmannt und in das Tal der Schirmpinie fortgeht, um so seine Unschuld zu beweisen. In derselben Geschichte verrät ihn eine andere Frau, nämlich das von den Göttern zur Erleichterung der Einsamkeit des armen Bata erschaffene Mädchen, diesmal im Tausch gegen ein Armband...

Der frauenfeindliche Charakter der ägyptischen Literatur zeigt sich deutlich in den demotischen Schriften. In der gewöhnlich als *Setne I* bezeichneten Geschichte sticht die negative Heldin von Tabubu hervor, die Verführerin, die schönste, doch gleichzeitig die niederträchtigste und gierigste Frau der Welt. Dieser Frau kann der Protagonist in einem Crescendo körperlicher Begierde und Gemeinheit nicht widerstehen, bis er seine eigenen Kinder auf Verlangen der infamen Kreatur töten lässt. Um sich in sie zu verlieben, reichte es ihm, sie eines Tages im Gang des Ptahtempels von Memphis zu sehen, gerade so wie ein Held in einem Roman des 18. Jahrhunderts, in dem sich die Protagonisten in einer Kirche oder auf dem Kirchplatz treffen...

Auch die in demotisch verfassten Weisheitslehren sind nicht gerade feinfühlig: »Eine Frau zu unterweisen ist wie auf einem sandigen Feld zu pflanzen, dessen Fläche hart ist«, behauptet Anchscheschonki in seiner *Lehre*. Und wie steht es mit der

Obsession des mediterranen Mannes, er sei stets der Betrogene? »Was sie heute mit ihrem Ehemann macht, macht sie morgen mit einem anderen Mann«. Weiterhin heißt es: »Eine Frau ist ein Steinblock: wer als erster kommt, bearbeitet ihn«. Ein anderes Sprichwort aus dieser *Lehre* entspricht dem damals wie auch heute verbreiteten männlichen Streben, in der Frau zugleich die Geliebte und Ehefrau zu finden: »Frau bei Nacht, Dame bei Tage.«

Die Frauen, die beruflich Liebesdienste anboten, oft Tänzerinnen und Musikantinnen, und die Mädchen aus den Freudenhäusern (die Feststellung archäologischer Spuren dieser Stätten ist jedoch sehr unsicher wie im Falle des Gebäudes von Gisa, das von Bildern des zwergenhaften Gottes Bes beherrscht wird) stellten eine Gefahr für die jungen Männer dar, und die Morallehrer prangerten ihre Verbreitung in den *Schultextsammlungen* streng an:

> »Man hat mir gesagt, dass du das Schreiben aufgegeben hast und dass du dich in Prassereien ergehst. Du gehst von Straße zu Straße, und Biergeruch begleitet dich überallhin. Das Bier macht dem Menschsein ein Ende! Du hast deine Seele der Unordnung überlassen! Du bist wie ein krummes Ruder in einem Boot, das nirgends gehorchen will, du bist wie eine Kapelle ohne ihren Gott, wie ein Haus ohne Brot. Man sieht dich über eine Mauer springen, nachdem du den Bretterzaun zerbrochen hast; die Leute laufen vor dir fort, nachdem du sie geschlagen und verletzt hast. O, wenn du wüsstest, dass der Wein etwas Scheußliches ist, würdest du dem Schedeh-Wein abschwören, würdest dem Krug keinen Platz in deinem Herzen geben, den Tenerek-Wein vergessen. Man hat dich gelehrt, zum Klang der Flöte zu singen, zum Klang der War-Flöte zu modulieren, nach Harfenklang zu tirilieren, nach der Kithara zu singen. Du sitzt im (Freuden-)Haus, und die Freudenmädchen sind um dich herum, und du möchtest zärtlich sein und das tun, was dir gefällt. Du sitzest vor dem Mädchen, mit Öl gesalbt. Die Girlande aus Ischetpenu-Blumen liegt um deinen Hals, und du schlägst die Trommel auf deinem Bauch. Du rutschst aus und fällst auf den Bauch und beschmutzt dich mit Kot.«

Offenbar gab es auch Zeit und Gelegenheit für etwas gewagtere Vergnügungen.

Aus Deir el-Medineh stammen Tonscherben mit erotischen Figuren nackter Frauen, auf dem Bett ausgestreckte Musikantinnen mit großen, verführerischen Perücken oder nur mit Körperbemalungen »bekleidete« Tänzerinnen. Es sind unbefangene Zeichnungen von Episoden des täglichen Lebens, vielleicht Darstellungen von Frauenfantasien.

Das Leben in Freude mit Frauen, Tanz und Musik zu verbringen, wurde in der Welt der Pharaonen als so wichtiges, essentielles Bedürfnis betrachtet, dass man es auch dem Toten nicht vorenthalten konnte. Für die Verstorbenen deponierte man besondere Frauenstatuetten in den Gräbern, die »Beischläferinnen« genannt wur-

(oben) Tanz unter Begleitung von Perkussionsinstrumenten. Theben, Grab des Neferhotep (18. Dyn.)
(I. Rosellini, Monumenti Civili)
(unten) Frauen geben ein Konzert. Theben, Grab des Nebamun (18. Dyn.) (I. Rosellini, Monumenti Civili)

den. Dabei handelt es sich um Frauenfiguren vom »Paletten«typ mit großen Perücken im Mittleren Reich, später in Fayence, in den erogenen Zonen entweder tätowiert oder auch nicht, in Terrakotta, mehr oder weniger auf Betten ausgestreckt, mit oder ohne Kinder, auch mit Musikinstrumenten ausgerüstet, einer Laute, einem Sistrum oder einer Trommel. Die Anwesenheit von Kindern widerspricht dieser Interpretation insofern nicht, als die Mutterschaft als Schlussphase der Liebesbeziehung angesehen wird. Kurz, man stellte neben den Verstorbenen das weibliche Gegenstück zum männlichen Geschlecht, sodass er sich nach dem Todesschlaf beim Erwachen noch als männlich aktiv erweisen konnte.

Auf dem Gebiet sexueller Verhaltensweisen existieren nur sehr wenige elementare Verbote und nur sehr wenige kapitale Verfehlungen. Dazu gehören Ehebruch, Unzucht mit Verlobten und Homosexualität, was deutlich aus dem Spruch 125 des *Totenbuchs* hervorgeht.

In den langen Listen der *negativen Sündenbekenntnisse* negiert der Verstorbene eine ganze Reihe von Verbrechen und Übeltaten sozialer oder religiöser Art oder gegen die Menschlichkeit, doch nur äußerst selten betreffen sie tadelnswertes sexuelles Verhalten. Neben der Erklärung, keine unreinen Handlungen im Tempel der eigenen Stadt begangen zu haben, geht man nicht über ein »ich bin kein Päderast gewesen«, »ich bin kein Sodomit gewesen« und ein »ich habe keinen Ehebruch mit einer verheirateten Frau begangen« hinaus. Ehebruch und Homosexualität gehören also zu den Todsünden.

Die Weisen, Verfasser der *Weisheitslehren,* tendieren dazu, die Schuld am Ehebruch dem Reiz und der Bereitwilligkeit der verheirateten Frau zuzuweisen: »Nehmt euch in Acht vor der Frau, deren Mann abwesend ist«, was ja bereits oben erwähnt wurde.

Mit Bezug auf die Homosexualität gibt es allerdings nur zwei eindeutige Episoden, eine dritte ist unsicher. In die erste ist Seth verwickelt, der Brudermörder und Gott der Unordnung, rothaarig und überdies ein großer Schürzenjäger, dessen »Anhänger« dieselben negativen Merkmale aufweisen wie er. Sie haben rote Haare und rote Hornhaut, sind pöbelhaft in ihrem Wesen, Trinker, aufrührerisch, streitsüchtig, gewalttätig und reine Casanovas, die verheiratete Frauen nicht respektieren. Seth als Baba-Seth hatte auch das Aussehen eines Hundes mit rotem Fell, und Baba war ein sexueller Wüstling, den Thot mit magischen Künsten gerade während seiner Liebesaktivitäten in Verlegenheit brachte (Mythologischer Papyrus Jumilhac).

In der mythischen Erzählung des *Streites zwischen Horus und Seth* macht Seth Horus zum Objekt einer erniedrigenden homosexuellen Beziehung. Es handelt sich jedoch vielmehr um eine Täuschung – um zu demonstrieren, dass Horus nicht würdig ist, die Erbschaft seines Vaters Osiris zu empfangen – als um eine auf sexuelle Abweichung zurückzuführende Verführung; immerhin wird Seth Opfer seiner eigenen List:

»Dann sagte Seth zu Horus: ›Komm, wir verbringen einen glücklichen Tag bei mir zuhause.‹ – Horus sagte: ›Ich tue es, ich tue es.‹ Als die Abendzeit gekommen war, wurde für sie ein Bett gerichtet, und sie legten sich beide zusammen hin. Jetzt also, während der Nacht, machte Seth sein Glied steif und führte es mitten zwischen Horus' Schenkel. Doch Horus legte seine beiden Hände mitten auf seine Schenkel und hielt Seths Samen auf. Dann ging Horus, um seiner Mutter Isis zu sagen: ›Komm zu mir, o Isis, meine Mutter, komm und schau, was Seth mit mir gemacht hat‹ und öffnete seine Hände und ließ sie Seths Samen sehen. Sie stieß einen lauten Schrei aus, nahm ihr Messer, schnitt ihm die Hände ab und warf sie ins Wasser und besorgte ihm die exakt gleichen Hände. Dann nahm sie ein wenig milde Salbe und verrieb sie auf Horus' Glied, machte es steif, führte es in ein Gefäß, und dort ließ er seinen Samen hineingleiten. – Zur Morgenzeit ging Isis mit Horus' Samen in Seths Garten und sagte zu Seths Gärtner: ›Welche Art Kräuter isst Seth hier bei dir?‹ Der Gärtner antwortete: ›Er isst keinerlei Art von Kräutern hier bei mir außer Lattich‹, und dann schüttete Isis Horus' Samen darauf. Dann kam Seth nach seiner Gewohnheit wie jeden Morgen und aß Lattich, den er gewöhnlich aß, und noch mehr. So wurde er schwanger von Horus' Samen. – Dann ging Seth, um Horus zu sagen: ›Komm, gehen wir, damit ich mit dir vor Gericht diskutieren kann‹, und Horus sagte: ›Ich tue es, ich tue es.‹ Sie gingen also vor Gericht, beide zusammen, und standen da vor der Großen Neunheit. Ihnen wurde gesagt: ›Ihr da, sprecht.‹ Also sprach Seth: ›Macht, dass mir das Amt des Königs gegeben werde, denn, was diesen Horus, der hier steht, betrifft, so habe ich das Werk des Mannes an ihm vollzogen.‹ – Die Neunheit stieß einen lauten Schrei aus, sie erbrachen sich und spien Horus ins Gesicht. Doch Horus lachte über sie und legte bei Gott einen Schwur ab und sagte: ›Alles, was Seth gesagt hat, ist falsch. Man rufe den Samen Seths, und wir wollen sehen, woher er antwortet, dann rufe man meinen Samen, und wir wollen sehen, woher er antwortet.‹ – Da legte Thot, der Herr der göttlichen Worte, der glaubwürdige Schreiber der Neunheit, seine Hand auf Horus' Arm und sprach: ›Komm heraus, oh Samen Seths!‹, doch der antwortete aus dem Wasser im Sumpf. – Dann legte Thot seine Hand auf Seths Arm und sprach: ›Komm heraus, oh Samen des Horus!‹ Der antwortete: ›Von wo soll ich herauskommen?‹ Thot sagte ihm: ›Komm heraus aus seinem Ohr.‹ Doch er sagte zu ihm: ›Siehe, soll ich also aus einem Ohr herauskommen, der ich eine göttliche Flüssigkeit bin?‹ Darauf sprach Thot zu ihm: ›Komm heraus aus seiner Stirn‹, und er trat heraus wie eine Goldscheibe auf Seths Kopf. Da geriet Seth sehr in Wut, er streckte die Hand aus, um die Goldscheibe zu ergreifen, doch Thot nahm sie ihm und setzte sie als Schmuck auf seinen Kopf. Die Neunheit sprach: ›Horus hat Recht, Seth hat Unrecht‹.«

Eine echte Homosexuellengestalt in der altägyptischen Literatur ist ein Pharao, einer der »Bösen« des Alten Reiches, der lasterhafte und ein wenig groteske Neferkare, d. h. Pepi II., der letzte König der 6. Dynastie. Er hatte geheime Rendezvous mit seinem Geliebten, dem General Sisenet, an dessen Fenster er sich mit einem

Steinwurf meldete. Er wurde von einem Untertanen entdeckt, der ihn verdächtigte und beschattete:

> »Teti, Sohn des Henti. Damals [erblickte er] Seine Majestät, den König von Ober- und Unterägypten, Neferkare, der des Nachts allein spazieren ging, ohne irgendjemand bei sich. Er hielt Abstand von ihm, um zu vermeiden, dass (der König) ihn sähe, und hielt sich unsichtbar, dachte nach und sagte zu sich: ›Da es so ist, also ist es die Wahrheit, was man sich erzählt: er geht nachts hinaus!‹ Teti, Sohn des Henti, folgte diesem Gott (d. h. dem König), ohne dass sein Herz ihm Vorwürfe machte, um zu sehen, was er zu tun vorhatte. (Seine Majestät) kam beim Haus des Generals Sisenet an, warf einen Ziegelstein und stampfte mit dem Fuß; darauf ließ er ihm [eine Leiter?] hinunter. Er stieg hinauf, während Teti, Sohn des Henti, blieb, um zu warten, bis Seine Majestät herauskam. Nachdem Seine Majestät getan hatte, was er bei Sisenet gewollt hatte, begab er sich zu seinem Palast, und Teti folgte ihm. Als Seine Majestät die Große Residenz betreten hatte, kehrte Teti nach Hause zurück. Also, Seine Majestät hatte sich zum Haus des Generals Sisenet begeben, als vier Nachstunden verstrichen waren. Er hatte vier Stunden im Haus des Generals Sisenet verbracht und war zur Großen Residenz zurückgekehrt, als noch vier Stunden bis Tagesanbruch blieben. Teti, Sohn des Henti, ging jede Nacht hinter dem König her, ohne dass sein Herz ihm Vorwürfe machte. Wenn Seine Majestät die Große Residenz wieder betrat, kehrte Teti nach Hause zurück.«

Leider ist der ägyptische Text im Folgenden sehr lückenhaft, doch kann man sich leicht vorstellen, dass der Text mit der Bestrafung des schamlosen Herrschers endete, dessen galante Rendezvous, Steinwürfe eingeschlossen, vergnüglich erzählt werden: ein Homosexuellenpaar von hohem Stand, ein König und ein General!

Ein dritter Fall gründet sich auf einen Passus in der *Lehre des Ptahhotep,* die, wie manche meinen, sexuelle Beziehungen mit einem jungen Knaben verboten haben soll, jedoch könnte sich das stattdessen genauso auf ein nicht geschlechtsreifes Mädchen beziehen. Die verbotene Frucht wäre in jedem Fall mit Pädophilie in Verbindung zu bringen, wenn nicht, oder auch, mit Päderastie.

Die Kasuistik der *Traumbücher,* sowohl des Neuen Reiches als auch der in demotisch erhaltenen, sind wegen der Art sexueller Probleme interessant, die in den Ängsten des Unbewussten ganz vornan stehen. So enthält der demotische Papyrus Carlsberg ein ganzes Kapitel, das den Arten geschlechtlicher Vereinigung gewidmet ist, von denen man träumen kann:

> Die Paarungsarten, die die Leute [im Traum] sehen können.
> Wenn eine Frau sich (im Traum) sieht, während man sie mit dem verheiratet, mit (dem sie schon) verheiratet ist, wird sie ins Verderben gehen.
> Wenn sie (sich sieht), während sie ihn umarmt, wird sie Sorgen bekommen.
> Wenn sich (im Traum) eine Maus mit ihr paart, wird ihr Mann ihr [...] geben.

Wenn sich ein Pferd mit ihr paart, wird sie mit ihrem Mann gewonnenes Spiel haben.

Wenn sich ein Bauer mit ihr paart, wird ihr ein Bauer [...] geben.

Wenn sich ein Esel mit ihr paart, wird sie für eine große Sünde bestraft werden und [...].

Wenn sich ein Ziegenbock mit ihr paart, wird sie sehr bald sterben.

Wenn sich ein Widder mit ihr paart, wird der Pharao ihr eine Wohltat erweisen.

Wenn sich ein Kater (?) mit ihr paart, wird sie ein böses Schicksal ereilen.

Wenn sich ein Wolf mit ihr paart, wird ein Handwerk ihr Gewinn verschaffen.

Wenn sich ein Löwe mit ihr paart, wird sie schöne Dinge sehen.

Wenn sich ein Krokodil mit ihr paart, wird sie sehr bald sterben.

Wenn sich eine Schlange mit ihr paart, wird sie einen brutalen Mann bekommen und unter ihm zu leiden haben.

Wenn sich ein Pavian mit ihr paart, wird sie Leuten Gutes tun, die ihr nicht dankbar sein werden.

Wenn sich ein Ibis mit ihr paart, wird sie ein (gut) ausgestattetes Haus bekommen.

Wenn sich ein Falke mit ihr paart, wird ein schlimmes Schicksal ihr [...] treffen.

Wenn sich ein Fisch mit ihr paart, wird eine Feindin [ihr] alles Gut nehmen.

Wenn sich ein Mannweib mit ihr paart, wird sie ein böses Schicksal ereilen, und der Sohn, den sie haben wird, [wird böse enden].

Wenn sich ein Libyer mit ihr paart, wird sie ihn zum Mann nehmen, doch man wird sie tot vorfinden [...].

Wenn sich ein Syrer mit ihr paart, wird sie weinen, denn sie wird ihren Sklaven sich mit ihr paaren lassen.

Wenn sich ein Assyrer (?) mit ihr paart, wird sie flehentlich bitten, wird einen Meineid schwören, sich mit dem ersten verbinden, den sie trifft, und ihr Mann wird sich eine andere Frau zum Weibe nehmen.

Wenn sich ein Unbekannter mit ihr paart, wird man sie suchen, ohne sie zu finden [...].

Wenn sich ihr Sohn mit ihr paart, wird der Sohn, den sie hat, böse enden.

Zweifellos hatten die Ägypter sonderbare Träume. Eine Reihe von Träumen, an denen Freud seine Freude gehabt hätte...

Man wollte um jeden Preis gefallen, das wurde schon bemerkt. Frisuren und Schmuck zielten darauf ab, die Person attraktiv zu machen, ebenso die Schminke und Kosmetik. Um gegen Falten oder weißes Haar anzugehen, um das Elixier ewiger Jugend zu erlangen, verschmähte der antike Ägypter es nicht, sich magischer Rezepte und Tränke zu bedienen (davon war schon im Kapitel »Das Leben in der Familie« die Rede).

In bestimmten Fällen versprach sich der Ägypter Hilfe durch die Einnahme von Aphrodisiaka. Ein sehr altes Rezept gegen Impotenz (etwa 1700 v. Chr.) empfahl, Jujuben- und Akazienblätter in Honig zu zerstampfen und die Paste als Breiumschlag anzuwenden (Papyrus aus dem Ramesseum).

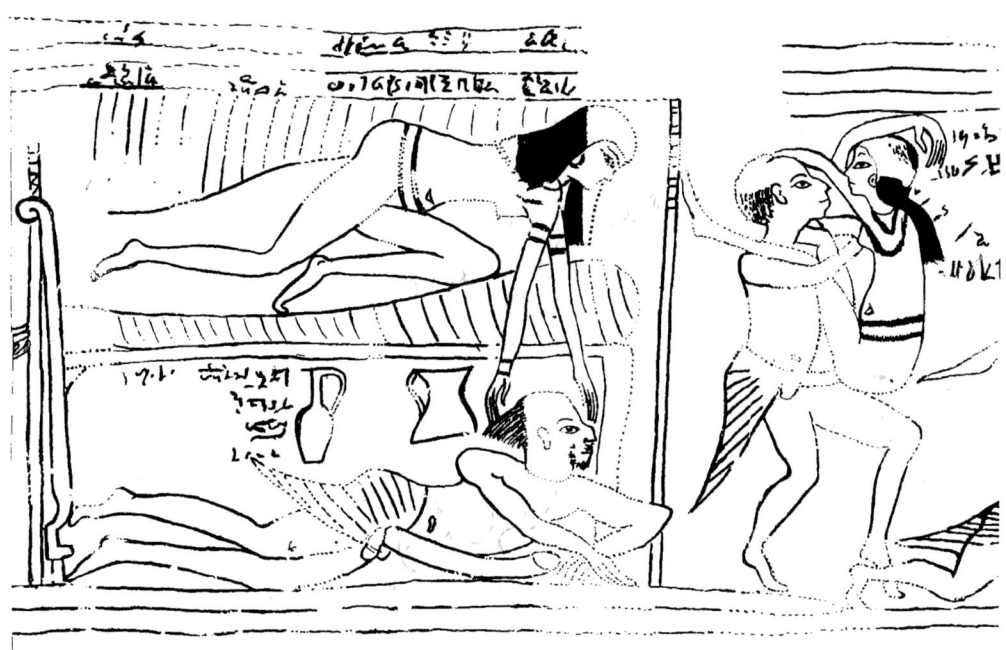

(oben) Die schöne Dirne schminkt sich die Lippen rot. Detail aus dem erotischen Teil des satirisch-erotischen Papyrus im Ägyptischen Museum von Turin. Theben, Deir el-Medineh (Neues Reich) (J. A. Omlin, Der Papyrus)

(unten) Im Innern eines Freudenhauses in Theben: Der erschöpfte Kunde ist aus dem Bett gestürzt und wird von der Prostituierten ermuntert. Details aus dem erotischen Teil des satirisch-erotischen Papyrus im Ägyptischen Museum von Turin. Theben, Deir el-Medineh (Neues Reich) (J. A. Omlin, Der Papyrus)

Viele Jahrhunderte später liest man im Magischen Papyrus von London und Leiden weitere erotische Ratschläge. Einer lautet: »Um zu erreichen, dass eine Frau ihren Mann liebe: Nimm geriebene Akazienrinde mit Honig, salb dir damit den Phallus ein und schlaf mit der Frau.« Andere scheinen Viagra vorwegzunehmen, besonders das »Rezept zur Stärkung der Manneskräfte: Alaun, 1 Quäntchen; Pfeffer, 1 Quäntchen; trockene Brennnessel, 4 Quäntchen; Satyrion (wilde Orchidee), 4 Quäntchen. Die Medizin trocken abreiben und bei jeder Frau in der dir bekannten Weise anwenden.«

Einfach, aber wir wissen nicht wie wirksam, ist das folgende Rezept: »Um zu erreichen, dass eine Frau die Paarung mit dir liebe: Schaum aus dem Maul eines Hengstes, streich deinen Phallus damit ein und schlaf mit der Frau.« Ein weiteres schließlich, etwas komplizierter: »Wenn du willst, dass eine Frau vor Leidenschaft verrückt nach einem Mann wird, nimm den trockenen Körper einer Spitzmaus, mach daraus Pulver, gib davon ein wenig mit ein bisschen Blut deines zweiten Fingers zusammen, deinem Herzblut. Zerreibe das und gib es in eine Becher mit Wein, lass eine Frau davon trinken, und sie wird vor Leidenschaft verrückt nach dir werden.«

Die direkte Darstellung sexueller Handlungen ist bei den alten Ägyptern ziemlich selten. Sie beschränken sich auf einige Tonscherben und einige Statuetten von ausgeprägt obszönem Charakter, die im Allgemeinen in den Museen nicht ausgestellt sind.

Das Ägyptische Museum von Turin besitzt jedoch ein außergewöhnliches Dokument, einen langen illustrierten Papyrus. Dieser ist als »Satirisch-erotischer Papyrus« bekannt, weil er auf demselben Papyrusstreifen, der im ersten Teil auf zwei Registern amüsante Karikaturen aus der »verkehrten Welt« mit Tieren als Protagonisten zeigt, anschließend im zweiten Teil Zeichnungen mit Szenen von Personen aufweist, die sich direkt sexuell betätigen.

Es handelt sich um ein Dutzend Vignetten, die verschiedene Liebesstellungen illustrieren. Sie sind mit roten oder blau-schwarzen Pinselstrichen ohne Trennungslinien gezeichnet und enthalten nur wenige Zeilen in hieratisch geschriebenem Text. Der Papyrus stammt aus Deir el-Medineh, dem Dorf in Theben aus dem Neuen Reich. Er ist in die 19. Dynastie zu datieren und wurde von einem Militär hohen Ranges bestellt (oder jedenfalls gehörte er einem solchen), der offenbar Gefallen an dieser Art »Cartoons« hatte.

Der erotische Teil wurde jedoch als Fortsetzung des satirischen konzipiert und ausgeführt, daher muss es ein beiden Teilen gemeinsames Element geben. Meinem Eindruck nach kann man es in der Idee des satirischen Teils erkennen, die darauf abzielt, mit Szenen aus einer »verkehrten Welt« zu unterhalten. Man muss nur die Haltung, Kleidung und Handlung der Protagonisten betrachten. Der Mann mit Sistrum und Gefäß in der Hand (typisch »weibliche« Gegenstände in den Malereien der 19. Dynastie) ist mit männlichen sexuellen Handlungen in Gesellschaft eines Mädchens beschäftigt, das auf einem Wagen steht, was in Wahrheit eine typisch »männliche« Haltung ist. Der »Liebeskunst« mit einem Mädchen widmet sich auch ein Kunde (Schlauch auf dem Rücken und Haare »wie ein Bauer«), doch ohne die Last von den Schultern zu nehmen; oder die Frau, die im Begriff ist, es mit dem Mann zu machen, der sich wehrt (wie ein schamhaftes Mädchen) und den sie zu beruhigen versucht: »Hab keine Angst«, sagt sie zu ihm, »was tue ich dir denn?« Und dann der Bauer, der die Zofe spielt und dem Mädchen bei der intimen Toilette hilft, oder das Mädchen auf dem Diwan, das einen Mann zur sexuellen Handlung einlädt, der unter dem Diwan liegt, wohin er sich vielleicht geflüchtet hat. Andere erotische Situationen dagegen erregen Heiterkeit wegen des Ungestüms des Mannes, der beim Angriff die Harfe auf die Frau fallen lässt oder der – in der letzten Szene des Teils – beim leidenschaftlichen Ansturm die junge Frau umreißt, indem er den Hocker umstürzt, auf dem sie zusammen mit dem Baby sitzt, das sie im Arm hält. Ebenso lächerlich ist das Bild des Kunden, der, nunmehr ganz erschöpft, auf den Armen fortgetragen wird. Die Szene spielt in einem Freudenhaus, das mit Betten und Kissen ausgestattet ist und in dem mindestens zwei schöne Mädchen Gäste erfreuen. Die Kunden sind als Typen von plumpem Äußeren dargestellt. Das schlecht rasierte Gesicht, der kahle Kopf und außerdem Kleidung und Gesichtsausdrücke finden sich in Grabmalereien bei Darstellungen von Arbeitern wieder, die niedrige Handarbeiten verrichten.

Dieser Teil des Papyrus wurde zu Recht als »erotischer Comic« bezeichnet, um so mehr, als die verschiedenen Szenen in hieratisch gehaltene Bildunterschriften aufweisen. Nicht immer sind die Beischriften ganz zu entziffern, doch im Tenor den dargestellten Situationen und Aktivitäten angepasst.

Was den formalen Rhythmus betrifft, haben die erotischen Zeichnungen zu Recht daran denken lassen, dass der Schöpfer des Turiner Papyrus malerische Gewohnheiten besaß, die für Künstler eigentümlich sind, die – auf Papyrus oder Grabgemälden – Mythendetails zu zeichnen gewohnt waren. Das sind Details, die hier in der Form von Variationen nach dem Muster der »verkehrten Welt« auf die komisch-erotische Ebene übertragen wurden und dabei, wie schon gesagt, nichts besonders Blasphemisches erkennen lassen müssen.

Schreiber und Papyrus
Unterricht und Wissenschaft

Die Ägypter erfanden die Hieroglyphenschrift im 4. Jahrtausend am Beginn ihrer Geschichte (nach jüngeren Theorien vor der 1. Dynastie mindestens um 3150 v. Chr.). Die Erfindung war mit den Verwaltungsbedürfnissen des Staates verbunden, doch die Verwendung der Hieroglyphen wurde dann auf andere Sphären, wie den intellektuellen Bereich und sonstige Kommunikationsbedürfnisse, ausgedehnt.

Die Hieroglyphenschrift war äußerst langlebig (die letzte Inschrift von 394 n. Chr. findet sich auf dem Portal des Kaisers Hadrian auf der Insel Philae eingraviert). Auf monumentale Wirkung auf Stein hin angelegt, wurde sie seit dem Alten Reich durch die kursive Hieroglyphenschrift (die hieratische Schrift) und dann (ab dem 7. Jahrhundert) durch die demotische Schrift ergänzt, die noch stärker kursiviert und vereinfacht ist. Die Kursivschrift war das Ergebnis der Verwendung des Rohrhalmes auf Unterlagen wie Papyrus, Holz, Pergament oder flachen Steintafeln.

Die an den Ufern des Nils gesprochene Sprache gehörte zur hamitisch-semitischen Sprachfamilie und machte in ihrer langen Geschichte eine entsprechende Entwicklung durch. Die letzte Phase nach dem Demotischen ist das Koptische, bei dem die spätägyptische Sprache mit griechischen Buchstaben geschrieben wird. Den Buchstaben wurden sieben Zeichen bzw. Phoneme aus der demotischen Schrift hinzugefügt, die das Griechische nicht besaß.

Papyrus ist eine weitere große Erfindung Ägyptens. Die Pflanzen wuchsen überall im Niltal, besonders im sumpfreichen Delta und im Faijum. Die einmal abgeschnittenen Stängel wurden in Stücke, dann längs in feinste Streifen geschnitten. Die feuchten oder befeuchteten Streifen wurden zu einer Fläche aneinander gelegt, auf die man in Querrichtung dazu eine weitere Streifenschicht aufbrachte. Das Papyrusstück wurde geklopft, gewaschen und getrocknet, um die so gewonnene Seite dann an andere Seiten anzukleben. Man hat errechnet, dass eine Papyrusrolle im Schnitt zwanzig Seiten umfasste.

Papyrus, eine Palette mit Vertiefungen für schwarze und rote Tinte, Rohrhalme sowie ein Wassergefäß waren das, was der Schreiber – diese in der ägyptischen Gesellschaft allgegenwärtige Gestalt – benötigte. In der Zivilverwaltung, im Katasteramt, auf den Feldern, in der Militärverwaltung, in den Schulen jeder Stufe, von den Grundschulen für die Sechsjährigen bis zu den großen mit den Tempeln verbundenen Institutionen, den »Häusern des Lebens«, im Königspalast, in den Tempeln,

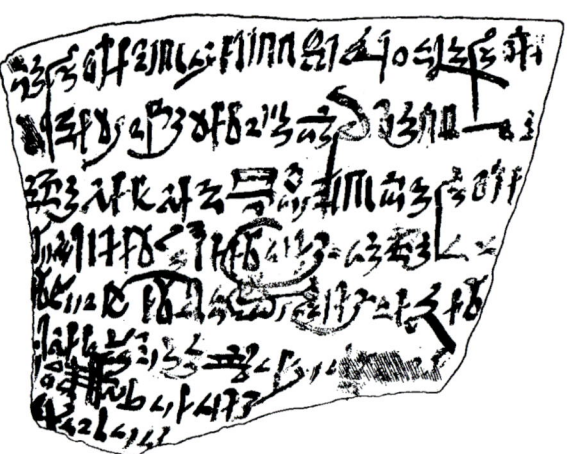

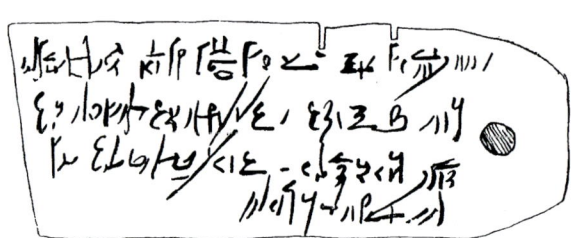

(oben) Beispiel für Hieroglyphenschrift auf Stein. Sakkara, Grab des Bakenrenef (26. Dyn.)

(Mitte) Beispiel für hieratische Schrift auf einem Ostrakon mit einem magischen Text. Theben, Deir el-Medineh (20. Dyn.)

(unten) Beispiel für demotische Schrift aus römischer Zeit auf Holz (Etikett für eine Mumie)

in den Maler- und Bildhauerwerkstätten, wenn private und königliche Gräber geplant wurden, immer und überall fanden sich die Schreiber. Alles wurde gezählt, registriert, niedergeschrieben. Man übertreibt mithin nicht, wenn man behauptet, das Ägypten der Pharaonen sei die Wiege der Bürokratie gewesen.

Das Bild des Schreibers, der mit gekreuzten Beinen dasitzt, eine entrollte Papyrusrolle auf den Knien, den Rohrhalm in der Rechten, den Blick nach vorn gerichtet, stolz auf seine Kenntnisse in alle Ewigkeit, beschwört in vielen ihn darstellenden Statuen unmittelbar das alte Ägypten herauf, die Stätte der alten Weisheit und des Geschichtsbewusstseins. Die Erinnerung an das Vergangene wird in der Tat dank der Schrift, der Erfindung Thots, vor dem Vergessen bewahrt. Genaue Kenntnis davon hatten die Griechen, denn in seinem Dialog *Timaios* präsentiert uns Platon den ägyptischen Priester, der, Solon zugewandt, behauptet: »Ihr Griechen seid allesamt Kinder«, und er fügt hinzu: »Alle Dinge, die entweder bei euch oder in diesem unserem Land oder in einer anderen Gegend geschehen und von denen wir Kenntnis erlangen, ob etwas schön sei oder groß oder sich aus irgendeinem anderen Grund hervorhebt. All die wurden hier in den Tempeln seit alten Zeiten aufgeschrieben und auf diese Weise wurde die Erinnerung an sie bewahrt.«

Auch die Götterwelt konnte ohne den erfahrenen Schreiber nicht auskommen. Wie die Schutzgottheit der Archive und der Bibliotheken eine Göttin war, Seschat, so war der Gott Thot der Erfinder der Hieroglyphenschrift (die die Ägypter »göttliche Wörter« nannten). In seinen Funktionen als Wesir und Schreiber der Götter registrierte er die Entscheidungen des Göttertribunals nach dem Abwiegen des Herzens des Verstorbenen. Er war auch höchstpersönlich Autor von Büchern über Magie. Um ein Exemplar von ihnen zu erwerben, nahm der bibliomane Naneferkaptah Mühen und unendliche Unannehmlichkeiten auf sich, wie wir aus einer demotischen Erzählung (bekannt als *Setne I*) wissen, die den Beginn der verhängnisvollen Anziehungskraft jenes Buches beschreibt:

> »Es geschah jedoch, dass mein Bruder Naneferkaptah keine andere Beschäftigung in der Welt hatte außer in die Nekropole von Memphis zu gehen und die Inschriften in den Pharaonentempeln und auf den Stelen der Schreiber des Hauses des Lebens zu lesen und die Inschriften, die auf [...] waren, wegen des Schreibens. Es fand eine Prozession für Ptah statt. Naneferkaptah ging zum Tempel um zu beten, und es geschah, dass er hinter der Prozession herging und die Inschriften las, die auf den Kapellen der Götter waren. Er sah einen Wab-Priester, der lachte. Zu ihm sprach Naneferkaptah: ›Warum lachst du über mich?‹ Jener sprach: ›Ich lache nicht über dich, sondern ich lache, weil ich einige Inschriften las, die nicht [von Wichtigkeit sind]. Wenn du Schriften zu lesen wünschst, komm mit mir, ich lasse dich an den Ort bringen, wo das Buch ist, das Thot selbst eigenhändig geschrieben hat, als er mit den Göttern herunterkam, (d. h.) die beiden Formeln, die über ihm sind. Wenn [du die erste Formel liest, kannst du] den Himmel, die Erde, das Jenseits, die Berge und die Meere verzaubern, sodass

du all das kennst, was die Vögel am Himmel und die Reptilien sagen, und du siehst die Fische im Wasser, auch wenn [21 Ellen] Wasser über ihnen sind. Wenn du die zweite Formel liest, wirst du dich im Westen befinden, doch (am Leben) bleiben, wie du auf der Erde bist, in dem Zustand, als du lebendig warst, und wirst Re sehen, der am Himmel mit seiner Neunheit erscheint, mit dem Mond in seinem Glanz.‹ [Zu ihm sprach Naneferkaptah:] ›Tatsächlich, man nenne mir etwas Schönes, was du wünschst, und ich werde es dir verschaffen. Doch du schick mich an den Ort, wo dieses Buch ist!‹ «

Das Gefühl, das uns diese Kultur vermittelt, ist, dass kein anderes Volk der Antike die Bedeutung des Unterrichts und des Wissens erkannt und deren Funktionen beachtet hat wie die Ägypter.

Schulsystem und Unterrichtsmethoden sind uns recht gut bekannt, insbesondere für das Neue Reich. Wir können sagen, dass die Schule, wenigstens in der Theorie, nicht den Kindern irgendeiner sozialen Klasse vorbehalten war. Ebenso konnten auch die Frauen eine Ausbildung erhalten, unter denen einige wenige den Schreiberberuf ausübten. Wie schon gesagt, der Umstand, dass die ägyptische Frau eigenes Vermögen besaß und verwaltete, führt zu der Einschätzung, dass eine – und sei es nur elementare – Ausbildung unter Frauen verbreitet war.

Die Jungen, die zwischen sechs und zehn Jahren zur Grundschule gingen, lernten die Formen der Hieroglyphen und der hieratischen Zeichen bis hin zur Fähigkeit des Schreibens, Lesens und Rechnens. Abschreiben und Diktat waren Grundlage des elementaren Lernens, während die Klassenlektüre darin bestand, den Schülern literarische Texte vorzulegen, die Unterricht und moralische Bildung miteinander verbanden. Viele dieser Texte sind uns gerade dank der Tatsache erhalten geblieben, dass sie in den Schulen immer wieder abgeschrieben und auswendig gelernt wurden.

Den jungen Schreibern standen didaktische Textsammlungen zur Verfügung. *Kemit* (»Summe«) war der Titel des Schullehrbuchs, das im Mittleren Reich benutzt wurde. Dieses Lehrbuch enthielt Muster für Briefanreden und Briefschlüsse sowie verschiedene Redewendungen. Viel verbreiteter noch waren die verschiedenen *Schultextsammlungen*, die den Jugendlichen während des Neuen Reiches zur Verfügung standen und nach ganz gleichen Kriterien und zu gleichen Zwecken zusammengestellt waren.

Aus einer dieser *Schultextsammlungen* (Papyrus Anastasi V) ist eine lebendige Szene aus dem Tageslauf eines eifrigen Schülers erhalten, der aus der Sicht des Vaters dargestellt ist:

»Ich habe dich mit den Kindern der Beamten zur Schule geschickt, um dich zu unterrichten und zu lehren in Hinblick auf diesen Beruf, der größer macht. Komm, ich beschreibe dir die Voraussetzungen des Schreibers: ›Schnell auf deinen Platz! Schreib vor deinen Kollegen! Leg die Hand auf deine Kleider und gib auf deine Sandalen Acht!‹

(oben und Mitte) Zwei Beispiele für Schreiber bei der Arbeit. Man sieht ihre Etuis und Kästen mit Schreibmaterial. Man beachte die Schreibbinse hinter dem Ohr (J. G. Wilkinson, The Ancient Egyptians, II)

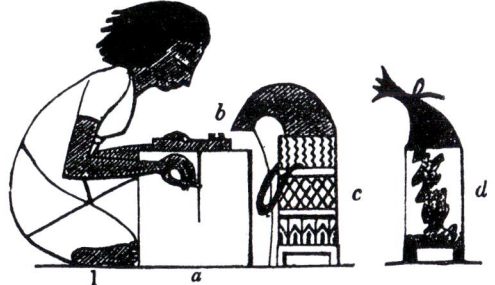

(unten) Schreiber. Sakkara, Mastaba des Mereruka (6. Dyn.)

Du bringst jeden Tag dein Buch mit einem Ziel mit: nicht faul zu sein. Sie sagen: ›Drei plus drei‹ [...]. Das ist eine weitere gute Gelegenheit (zu lernen), und du erfasst die Bedeutung einer Papyrusrolle [...]. Du fängst an einen Brief zu lesen. Du musst leise rechnen, man darf die Stimme nicht hören, (die) aus deinem Mund (kommt). Schreib mit der Hand und lies mit dem Mund, denk gut nach. Sei nicht überarbeitet, lass keinen Tag müßig vergehen oder wehe deinem Körper. Nimm dir deinen Lehrer als Vorbild, hör auf seine Lehren. Sei ein Schreiber. ›Zur Stelle!‹ sollst du jedes Mal sagen, wenn man dich ruft. Hüte dich davor ›uff!‹ zu sagen!«

Ein interessantes Detail aus der Geschichte der antiken Pädagogik: man empfahl hier, nicht mit lauter Stimme zu lernen.

Cheti empfahl in seiner *Lehre* dem Kind, sich beim Verlassen der Klasse gut zu benehmen: »Wenn du die Schule verlässt, nachdem du das Zeichen für die Mittagszeit bekommen hast, und dich von deinem Schulhaus entfernst, bleib erst stehen, wenn du dein Ziel erreicht hast (...). Wer die Schule mit Freudenschreien verlässt, dessen Name wird nicht dauern.« Carlo Collodi hätte ihm die Drohung vor Augen gehalten, in einen Esel verwandelt zu werden wie Pinocchio und Lucignolo...

Zwar handelt es sich um einen fiktiven Brief, der zur Gruppe der ramessidischen *Schultextsammlungen* gehört und vom Lehrer selbst verfasst wurde, um seine Schüler zu gutem Benehmen anzuhalten, doch macht es Vergnügen, den Brief zu lesen, der dazu rät, dem Lehrer seine Dankbarkeit konkret durch das Geschenk einer schönen Villa zu erweisen:

»Ich wuchs heran, als ich ein Kind war und dich zur Seite hatte. Du gabst mir Schläge auf den Rücken, und deine Lehre erreichte mein Ohr. Ich war wie ein Pferdegespann beim Galopp, ich konnte nicht schlafen weder bei Tag noch bei Nacht und sagte: ›Ich werde jemand sein, der seinem Herrn nützlich ist wie ein Sklave und nützlich seinem Patron.‹ Ich werde dir eine neue Villa auf dem Boden deiner Stadt bauen, auf jeder Seite mit Bäumen bepflanzt. Darin werden Ställe sein und Speicher voll mit Gerste und Weizen, dort werden Getreide und Lupinen sein (...). Ich werde dir südlich deines Dorfes fünf Aruren ($\approx$ 13 675 m²) mit Gurken anlegen. Es wird reichlich Gurken geben, die Johannisbrotfrüchte und die [?]-Pflanzen werden wie Sand sein und du wirst große Barken kommen lassen müssen, um sie zu beladen.«

Das Unterrichtsprogramm eines schon fortgeschritteneren Schülers umfasste auch praktische Kenntnisse in Geografie, Kartografie und Katasterplänen. Listen von Ortsnamen, von Gottheiten, von Beamtenhierarchien, von Hofbediensteten wurden auswendig gelernt.

Im Neuen Reich kam dann das Erlernen von Fremdsprachen (v. a. semitischen) und der Transkriptionsmethoden für ausländische Eigennamen, Ortsnamen, Fachbegriffe und Berufe ins Ägyptische hinzu, wodurch eine typisch ägyptische multi-linguale, kosmopolitische Kultur geschaffen wurde.

Der Schreiberberuf, der ab dem Mittleren Reich so propagiert, gepriesen und mit anderen Tätigkeiten und Berufen – Handwerks- und Nichthandwerksberufen bis hin zum Priesteramt – verglichen wurde, wird in einem Schultext voll Witz und Selbstironie auch demjenigen, der schwächlich und kränklich ist, unter dem Aspekt empfohlen, dass diese Arbeit keine starken Muskeln verlangte. Wir lesen im Papyrus Lansing:

> »Werde Schreiber, da du keinen Knochenbau wie ein Mann hast. Du bist groß und feingliedrig, und versuchtest du ein Gewicht zu heben, würdest du umfallen. Du stehst nicht fest auf den Füßen, hast keine Kraft, bist ein Schwächling in jeder Hinsicht und am Körper verkümmert. Daher sorg dich wenigstens darum, Schreiber zu werden, eine schöner Beruf, passend für einen wie dich...«

Der Wert der Ausbildung wurde indes mit ganz anderen Argumenten gepriesen. Im Papyrus Chester Beatty IV singt man Hymnen auf den Ruhm der Schreiber und die Fülle ihrer Weisheit. Dank dem Andenken, das sie mit ihren Schriften zu hinterlassen verstanden, gelang es ihnen, Zeit und Vergessen zu besiegen:

> »Die Lehren sind ihre Pyramiden, der Rohrhalm ist ihr Sohn, die Inschriftenstele ihre Gemahlin (...). Der Mensch verschwindet, sein Körper geht unter die Erde. Diejenigen, die in der Vergangenheit lebten, haben alle diese Welt verlassen, doch das, was der (ausgebildete Mann) geschrieben hat, wird an seinen Namen erinnern.«

Respekt vor der Autorität, Gehorsam gegenüber Lehrer wie Vater und den eigenen Vorfahren, die durch Erfahrung zu Meistern wurden, waren die Regel. Der Unterrichtsstoff wurde mit Gertenhieben eingeschärft (»Das Ohr des Schülers ist auf dem Rücken« sagte ein Sprichwort im alten Ägypten). Die Schultexte insistieren auf der Notwendigkeit des Gehorsams vonseiten der Jugendlichen ohne Diskussion. Die Ausbildung des Schülers wird mit der Abrichtung von Affen, Pferden und Stieren verglichen, die sich unter das Joch beugen, von Löwen, Hunden und Ausländern, die ägyptisch sprechen lernen.

Sicher gab es jedoch auch eine von den Generationen der Jungen repräsentierte Denkströmung, die die traditionellen pädagogischen Konzepte und Methoden in Frage stellten. Das Echo dieser Polemik ist als Anhang zur *Lehre* des Schreibers Ani in Briefform erhalten: zwei »vom Schreiber Chonsuhotep an seinen Vater, den Schreiber Ani« verfasste Briefe und zwei Antwortschreiben Anis an seinen Sohn. Der Schlüsselpunkt der Polemik ist, ob die »Natur«, d. h. der Charakter, mit dem jemand geboren wird, durch Unterricht veränderbar ist. Der Unterricht wird als mechanische Aufnahme von Begriffen verstanden, welche nach den traditionell überlieferten Methoden vermittelt wurden. Wahrscheinlich wurde diese Frage in den ägyptischen Schulen des Neuen Reiches wirklich aufgegriffen und debattiert, denn Anzeichen dafür finden wir auch in einem anderen Text (dem Papyrus Chester Beatty IV):

> »Hüte dich davor zu sagen: ›Jeder Mensch hat eine eigene Natur, unwissend oder klug – sein Schicksal und sein Glück sind in seinen Charakter eingraviert, geschrieben von Gott selbst – das Leben jedes Menschen verstreicht im Zeitraum einer Stunde.‹ Im Gegenteil, Unterricht ist nützlich, man darf seiner nicht satt werden, und ein Kind muss mit den Wörtern antworten, (die es) vom Vater (gelernt hat).«

Jedenfalls haben wir keine Beweise dafür, dass das Streben nach einer pädagogischen Reform in der ägyptischen Schule irgendein Resultat gezeigt hätte. Soweit wir wissen, wurden die alten, erprobten Grundsätze stets weiter praktiziert: die Jugendlichen sollten still gehorchen und von den Erfahrungen der Älteren lernen...

Das Schulgebäude lag in Höfen oder im Falle der höheren Unterrichtsstufen beim »Haus des Lebens« der Tempel. Natürlich hatten die Kinder des Königs im Palast ihre persönlichen Lehrer und Erzieher, die sie auf das vorbereiteten, was einmal die Aufgaben des Königs sein sollten. In den Palastschulen (Kap genannt) wurden auch die Kinder der hohen Beamten und der dem Thron nahestehenden Hofbediensteten unterrichtet. Außerdem nahmen auch die Kinder ausländischer Fürsten, die ins Niltal gebracht worden waren, am Unterricht teil. Sie wurden in der Kultur des Pharaos unterwiesen und aufgezogen, um sie zu »ägyptisieren«, damit sie seine treuen Verbündeten werden. Die jungen Leute, die diese Schulen besucht hatten, bezeichnete man auch später noch als »Kinder des Kap«.

Lerninhalte der gehobeneren Bildung waren höhere Mathematik, Astronomie, Medizin sowie Magie. In den Tempelbibliotheken konnte man Handbücher über Architektur und Zeichnen zu Rate ziehen.

Für die Feldbewässerung und das Kanalisierungssystem, für die großen Bauwerke wie Pyramiden und Tempel, für den Transport der Steinblöcke, nachdem sie in den Steinbrüchen gewonnen worden waren, für das Zuschneiden und die Überführung, für die Errichtung der monolithischen Obelisken, schließlich für das Steuer- und Katasterwesen, für das Architekturwesen und damit verbundene Tätigkeiten besaßen die alten Ägypter recht fortgeschrittene Kenntnisse in Geometrie und Mechanik – zumindest auf praktischer Ebene. Zur Ausrichtung der Gebäude, zur Berechnung der Zeit und der Jahreszeiten verfügten sie über Kenntnisse in Astronomie, die auf der Beobachtung der Gestirne beruhte (sie legten zum Beispiel 36 Dekane, die Fixsterne, fest).

Was es bedeutete, während der 30. Dynastie Astronom zu sein, können wir direkt aus dem erfahren, was einer dieser Spezialisten namens Horachbit in einem Text über sich sagt, den er in seine aus Basalt gefertigte Statue hat eingravieren lassen, die man 1906 in Tell Faraun im Delta fand. Er war »Fürst und Statthalter«, daneben ein auf die Behandlung mit Reptiliengiften spezialisierter Wunderheiler. Vor allem aber war er ein auf seine Kenntnisse auf dem Gebiet der Wissenschaft, insbesondere der Astronomie, stolzer Angehöriger seines Berufsstandes, der fähig war, Horoskope zu verfassen und die Himmelszeichen zu interpretieren:

>Der Fürst und Statthalter, der einzige Freund (des Königs), Hieroglyphenexperte, der alle am Himmel und auf der Erde vorkommenden Erscheinungen beobachtet. Experte in der Beobachtung der Sterne, unter denen es keinen Fehler gibt. Der ihren Aufgang und Untergang zu ihrer Zeit ankündigt, zusammen mit den Göttern, die das Schicksal vorhersagen. Für die er sich gereinigt hat an ihren Tagen, wenn sich der Dekan an ihren Tagen zeigt, wenn sich der Glanz der Sonne im Augenblick der Überschwemmung auf der Erde zeigt, wenn sie die Beiden Länder mit ihren magischen Formeln versöhnt. Er, der alle Kulminationen am Himmel beobachtet, der den Austritt jedes [Sterns] in einem glücklichen Jahr kennt und der das Erscheinen des Sothis (Sirius) zu Anfang des Jahres verkündet. Er, der sein gesamtes Verhalten jeden Tag beobachtet. Über all das, was (Sirius) angekündigt hat, ist er auf dem Laufenden. Er kennt die Bewegungen der Sonne nach Norden und nach Süden, verkündet alle ihre Vorzeichen. Er unterscheidet die Stunden in Perioden, teilt ihnen dafür eine Zeit zu, ohne sich bei Nacht zu irren [...]. Er ist unterrichtet in allem, was am Himmel sichtbar ist und was er auf der Erde erwartete. Er, der ihre Konjunktionen (?) und ihr Verhalten kennt. Er, der nach vernünftiger Entscheidung nichts über ihr Verhältnis enthüllt, diskret in dem, was er gesehen hat. Er, dem man keinen Widerstand leisten kann, wenn er zum Herrn der Beiden Länder spricht.«

Die astronomischen Erfahrungen und Kenntnisse entstanden im Umfeld der Religion und für ihre Zwecke: die Berechnung der Zeit für Feste und Jahreszeiten, die Orientierung nach den Himmelsrichtungen, die Position und Natur der Gestirne und Planeten, der Kalender für das in zwölf Monate geteilte Jahr und die Einteilung des Tages in vierundzwanzig Stunden.

Im Leben des gewöhnlichen Menschen bedurfte es zur Zeitangabe im Grunde keiner größeren Genauigkeit. Es genügte die unmittelbare Angabe Tagesanbruch, Tag, Sonnenuntergang und Nacht, obschon die Abfolge der Jahreszeiten und die damit verbundenen Termine auch die Bauern betrafen.

Zur Zeitmessung schufen sich die ägyptischen Astronomen jedenfalls recht genaue Instrumente: Sonnen- oder Wasseruhren. Eine besonders berühmte und gut erhaltene ist im Kairoer Museum zu sehen, sie trägt den Namen Thutmosis' III. Diese aus Stein gefertigte Wasseruhr hat die Form eines sich am Mund verbreiternden Gefäßes und ist außen mit Sternenbildern und Inschriften verziert. Die abgestuften eingravierten Linien im Innern der Uhr dienten zur Kontrolle und zur Berechnung der Wassermenge, die aus einem kleinen Loch am Boden des Behälters herausfloss.

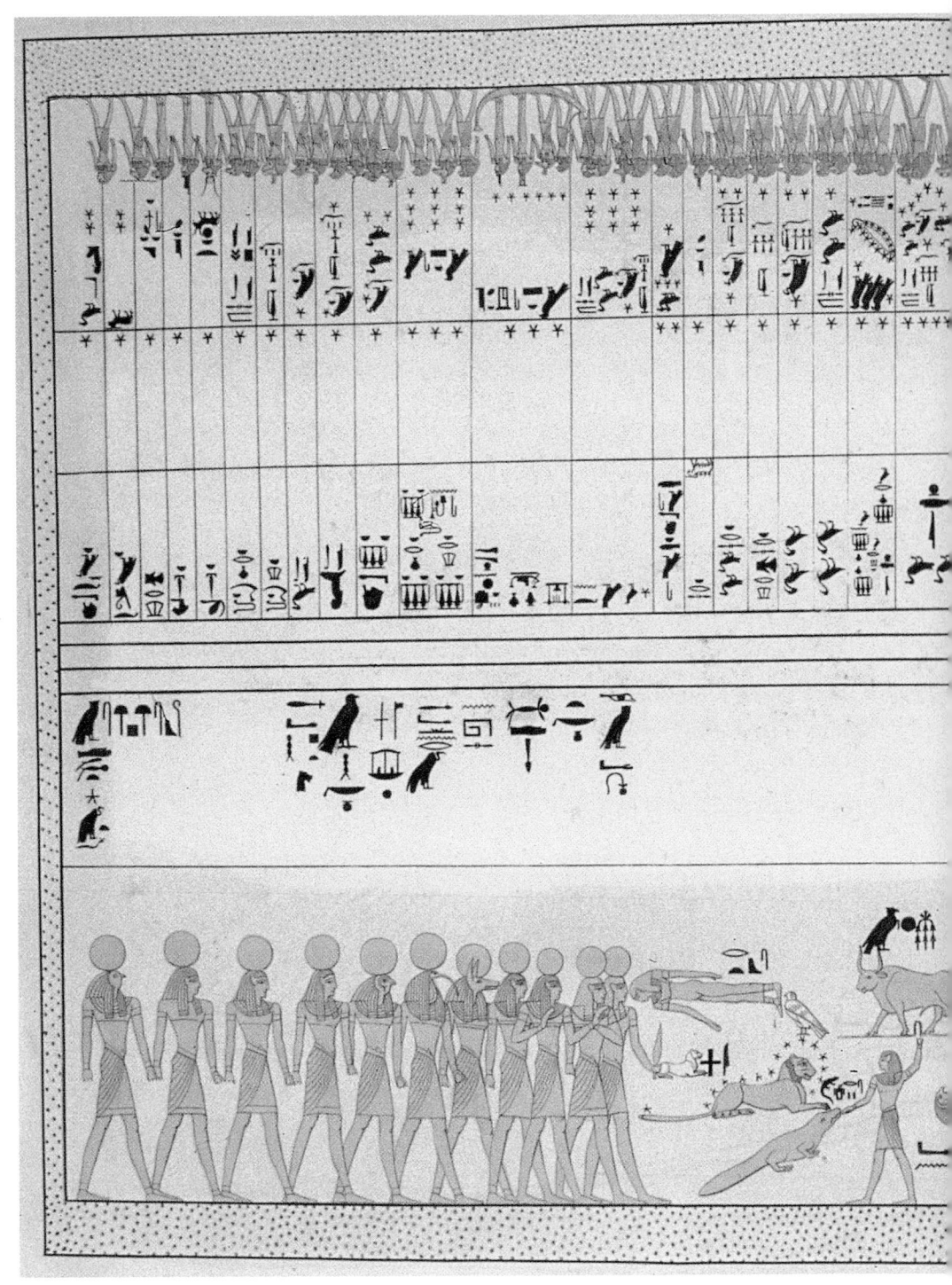

Decke mit astronomischen Darstellungen. Theben, Tal der Könige, Grab Sethos' I. (19. Dyn.) (I. Rosellini, Monumenti del Culto)

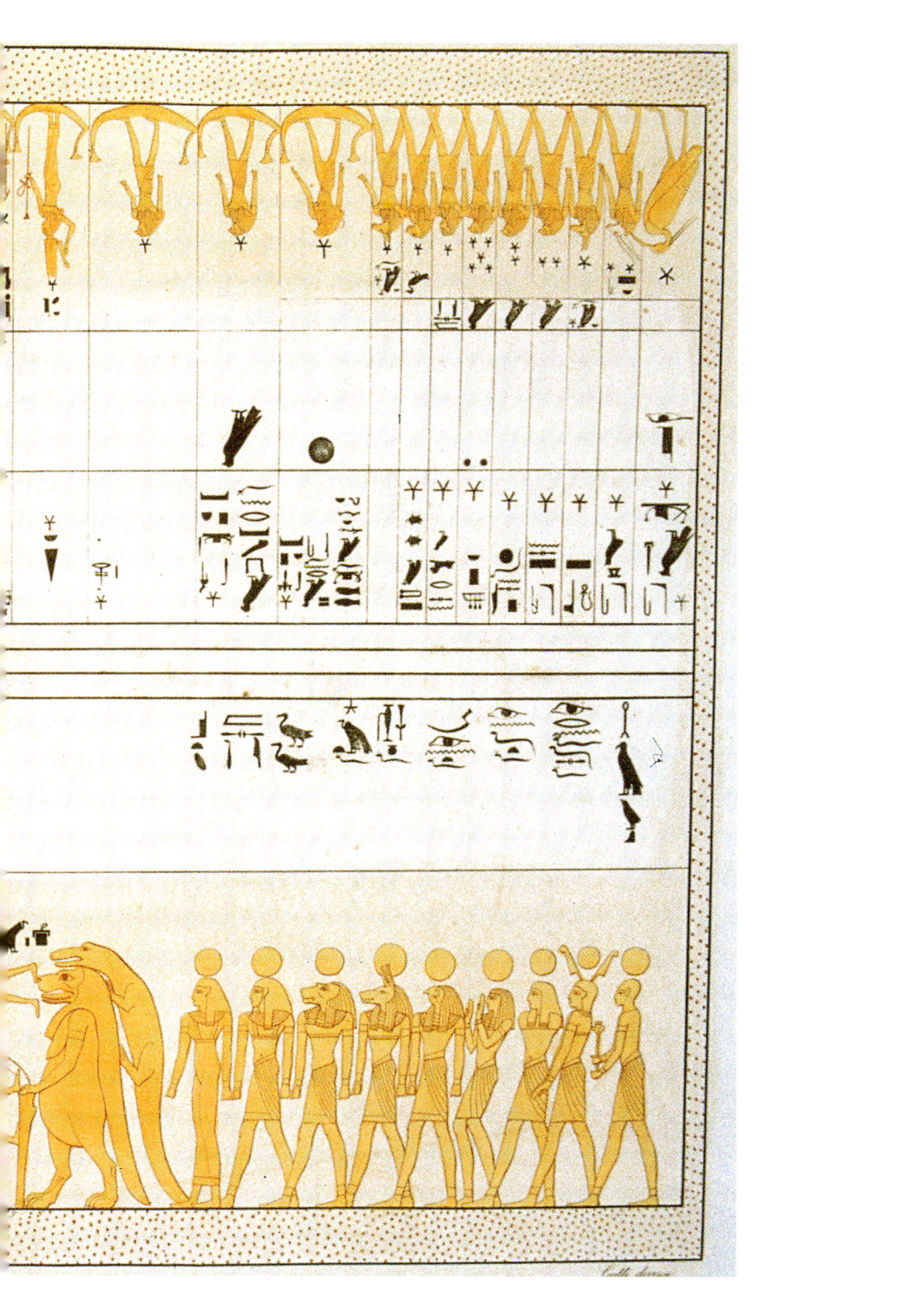

Es gab auch Sternuhren, die es, auf den Tempelterrassen aufgestellt, den Astronomen ermöglichten, den Nachthimmel zu erforschen und ihre Beobachtungen festzuhalten. So lernten sie am Himmel neben Sonne und Mond die Planeten (die sie »die Sterne, die keine Ruhe kennen« nannten) und die Sterne zu unterscheiden, die in Konstellationen verbunden sind. Die Konstellationen stimmen jedoch nicht mit unseren überein, weil diese von den Babyloniern auf uns gekommen sind. Darunter war Sirius (Sothis) von grundlegender Bedeutung für chronologische Berechnungen, besonders zur Festlegung des Jahresanfangs (der heliakische Aufgang des Sothis-Sirius).

Das mathematische System der Ägypter basierte auf dem Dezimalprinzip. Die Zahlen wurden nach Einern geschrieben, mit Strichen entsprechend den Einern, während verschiedene grafische Symbole für Zehner, Hunderter, für Zehntausender und Hunderttausender bis zur Million existierten. Es gab nur zwei Rechenoperationen, Addition und Subtraktion, von denen sich in einem für unsere Denkweise ziemlich komplizierten System des Hinzufügens und Fortnehmens auch Multiplikation und Division ableiten ließen. Man kannte Hohlmaße und Längenmaße (die Elle entsprach etwa einem halben Meter und war in Spannen und Fingerbreit unterteilt), desgleichen Gewichtsmaße und Flächenmaße (die Arure umfasste 2735 m²).

Außerdem benutzte man Brüche mit dem Einer als Zähler, ausgenommen die Brüche $^2/_3$ und $^3/_4$. Um das Rechnen leichter zu machen, gab es Tafeln zum Nachschlagen, auf denen die Rechenergebnisse schon vermerkt waren. Dies wird an dem wichtigsten und gleichzeitig systematischsten der erhaltenen Texte aus Mathematik und Geometrie, dem Papyrus Rhind, ersichtlich. (Der Papyrus wird jetzt im British Museum in London aufbewahrt und wurde von einem älteren Text in der Hyksoszeit abgeschrieben.) Die Tafeln bestehen aus Reihen von Problemen und Beispielen mit ihrer Lösung und waren nicht abstrakt angelegt, sondern bezogen sich auf empirische Fälle, entsprachen jedoch perfekt dem, was die Ägypter von diesen Wissenschaften verlangten. Hier ein auf die Pyramide bezogenes Beispiel:

Regel zur Berechnung einer Pyramide:
Gegeben sei, dass sie 260 Ellen Grundlinie habe und 260 Ellen Höhe.
Gib ihren Neigungswinkel an.
Nimm die Hälfte von 360 = 180
Teile 180 durch 250 = $^1/_2 + ^1/_5 + ^1/_{50}$ Elle.
Die Elle hat 7 Spannen, multipliziere 7 mit 7:

1	7
$^1/_2$	3 $^1/_{12}$
$^1/_5$	1 + $^1/_3$ + $^1/_{15}$
$^1/_{50}$	$^1/_{10}$ + $^1/_{25}$

Ergebnis: Ihr Neigungswinkel beträgt 5 und $^1/_{25}$ Spannen.

Darstellung einer Beschneidung. Sakkara, Mastaba von Anchmahor (6. Dyn.)

Man wird jedoch nur schwerlich behaupten können, dass die wissenschaftlichen Kenntnisse das Niveau empirischen Wissens übertroffen hätten, Wissen, das durch Erfahrung gesammelt wurde und das die Ägypter auf die Kontinuität der Tradition vertrauend anwandten. Das erkennt man an der Beharrlichkeit, mit der man in den auf uns gekommenen ägyptischen Texten – sei es der Mathematik, sei es der Medizin – darauf besteht, dass sie von »ganz alten« Texten abgeschrieben wurden, oder dass die Rezepte in alten Zeiten erfolgreich erprobt worden seien. (So wird beispielsweise im medizinischen Papyrus Ebers aus dem Neuen Reich ein Rezept empfohlen, weil es für die Mutter des Pharaos Teti aus der 6. Dynastie erfunden worden sei.) Zweifellos sind die astronomischen, mathematischen und geometrischen Kenntnisse des alten Ägyptens in der Praxis jedoch ausreichend gewesen.

Wie schrieb Herodot (II, 84)? »Die Medizin ist in Ägypten auf diese Weise unterteilt: jeder Arzt behandelt eine einzige Krankheit, nicht zahlreiche. Alle Orte sind voll von Ärzten. Es gibt dort Ärzte für die Augen, für den Kopf, für die Zähne, für den Unterleib und für die Krankheiten von unbestimmter Lokalisierung.«

Dass es diese Spezialisierungen gab, wird von einer beträchtlichen Zahl von Abhandlungen aus verschiedenen Bereichen der Medizin bestätigt: der Allgemeinmedizin, Chirurgie, Gynäkologie, Zahnheilkunde, inneren Medizin, Veterinärmedizin, Arzneikunde usw. Von den umfangreichsten und berühmtesten Abhandlungen zitieren wir den Papyrus Edwin Smith (befindet sich zur Zeit in der New Yorker Medizinischen Akademie) und den Papyrus Ebers (wird in Leipzig aufbewahrt).

Wir besitzen zahlreiche Zeugnisse über die ägyptischen Ärzte, viele ihrer Namen und Titel durchziehen alle Jahrhunderte der Geschichte Ägyptens. Ihr Berufsstand war hierarchisch geordnet: einfache Ärzte (ägyptisch sunu), Militärärzte, Fachärzte und, ganz oben, die Chefärzte der Zeit, die zumeist mit dem Königspalast in Verbindung standen.

Die Ärzte standen unter dem Schutz der Skorpiongöttin Selket und der Neith von Saïs. Hier existierte in Verbindung mit dem Tempel eine der bedeutendsten medizinischen Schulen, die noch in der Perserzeit fortlebte und an der die Könige Kambyses und Dareios I. besonderes Interesse hatten.

Die ägyptische Medizin war schon im Alten Reich hoch entwickelt. Die *Sammlung der Heilmittel über die Wege der Wechedu* wurde unter den alten Schriften gefunden, »die sich unter den Füßen des Anubis von Letopolis befanden« (Wechedu ist eine krankheitserregende Substanz, die mittels der Met-Gefäße im menschlichen Körper zirkuliert; es ist eine tödliche lebende Substanz, die »getötet« werden muss). Sie datiert in die Herrschaftszeit des Pharaos Usaphais, bzw. Semti, den meisten wohl aber unter dem Namen Dewen bekannt, d. h. in die 1. thinitische Dynastie. Das lässt sich jedenfalls einem Abschnitt im medizinischen Papyrus von Berlin und dem Papyrus Ebers, der von den Wechedu handelt, entnehmen. Nach diesen Texten wurde die genannte Sammlung in jener Zeit zur Behandlung des Königs verwandt, »als er der

Der sog. »Vatikanische Naophoros«, die Statue des Udjahorresnet, des Hofarztes der Achämenidenherrscher Kambyses und Dareios I. (27. Dyn.). Vatikanische Museen

Altersschwäche anheim fiel«, außerdem noch in der 2. Dynastie, um Seine Majestät den König von Ober- und Unterägypten, Sened, zu heilen: »Dieses Buch (über Heilmittel) war nützlich, um die Beine (des Königs) zu lösen, die gelähmt waren.«

Sicherlich handelt es sich hier um Ärzte und eine Medizin, die in Verbindung zum Palast und dem Pharao standen. Doch oft konnten die Hofärzte mit königlicher Zustimmung vom König protegierte Untertanen behandeln, wie es Seschemnefer, der während der 6. Dynastie lebte, auf den Wänden seiner Mastaba in Gisa festhielt: »Wenn ich während meines Dienstes erkrankte, wurde das dem König berichtet, und der ließ die Ärzte aus seiner Residenz mich behandeln, sodass ich sofort geheilt war und in die Residenz zurückkehrte.«

Ebenso wurde schon erwähnt, dass bei der Ausbeutung von Steinbrüchen und Bergwerken sowie bei Militärexpeditionen die Anwesenheit von Ärzten zur Betreuung der Arbeiter sichergestellt war.

Chirurgie und Diagnostik traumatischer Fälle waren weit entwickelt. Der Papyrus Edwin Smith, dessen Abfassung wahrscheinlich in das Alte Reich datiert, nimmt eine Beschreibung der Fälle und ihrer Symptome vor und liefert eine Diagnose mit Prognose. Hier der Fall einer Schläfenverletzung, die der Arzt nach der Untersuchung des Kranken als heilbar bewertet:

> »Behandlung von jemand, der eine perforierte Schläfe hat. – Wenn du einen Menschen behandeln musst, dessen verletzte Schläfe perforiert ist, untersuche seine Verletzung. Sag zu ihm: ›Dreh den Kopf nach hinten.‹ Wenn er ein wenig am Auge leidet, während er den Hals dreht, und das Auge an der Seite der Verletzung von Blut angelaufen ist, sag: ›Siehe, ein Mensch, dessen Schläfe perforiert ist und der an Steifheit am Hals leidet. Das ist eine Krankheit, die ich heilen kann.‹ Lass ihn sich hinlegen, bis die akute Phase seines Leidens vorbei ist. Leg ihm Kompressen mit Fett und Honig auf, bis er sich wieder aufrichtet.«

In einem anderen Fall, den ebenfalls der Papyrus Edwin Smith im Anschluss an den vorhergehenden anführt, muss die Mühe des Arztes für vergeblich und die Verletzung als nicht heilbar erklärt werden:

> »Behandlung von jemand, der eine verletzte Schläfe hat, mit beschädigtem Knochen und mit perforiertem Schläfenknochen. – Wenn du einen Menschen behandeln musst, der eine verletzte Schläfe mit einem beschädigten Knochen und einer Perforation des Schläfenknochens hat, dessen Augen blutunterlaufen sind und der tropfenweise Blut aus den Nasenlöchern verliert. Falls er, wenn du die Finger auf die Ränder der Verletzung legst, lange zittert; falls er, wenn du ihn danach fragst, was er spürt, nicht zu dir spricht, sondern reichlich Tränen aus seinen Augen herabfließen, und er häufig die Hand ans Gesicht führt und sich unbewusst die Augen mit dem Handrücken trocknet wie ein Kind, sag: ›Siehe, ein an der Schläfe verletzter Mensch mit beschädigtem

Darstellung der Ankunft eines syrischen Herrschers mit seiner Ehefrau in Theben. Sie werden vom Arzt Nebamun empfangen, der dem Herrscher eine Arznei (?) reicht (Nachzeichnung). Theben, Grab des Nebamun (18. Dyn.)

Knochen und Perforation des Schläfenknochens. Ihm tritt Blut aus der Nase, er leidet an Steifheit am Hals und kann nicht sprechen. Das ist eine Krankheit, die ich nicht heilen kann.‹ Wenn du diesen Menschen antriffst und er ist unfähig zu sprechen, ist das, was ihm Erleichterung verschafft, ihn hinzusetzen. Salb seinen Kopf mit Fett ein, gib ihm Salbe auf die Ohren.«

Die Präzision und Klarheit und auch die sprachliche Eindringlichkeit dieser systematischen Abhandlung findet sich in der teils pathologischen, teils psychologischen, teils objektiven, teils melancholischen Beschreibung der Leiden des Greisenalters wieder, die der gelehrte Ptahhotep am Anfang seiner *Lehre* anführt:

> Gebrechlichkeit ist (über mich) gekommen, das Greisenalter ist eingetreten,
> der Körper ist kraftlos, Hilflosigkeit ist erneut da.
> Die Kraft ist geschwunden, da das Herz matt ist.
> Der Mund schweigt, er kann nicht mehr reden,
> die Augen sind schwach, die Ohren sind taub.
> Das Herz ist vergesslich und kann sich nicht mehr an das Gestern erinnern.
> Die Knochen schmerzen wegen der Höhe des Alters.
> Was gut war, ist schlecht geworden,
> jede Freude ist geschwunden.

Ägyptische Medizin und die ägyptischen Ärzte besaßen im gesamten Nahen Osten einen hervorragenden Ruf. Herodot berichtet, dass Kyros, der Begründer des Achämenidenreiches, wegen einer Augenerkrankung beim Pharao Amasis anfragen ließ, ob er von einem ägyptischen Augenarzt geheilt werden könne. Und wir wissen durch die Statue des Udjahorresenet (des sog. »Vatikanischen Naophoros«, benannt nach dem Museum, in dem sie aufbewahrt wird), dass dieser »Oberste der königlichen Ärzte« die Ehre hatte, Chefarzt des Königs Kambyses und auch des Königs Dareios’ I. zu sein, an dessen Hof zu Susa er lange Zeit lebte.

Der Arzt des Königs Nebamun ließ in seinem Grab einen syrischen Fürsten in seinem exotischen Gewand darstellen, wie er gerade – und so scheint man die Szene richtig zu interpretieren – einen Heiltrank schlürft. Er hat den Patienten offenbar geheilt, da Nebamun ihn porträtieren ließ.

Wenn es den Ärzten mit ihren Verordnungen und chirurgischen Instrumenten nicht gelang, den Kranken zu heilen, und auch die Wunderheiler mit ihren Formeln und Talismanen scheiterten, wandte man sich direkt an die Heilgötter. An erster Stelle wandte man sich an Imhotep (für die Griechen Asklepios) und an Amenhotep, Sohn des Hapu, zwei bedeutende Persönlichkeiten, vergöttlichte Architekten, einer aus der Zeit Djosers (3. Dynastie), der Zweite war Zeitgenosse Amenhoteps III. (18. Dynastie).

Bestimmte Heilgottheiten waren auch außerhalb Ägyptens angesehen wie Chons-in-Theben-der-Wunder-wirkt. Er war auf die Heilung Besessener spezialisiert, seine Statue wurde vom Herrscher von Bachtan erbeten, um eine seiner Töchter zu heilen, die von einem bösen Geist befallen war. Die Prinzessin wurde wieder ganz gesund, doch der Herrscher hielt es für richtig, die Statue zurückzubehalten und nicht nach Theben zurückzuschicken, bis ihn nach drei Jahren und neun Monaten eine bedrohliche Erscheinung des Gottes während des Schlafes dazu zwang (Stele von Bachtan im Louvre).

Andererseits kam es vor, dass man in Ägypten den Besuch exotischer Heilgottheiten erbat. Als Pharao Amenhotep III. erkrankte, bat er Tuschratta, den König von Mitanni, seinen Schwiegersohn (er hatte seine Tochter Taduchepa mit ihm verheiratet), ihm das wundertätige Bild der Göttin Ischtar nach Theben zu schicken. Die Göttin selbst erwies ihm diesen Gefallen, wie wir aus einem Brief aus dem diplomatischen Keilschriftarchiv von El-Amarna wissen, der die Sendung der Goldstatue begleitete:

> »So sprach Ischtar von Ninive, Herrin aller Länder: ›Ich werde nach Ägypten gehen, dem Land, das ich liebe, und zurückkehren‹ (...). Wahrlich, zur Zeit meines Vaters kam Ischtar, die Herrin, in dieses Land und die ganze Zeit, die sie dort verweilte, wurde sie verehrt. Möge jetzt mein Bruder sie ehren zehnmal mehr als vorher.«

Für die Zubereitung von Heilmitteln verwandte man Substanzen aus dem Reich der Mineralien, der Pflanzen und der Tiere. Es lassen sich mindestens vierzig Mineralien aufführen, darunter Alaun, Chrysokoll, Gips, Bleisalze, Mennige, Natron, Ocker, Salz, Sand, Antimon. Darunter finden sich fast einhundertundzehn pflanzliche Produkte (nicht alle wurden bestimmt), dazu zählen Akazie, Asafoetida, Gerste, Saubohnen, Kohl, Sellerie, Johannisbrot, Zimt, Koriander, Krokus, Kümmel, Datteln, Feigen, Leinen, Weihrauch, Knoblauch, Gummiharze, Akaziengummi, Ammoniakgummi, Opium, Alraune, Rizinus, Safran, Sesam, Silphion, Thymian, Terebinthe und verschiedene Kräuter. Etwa fünfzig Substanzen sind tierischer Natur, wovon einige effektiv wirksam sind: Honig, Wachs, Fette und Milch sind Weichmacher, Fleisch auf Verletzungen hat blutstillende Wirkung.

Der therapeutische Wert der Tiere war mit dem äußeren Charakter oder ihren sonstigen Merkmalen verbunden. So heilte Hirschfell Gicht, wenn es um einen Fuß gewickelt wurde, in einer Art Übertragung, die von den magischen Riten abhing. Ein gebratener Fischkopf absorbierte Kopfschmerzen, ein Schweineauge bekämpfte Blindheit.

Andere Substanzen wie die Milch der Mutter eines Knaben verdankten ihren Ruf mythologischen Gründen, da man bei ihr an Isis und ihren Sohn Horus dachte. Eklige Substanzen wie Hörner oder Exkremente waren dazu bestimmt, böse Geister zu vertreiben, die oft Ursache von Krankheiten waren.

Der therapeutische Wert bestimmter von den alten Ägyptern benutzter Substanzen, zu denen Parallelen in anderen Kulturen, aber auch in der Volksmedizin unserer eigenen bekannt sind, finden jetzt nach eingehenden Studien eine Neubewertung wie etwa die Rezepte, die lang eingeweichtes Brot oder Holz gegen Infektionen vorsehen und antibiotische Substanzen enthalten könnten.

Aus den Rezepten erfahren wir, in welcher Form sie angewandt werden mussten: als Absud, als Aufguss, Heiltrank, Sirup, Pillen, Pastillen, Salben, Inhalation, Dampfbad, Tampon, Zäpfchen, Spülung, Irrigation, Augentropfen. Für die Herstellung wurden präzise Anweisungen gegeben: »Gut zerreiben, eine Masse daraus machen, aufs Feuer setzen« oder »In ein Leinensäckchen tun. Das Säckchen muss an dem Tag in das Gefäß gegeben werden, an dem dieses auf das Feuer gestellt wird. Das Gemisch wird herausgenommen, und das Säckchen wird geleert, nachdem es in einen Topf getan wurde. Man gibt Wasser hinzu, seiht es ab wie man Bier abseiht, und trinkt es vier Tage lang.« Die Rezepte indizieren auch innere oder äußere Anwendung der Arzneimittel, zu welcher Zeit und wie viele Tage der Patient sie einnehmen soll. Hergestellt wurden sie wahrscheinlich von den Ärzten, doch bereiteten die »großen Leuchten« am Hofe sicher nicht selbst Pillen und Sirup zu. Hierfür gab es eigene Arzneimittelzubereiter, Pharmazeuten mit ihren Assistenten.

Speziell im Fall ansteckender Krankheiten und von Fieber, wenn die körperlichen Ursachen aufgrund von Schnitten oder Verletzungen nicht offenkundig waren, ist es verständlich, dass die Leute ihren Grund im Wirken böser Geister sahen, im bösen Blick und bei ruhelosen Verstorbenen. Daher griff man auf Wunderheiler und auf magische Behandlungen, vielleicht verbunden mit medizinischer Therapeutik, zurück.

Die Verbindung zwischen Medizin und Magie kommt übrigens sehr gut in eben den Worten zum Ausdruck, die man im Einführungsteil des Papyrus Ebers liest: »Wirksam sind die magischen Formeln, die zusammen mit den Medikamenten wirken, wie im Übrigen die Medikamente wirksam sind, die zusammen mit den magischen Formeln wirken.«

Auf physiologischem Gebiet waren die Ägypter so weit vorgedrungen, dass sie den Zusammenhang vieler Krankheiten mit dem Blutkreislauf verstanden und erkannten, dass diese durch verstopfte, überhitzte oder sklerotische (»versteifte«) Gefäße hervorgerufen wurden. Krankheitsursachen wurden oft Würmern, intestinalen Eiterungen oder auch übermäßigem Essen zugeschrieben. Aus diesem Grund wurde Mäßigung in der Nahrungsaufnahme nicht nur in den *Lehren* der Weisen empfohlen, sondern galt als gesundheitliche Grundregel. Der Wesir Kaires empfahl seinem Sohn Kagemni mit schönen einfachen Bildern Genügsamkeit beim Essen: »Ein Glas Wasser löscht den Durst, eine kleine Portion Kraut stärkt das Herz. Eine einzige gute Sache ergibt ein Festessen, eine Kleinigkeit ersetzt die Menge.«

Im Papyrus Ebers stehen Rezepte gegen jede Art Krankheit neben solchen zu Schönheit und Gesundheitspflege sowie neben Erklärungen zu ihrer Herstellung und zur Inhalationstechnik.

Einer der aus Kahun im Faijum stammenden Papyri ist eine veterinärmedizinische Abhandlung, die Diagnosen zu Erkrankungen von Vögeln, Fischen, Hunden und Rindern bietet.

Ein anderer Papyrus derselben Herkunft (und wie der vorherige in einer Abschrift aus dem Mittleren Reich erhalten) enthält einen Teil einer Abhandlung über Frauenkrankheiten. Darunter verweisen zwei Rezepte auf die Existenz einer Praxis der Geburtenkontrolle, wobei ein Rezept auf Krokodilkot, das andere auf Honig mit Salpeter basiert. Auch unter den Rezepten des oben zitierten Papyrus Ebers sieht eines eine mit bestimmten Substanzen getränkte Kompresse vor, die mit Honig vermischt werden, und trägt einen vielsagenden Titel: *Wie man ein, zwei, drei Jahre lang vermeidet, dass eine Frau schwanger wird.* Zum selben Zweck sieht ein anderer medizinischer Papyrus (Papyrus Berlin 3038) sowohl ein Dampfbad als auch ein viermal in der Folge morgens oral zu nehmendes Mittel vor.

Im Papyrus Kahun und in den Papyri aus dem Ramesseum liest man Prognosen über die Schwangerschaft und das Geschlecht des Ungeborenen. Diese Prognosen wurden mittels der Methode, Gersten- und Speltkörner mit dem Urin der Schwangeren zu befeuchten, erstellt. Keimte zuerst die Gerste, würde ein Junge geboren, andernfalls ein Mädchen. Was genetische Vorstellungen betrifft, so glaubten die Ägypter, dass der männliche Same sich in den Knochen befinde (im Papyrus Jumilhac wird behauptet, bei der Herausbildung der Kinder komme Haut und Fleisch von der Mutter, die Knochen vom Vater).

Wir müssen daraus schließen, dass die ägyptischen Ärzte ziemlich begrenzte anatomische Kenntnisse hatten (man denke zum Beispiel daran, dass die Körper bei der Einbalsamierung zur Mumie nicht im modernen Sinne seziert, sondern nur geöffnet und ausgeleert wurden). Aber auch wenn sie keine Wissenschaftler waren, so waren sie jedenfalls gute »Praktiker«, und ihr Gewerbe war stark verbreitet.

Zudem finden sich unter den ägyptischen Texten Lobpreisungen auf die Tüchtigkeit der Ärzte. In einer Felsinschrift von Hatnub wird der Chef der Hofärzte mit Namen Horischefnecht als jemand beschrieben, der sich stets fortbildete und eine sichere Diagnose traf: »Er ist jemand, der täglich seine (medizinischen) Bücher liest, (...), jemand, der dem Kranken die Hand auflegt und so erkennt, worunter sie leiden. Jemand, der geschickt die Untersuchung mit der Hand durchführt (Palpation).«

Wir haben keine Veranlassung daran zu zweifeln, dass manche Leiden tatsächlich geheilt wurden. Der Papyrus Ebers enthält zwei Rezepte gegen Darmverstopfung, die als unfehlbar gepriesen werden – wahre Berufsgeheimnisse, wovon eines mit mindestens zwei Besuchen am Krankenbett verbunden war:

»Bereite ihm das geheime Heilmittel, das der Arzt verordnet hat: Pach-serit (eine leider nicht identifizierte Pflanze) mit Dattelresten. Mische es, löse es in Wasser und gib dem Patienten vier Morgen lang zu trinken, sodass er seinen Darm entleert. Wenn du nach dieser Behandlung findest, dass seine rechte Körperseite warm ist, die linke kalt, so kannst du sagen: ›Die Krankheit ist am Abklingen. Sie verschwindet von selbst.‹ Besuche ihn nochmals. Wenn du findest, dass sein Körper gut kalt ist, so kannst du sagen: ›Seine Leber ist geheilt und hat sich gereinigt. Sie hat die Medizin aufgenommen.‹«

In einem Fall von »Versagen der Ausscheidung«, wie der Papyrus Ebers sich ausdrückt, wird bestätigt, dass die Heilung garantierende Verordnung dem »geheimen Buch, das nur für den Arzt mit Ausnahme seiner eigenen Tochter bestimmt ist« entnommen wurde. Ein anderes Beispiel eines Heilungsversprechens, ebenfalls in der Sammlung Ebers, betrifft die Behandlung eines Furunkels am Nacken »geschwollen wie die Brust einer Frau«: Wenn der Arzt beim Abtasten feststellt, dass es nachgibt, kann er ohne weiteres erklären, dass er es mit einem Umschlag aus verschiedenen Ingredienzien (Salz, Knoblauch, Palmsaft usw.) heilen kann, und dass »es ihm nach vier Tagen wieder gut gehen« wird.

In der Erzählung des Papyrus Vandier fanden sich die Hofärzte des Königs Sisobek mit Symptomen einer Krankheit konfrontiert, die für ihren Herrscher tödlich war. Sisobek, sagt der Text, »versäumte es während der Nacht nie, Speisen zu sich zu nehmen, weil der Pharao immer größten Appetit hatte. Jetzt kam eine Nacht, in der der Pharao die für seine gewohnte Mahlzeit vorbereitete Speise stehen ließ, weil sie für seinen Mund nach Schlamm und die Getränke nach Wasser schmeckten. Der Pharao hatte keinen Hunger mehr, schlief nicht mehr, die Kleider wurden ihm zu weit und er war (schweißtriefend) wie ein Mensch, der aus dem Wasser kam.« Er ließ also alle seine Ärzte und Magier rufen, die nach Augenschein der Symptome und aufgrund eines klinischen Präzedenzfalles eines anderen Königs, des Pharaos Djedkare, eine zum Tode führende Krankheit diagnostizierten. Da die Nachprüfung anhand medizinischer Bücher nicht mehr als sieben Lebenstage erwarten ließ, beschlossen die Hofärzte, einen Kollegen zu Rate zu ziehen, einen beruflichen Konkurrenten. Sie gaben dem König gegenüber an, er sei der Einzige mit der Fähigkeit, ihm das Leben zu verlängern. Das war die Methode, den Rivalen zu beseitigen, weil die Heilung eines Sterbenden dazu zwang, dass der Wunderdoktor an seiner Stelle starb. Was der arme Wunderheiler tat. Die Geschichte geht weiter, sie ist sehr kompliziert, aber das ist eine andere Geschichte...

Auch die Götter in der Welt der ägyptischen Mythologie wurden krank, und andere Gottheiten schritten ein um sie zu heilen. Diese Erzählungen von erkrankten und geheilten Göttern sind sehr interessant, weil sie menschliche Praktiken und Behandlungen widerspiegeln. In einer Formel der *Sargtexte* diagnostiziert der Gott Re, der sich bei dieser Gelegenheit als Fachmann der Augenheilkunde erweist, eine vom Gott Seth nach einer Prüfung der Sehfähigkeit zugefügte Verletzung an einem Auge (d.i. der Mond) des Himmelsgottes Horus:

>»Es geschah, dass Re zu Horus sprach: ›Lass mich dein Auge sehen nach dem, was ihm passiert ist.‹ – Er prüfte es und sagte: ›Fixiere diesen schwarzen Strich, während du mit der Hand das gute Auge verdeckst.‹ Horus fixierte das schwarze Zeichen und sprach: ›Also, ich sehe ihn ganz weiß.‹ – Da sprach Re: ›Fixier jetzt dafür dieses schwarze Schwein.‹ Horus machte es und schrie, weil das Auge gereizt wurde, und sprach: ›Sieh, mein Auge ist wie nach dem Schlag, den Seth gegen mein Auge geführt hat‹, und darauf verlor Horus das Bewusstsein. – Darauf sprach Re: ›Legt ihn auf das Bett, bis er das Bewusstsein wiedererlangt.‹ Tatsächlich hatte sich Seth ihm gegenüber in ein schwarzes Schwein verwandelt und ihm einen Schlag aufs Auge verpasst.«

Wir wissen, dass dieser, gemäß dem Mythos vom Auge des Horus, anschließend von Thot und von Re geheilt wurde.

Der Gott Re selbst (der Mythos wird nicht zufällig am Beginn des als Papyrus Ebers bekannten Texts zur Pharaonenmedizin genannt) war auch der Autor von Werken mit medizinischen Ratschlägen. Er trug Sorge für die Ausbildung der Ärzte nach ihm, damit sie »den heilen könnten, dass er am Leben bleibe, den Gott wünscht«. Der Mythos wird hier erzählt – und ist als Formel über den Ingredienzien des anzuwendenden Heilmittels zu sprechen –, um das Vertrauen in die Heilung zu stärken: »Es ist ein zuverlässiges Heilmittel, tausende Male ausprobiert.«

Die Heilungen in der Mythologie waren Vorbild für Behandlungen und Formeln bei der Wunderheilung. So wie ein Gott von einem anderen Gott im Falle einer bestimmten Krankheit – oder eines Unfalls – geheilt worden war, sollte sich die Formel bei Anwendung auf einen Sterblichen als wirksam erweisen. Die Göttin Isis wurde oft in ihrer Rolle als »Wunderheilerin« im Fall von Schlangenbissen angerufen. Hatte sie vielleicht nicht den Gott Re selbst von einer Schlangenbissvergiftung geheilt, wie wir in der mythischen Erzählung *Die List der Isis* lesen?

Der Gott Horus wurde auch »der Arzt« genannt, und als »Thaumaturg«, »Wunderheiler« (ägypt. sched), war er auf die Behandlung von Schlangenbissen und Skorpionstichen spezialisiert. Ebenso nahm Djedhor, ein Skorpionbeschwörer, der im 6. Jahrhundert v. Chr. lebte und dann vergöttlicht wurde, den Beinamen des Gottes, »der Wunderheiler« an. Er konnte sich dessen rühmen, jemand zu sein, der »weiß, wie man die am Leben hält, die sterben würden, indem er sie vom Gift jeder Art Schlange heilt (...), und der fähig ist, dem das Leben wiederzugeben, der im Sterben liegt, der zugestopften Nase Atem zu geben, das Leben dem wiederzugeben, der erstickt ist.« Die ihn darstellende Wunder wirkende Statue (jetzt im Museum von Kairo) brachte jedes Mal Wunder wirkendes Wasser hervor, wenn das Nass über die an der Statue selbst befindlichen Texte geschüttet wurde, um sich dann wieder im Becken unterhalb der Statue zu sammeln.

Die Höhe der Honorarforderungen der menschlichen Ärzte kennen wir nicht. Wenn der Doktor ein Gott war, konnten die Kosten hoch liegen, wenn man zum Dank eine Stele oder eine Statue weihen wollte. Die Prinzessin Meritneith, Tochter des Pharaos Psammetich I., wurde durch das Werk des vergöttlichten Architekten und Wunderdoktors Amenhotep, Sohn des Hapu, des »guten Arztes«, geheilt und weihte ihm eine Statue, auf der eine öffentliche Danksagung erfolgte: »Sieh, ich war krank an den Augen, und du hast mich augenblicklich gesund gemacht!« Vielleicht empfing Amenhotep die Bitte der Prinzessin direkt, vielleicht hat er ihr die Behandlung aber auch im Traum empfohlen.

Unmittelbare, erfolgreiche Heilung, daran sei erinnert, ist typisch für das Wirken eines Wunders, doch oft wird sie auch durch besonders wirksame Heilmittel in den altägyptischen medizinischen Rezeptbüchern versprochen. Die Technik der Behandlung durch – natürlichen oder durch Katalepsie ausgelösten – Tempelschlaf war besonders in später Zeit häufig. Amenhotep, Sohn des Hapu, und Imhotep (ebenfalls ein vergöttlichter Architekt, der in griechisch-römischer Zeit, wie bereits erwähnt, mit dem Gott der Medizin, Asklepios, identifiziert wurde) konnten so Rezepte empfehlen und Heilungen erreichen. Häufig wurde darum gebeten, von Unfruchtbarkeit oder ihrer Variante, dem Ausbleiben männlichen Nachwuchses, geheilt zu werden. Eine Bedingung für die Vergöttlichung von Menschen war ihre erwiesene Fähigkeit, Wunderheilungen zu bewirken. So hört auch der Liebling des römischen Kaisers Hadrian, der schöne Antinoos, der nach seinem Tod im Nil vergöttlicht wurde, »die Bitten dessen, der ihn anruft; er machte die Kranken wieder gesund, denen er im Traum erschien, seine Heilungstaten hatten Erfolg unter den Menschen und er bewirkte Wunder.«

Das Eingreifen des Arztgottes konnte man auch brieflich erbitten. In einer demotisch verfassten Nachricht, die uns erhalten ist, bat ein Mann Amenhotep, Sohn des Hapu, um die Heilung seiner Frau von der Unfruchtbarkeit. Dafür verpflichtete er sich, dem Gott zwei Silbermünzen zu geben, doch zu zwei Zeitpunkten: die eine Hälfte bei der Empfängnis und den Rest, falls die Geburt ohne Komplikationen vor sich gehen sollte. Der kaufmännische Stil dieser Korrespondenz ist bestürzend, um so mehr noch, wenn wir daran denken, dass der Bittende ein Priester war.

Der Gott seinerseits kann die Menschen »erpressen«. So macht es Imhotep einem Mann – einem Gebildeten, der ägyptisch und griechisch konnte und den er vom Fieber heilen sollte –, zur Bedingung, zur Förderung der Griechen, die sich in Ägypten aufhielten, ein auf ägyptisch verfasstes Buch ins Griechische zu übersetzen. Das Buch eignete sich dazu, für diesen bedeutenden Gott Reklame zu machen, und die – uns erhaltene – Übersetzung ist daher ein einzigartiges Beispiel einer Votivgabe für »empfangene Gunst«.

Bei guter Gesundheit zu sein war der am häufigsten ausgedrückte Wunsch im alten Ägypten. In der Spätzeit war das Adjektiv *seneb* – »der Gesunde« – nach dem

Namen einer Person gleichbedeutend mit »lebend, lebendig«, im Gegensatz zum Begriff *maa-cheru* – »der Tote«, »selig«.

Eine regelrechte Theorie der Gesundheit und des Heilens, die sich anscheinend auf die Aussendung der gesundheitsbringenden Strahlen des Sonnengottes gründet, liest man im Papyrus Moskau 127:

»Mögest du eingehüllt sein von den Strahlen (der Sonne) – heißt es im vielsagenden Wunsch zu Beginn –, während (das Gestirn am Himmel) sichtbar ist, sodass dein Körper wieder gesund werden kann, denn (der Sonnengott) hat deine Krankheit verjagt. Tatsächlich kommt er eilends zu Hilfe gelaufen, wenn ihn der ruft, der in Schwierigkeiten ist. Mögest du 110 Jahre auf Erden erreichen, körperlich gesund, alt geworden in Heiterkeit, ohne dass dein Körper krank gewesen ist, sondern stattdessen in fortwährendem Glück gelebt hat, ohne durch dein Altern behindert zu werden. Meide Umgang mit denen, die mit den Toten zu tun haben und sich für den Tonkrug voll Milch interessieren und sich vom Weinkrug fernhalten. Du hast es noch nicht nötig, danach zu greifen wie es noch nicht deine Zeit ist, der Libationsvasen (beim Begräbnis) zu bedürfen. Du atmest gut, dein Körper ist unversehrt, alles ist in Ordnung, dein Herz ist in deinem Brustkasten, deine Zunge ist gelöst wie gewöhnlich und versagt nicht. Du siehst genau einen Ort, wo Leute sind, und meidest es nach einem Platz zu schielen, wo keiner ist, denn dein Blick ist vollkommen. Nach einer Fahrt sind deine Ohren frei von Verstopfung, du hast keine Gebrechen an deinem Körper und allem, was damit verbunden ist. So wirst du die Totenstadt in guter Verfassung erreichen und dich mit den Vorfahren in Heliopolis vereinen sowie mit den Seelen der Glücklichen.«

Man kann sich fragen, ob bei dem Volk, welches das Niltal bewohnte, verbreitetere Krankheiten bekannt waren. Die medizinischen Texte lieferten in der Darstellung derjenigen, auf deren Heilung sie abzielten, schon eine große Anzahl Leiden. Eine andere diesbezügliche Quelle findet sich in Darstellungen auf Stelen, Reliefs und Malereien – Personen mit körperlichen Deformationen oder offenkundigen Krankheiten, Kyphose (Wirbelsäulenverkrümmung), Pferdefuß usw. Die moderne Wissenschaft der Paläopathologie führt durch den Einsatz von Röntgenstrahlen und vor allem durch die histologische Untersuchung von Mumiengewebe und durch das Studium der Zähne und der damit verbundenen Maßnahmen wie Plomben, Prothesen usw. zu hervorragenden Ergebnissen.

Die vor nicht sehr vielen Jahren an der Mumie einer berühmten Persönlichkeit, des Architekten Cha, der um 1500 v. Chr. in Theben lebte, durchgeführte röntgenoskopische Untersuchung (sein Körper befindet sich zusammen mit den zugehörigen Grabbeigaben im Ägyptischen Museum von Turin) erbrachte interessante Resultate: Die Person litt an ankylosierender vertebraler Hyperostose nach Forestier (einer Versteifung der Halswirbelsäule), an einer Diskopathie (einer Bandscheibenerkrankung) zwischen dem fünften Lendenwirbel und dem Kreuzbeinknochen sowie an einer keilförmigen Deformation zweier Wirbel zwischen dem zwölften Rücken- und dem ersten Lendenwirbel, die auf eine Verletzung zurückging. Kurz, der Architekt Cha war von einer schmerzhaften Form des Ischias befallen.

Im September 1976 landete Ramses II. auf dem Pariser Flughafen, empfangen wie ein Staatsoberhaupt. Doch natürlich galten die Ehrenbezeugungen nur seinem mehr als dreitausend Jahre zuvor mumifizierten Körper. Der königliche Leichnam, der im Museum von Kairo aufbewahrt wird (schon 1912 hatte man einen Zustand der Verschlechterung an der Mumie festgestellt), sollte in Paris behandelt werden, weil er von einem Pilz, dem *Daedalea biennis Fries,* befallen war. Mehr als zweihundert Fachleute untersuchten Ramses II. im Musée de l'Homme. Schließlich wurde der Pilz mit einer Kobalt-Gammastrahlenbehandlung bekämpft, und der geheilte Körper in das Museum am Midan-et-Tahrir in Kairo zurückgeschickt.

Die Daten aus dem Krankenbericht zu Ramses II. wurden veröffentlicht. Danach litt der Pharao an beträchtlichen Zahnschäden, und in den letzten Lebensjahren hatte er an verheerenden Formen von Arteriosklerose gelitten. Er war von einer sehr schweren Form von ankylosierender Spondylarthritis (versteifender Entzündung der Wirbelgelenke) befallen, sodass er mindestens während seiner letzten zwanzig Lebensjahre krumm auf einen Stock gestützt gehen musste. Die weißen Haare zeigten noch, dass sie ursprünglich rot gewesen waren. Das Todesalter – so stellten die Experten in Paris fest – muss um die achtzig Jahre angesetzt werden, fünf mehr oder fünf weniger.

In den medizinischen Abhandlungen, die aus dem alten Ägypten erhalten sind, fehlen Hinweise auf Nervenerkrankungen. Epileptiker wurden im Übrigen als »heilige« Kranke betrachtet: »in der Hand Gottes«, wie sich die Ägypter ausdrückten. Doch die Beschreibung des geistigen und psychischen Zustands, der sich aus einem der berühmtesten literarischen Texte gewinnen lässt, dem *Dialog des Lebensmüden mit seiner Seele* – entspricht sie nicht der eines von Depression erfassten Menschen mit Suizidgefährdung?

Und als Wenamun, die Hauptgestalt der in einem anderen sehr berühmten Text erzählten Abenteuer *(Die Abenteuer Wenamuns),* sich bei der Betrachtung der Vögel, die nach Ägypten fliegen, verzweifeltem Schmerz am Meeresufer hingibt – zeigt das vielleicht nicht exakt die Symptome eines Anfalls von Melancholie mit schwerer nervöser Depression? Die richtige Behandlung für ihn fand der Herrscher des Libanons selbst, als er von dem Zustand erfuhr, in dem sich sein unglücklicher Gast befand: Er ließ ihm zwei Amphoren Wein und einen gebratenen Hammel bringen und schickte ihm zur Gesellschaft eine Ägypterin, die im Libanon wohnte. Er trug ihr auf, für ihn zu singen und nicht zuzulassen, dass »sein Herz traurig werde«! Tatsächlich fand Wenamun aus seinem Zustand der Niedergeschlagenheit heraus. Und ich denke, dass jeder moderne Psychologe bereit wäre, diese Methode als äußerst wirksame Psychotherapie zu unterschreiben.

Sport und Spiele
Musik und Tanz

Die ältesten Quellen zur Geschichte des Sports, auch zu den Arten, die von den Herrschern ausgeübt wurden, stammen aus dem alten Ägypten. Die Pharaonen präsentierten sich dem Volk im Gewand von Athleten, Kriegern oder Jägern, als Beispiel und Garantie für Kraft und körperliche Ausdauer. Ebenso ist der rituelle Hebsed-Lauf – ein Hauptereignis beim königlichen Jubiläumsfest, dem Sedfest, das wir seit den allerersten Dynastien dargestellt finden –, eine Manifestation physischer Kraft, die dazu dient, die Erneuerung der Königsherrschaft unter Beweis zu stellen.

Für das gesamte Neue Reich dokumentieren Texte und Bilder die Geschicklichkeit der Herrscher beim Bogenschießen, beim Zureiten der Pferde oder beim Wagenrennen; auch die Jagd auf wilde Tiere, vor allem Löwen, wird als großes königliches Sportspiel verstanden. So rühmt die Stele von Hermonthis die Geschicklichkeit Thutmosis' III. beim Bogenschießen wie folgt:

>»Wenn er Pfeile auf eine kupferne Schießscheibe schoss, zerbrachen alle Pfosten wie Papyrus. Seine Majestät lieferte dafür ein Beispiel im Tempel Amuns mit einer sorgfältig gearbeiteten kupfernen Schießscheibe, die drei Finger (ca. 6 cm) dick war. Seine Pfeile zielten auf die Schießscheibe, er durchdrang sie und ließ sie (die Pfeile) hinten drei Handbreit (ca. 24 cm) heraustreten, sodass diejenigen, die bei ihm waren, wünschten, dass seine Arme mutig, siegreich und tapfer wären. Ich verkünde es laut (spricht der Schreiber der königlichen Kanzlei, der den Text verfasst hat), und es ist dabei keine Unwahrheit noch Lüge, in Gegenwart seines ganzen Heeres, ohne ein Wort der Übertreibung.«

Die Stele von Hermonthis feiert im Anschluss daran weitere Unternehmen des Königs als Jäger in Syrien:

>»Er tötete sechs Löwen, indem er in der Spanne eines Augenblicks Pfeile abschoss. Er fing zwölf Herden wilder Stiere in einer Stunde. Bevor er sein Frühstück einnahm, schlachtete er einhundertundzwanzig Elefanten im Land Nija ab.«

Der größte königliche Bogenschütze jedoch war Amenhotep II., der sich allen als erfolgreicher Athlet zeigen wollte, der an Wettkämpfen teilnimmt und kraft persönlicher Fähigkeiten, nicht dank seiner Stellung, gewinnt. Wir kennen den Namen des Erziehers des jungen Prinzen, den Gauvorsteher Min aus Thinis bei Abydos, der sich und den königlichen Schüler – gewiss mit Erlaubnis des Königs – in seinem Grab in Theben unsterblich machte. Amenhotep II. wird dargestellt, wie er Unterricht im Bogenschießen nimmt. Die Szene ist heute stark zerstört, doch gibt es von ihr eine zu Beginn des vorletzten Jahrhunderts angelegte Zeichnung, als sie noch weniger in Mitleidenschaft gezogen war. Min korrigiert die Haltung des jungen Prinzen, und die Inschriften geben seine Worte wieder: »Spann den Bogen zu deinen Ohren hin! Mach deine Arme stark [...], o Prinz Amenhotep. Du musst deine Kraft und deine Stärke einsetzen.«

Eine weitere in einen Granitblock gehauene Szene – dieser wurde in der Verfüllung des dritten Pylonen des Tempels von Karnak bei Theben wiederverwendet und dort gefunden – zeigt Amenhotep II. auf einem von Pferden im Galopp gezogenen Kampfwagen. Er durchbohrt dabei eine Schießscheibe mit fünf perfekt darauf angelegten Pfeilen – ein wahrhaftiges Symbol des athletischen Herrscherideals.

Die sportliche Ausbildung Amenhoteps' II. deckte alle sportlichen Disziplinen ab und war Gegenstand der Lobpreisung auf einer offiziellen Stele (der sog. »Sphinxstele«):

»Es erschien also Seine Majestät als König, als er ein hübscher junger Mann war. Er kannte seinen Körper und war achtzehn Jahre alt geworden in der Fülle seiner siegreichen Kraft. Er kannte alle Werke des (Kriegs)Gottes Month, und es gab nicht seinesgleichen auf dem Schlachtfeld. Er war kundig im Reiten, und es gab nicht seinesgleichen in dieser großen Armee. Es gab keinen einzigen, der seinen Bogen krümmen konnte, und im Lauf war er uneinholbar. Seine Arme waren stark und er war unermüdlich, wenn er das Ruder hielt und (das Steuerruder) am Heck seines Schiffes lenkte, an der Spitze von zweitausend Männern. Wenn sie anlegten, nachdem sie mit dem Schiff einen halben Iteru (ca. 1,5 km) zurückgelegt hatten, waren sie müde und ihre Glieder erschöpft, und sie bekamen keinen Atem mehr. Seine Majestät hingegen stand in voller Kraft mit seinem Ruder von zwanzig Ellen Länge (ca. 10 Meter), und beim Anhalten, als seine Barke ankerte, hatte er drei Iteru (ca. 8 km) zurückgelegt, ohne mit dem Rudern aufzuhören. Die Leute waren voller Bewunderung, als sie ihn dabei sahen. Er beugte dreitausend harte Bogen, um die Arbeit ihrer Konstrukteure zu vergleichen, um einen Fachmann von einem unwissenden Arbeiter zu unterscheiden. Er kam, um das zu tun, was ihr hier vorn seht. Er betrat seinen nördlichen Pavillon und fand, dass dort vier Schießscheiben aus asiatischem Kupfer für ihn aufgestellt waren, eine Handbreit dick, und zwanzig Ellen trennten einen Pfosten vom folgenden. Seine Majestät erschien auf dem Pferd wie Month in seiner Macht, griff nach seinem Bogen, packte vier Pfeile zusammen. Dann bewegte er sich vorwärts und schoss wie Month in seiner Rüstung. Seine Pfeile kamen auf der anderen Seite wieder heraus. Daraufhin zielte er auf einen anderen Pfosten. Ein solches Unterfangen hat niemand gewagt, und nie hat man davon erzählen hören: einen Pfeil auf eine kupferne Zielscheibe zu schießen, der

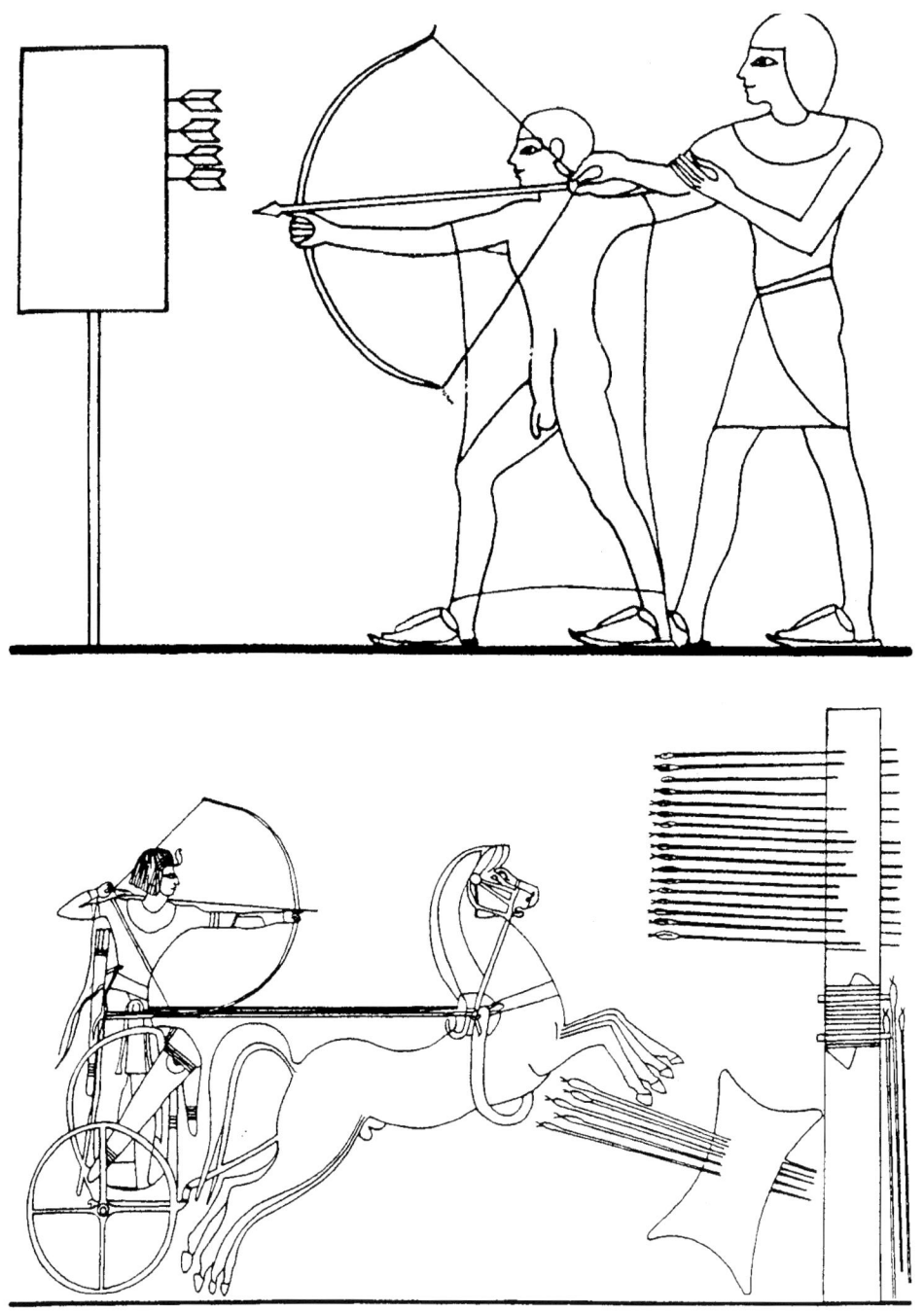

(oben) Prinz Amenhotep (der künftige König Amenhotep II.) lernt unter Anleitung seines Meisters Min mit dem Bogen auf die Schießscheibe schießen. Theben, Grab des Min (18. Dyn.)
(unten) Amenhotep II. schießt vom fahrenden Streitwagen aus mit dem Bogen auf eine Schießscheibe. Karnak, Granitblock (18. Dyn.)

sie durchdrang und dann auf den Boden fiel, außer im Falle des starken, mächtigen Königs, den Amun siegreich gemacht hat, den König des Tals und des Delta, tapfer wie Month! Ja, als er noch ein junger Mann war, liebte er seine Pferde und freute sich an ihnen. Sein Herz war glücklich, sie zu pflegen, denn er war jemand, der ihr Wesen kannte und fähig war, sie zuzureiten.«

Ramses III. war gern bei Ringwettkämpfen zwischen Ägyptern und Fremden (Nubiern, Libyern, Syrern) zugegen, bei denen der Ägypter natürlich immer siegte. Er stand dabei am Fenster seines Palastes von Medinet Habu.

Die Ausbildung zum Steuermann war schon im Alten Reich Teil der Prinzenerziehung. Tatsächlich lässt sich in der 5. Dynastie der Prinz Kaemtenenet, Sohn des Pharaos Djedkare Asosi, in Texten in seiner Mastaba in Sakkara für seine Verdienste als Bauleiter eines Tempels für die Göttin Hathor verewigen, doch vor allem ist er stolz auf seine Geschicklichkeit als Steuermann. Dieses eine Mal durfte er die Barke mit dem Pharao selbst an Bord in Sicherheit bringen, als der Herrscher den Fluss trotz eines mächtigen Unwetters hatte überqueren wollen, voller Vertrauen auf seinen Sohn, der am Steuer stand: »Bestimmt bist du ein echter Matrose, du fürchtest kein Unwetter auf dem Fluss«, sagte er zu ihm. Und nach gelungener Überfahrt hatte er sich vom König die Bemerkung verdient: »Es war wie die Fahrt Res auf dem großen Himmelsmeer.«

Die Bewohner des Nilufers, Fischer und Papyrussammler, waren ausgezeichnete Schwimmer. Darin machten die Frauen, die so häufig von den ägyptischen Ebenisten auf Kosmetiklöffeln dargestellt und von Malern auf Ostraka (Tonscherben) gezeichnet wurden, keine Ausnahme. Die Schiffer – das zeigen uns die Wandmalereien in den Gräbern – pflegten mit ihren langen Stangen an Kraft und Geschicklichkeit um die Wette zu fahren.

Die Fürstengräber von Beni Hassan können wir als einzigartige Quelle verschiedener Kampfsportarten bezeichnen, die zu jener Zeit bei der Ausbildung der jungen Soldaten ausgeübt wurden. Leider fehlen uns die Regeln, doch dokumentiert sind ein Kampf mit Stöcken, Boxkampfszenen und vor allem eine Art Freistilringkampf mit zahlreichen verschiedenen Folgen von Positionen, die uns wie Einzelbilder aus einem Film vorkommen.

Bestimmte Szenen zeigen Athleten, die Gewichtheben trainieren, wobei die Gewichte möglicherweise aus mit Sand gefüllten Säcken bestehen. Andere Momente sind als Wettkämpfe im Messerwerfen auf einen hölzernen Sockel zu interpretieren. Einige sitzende Personen fordern sich im Fingerspiel heraus, andere sind vielleicht mit einem Eskamotagespiel von der Art des Becherspiels beschäftigt, bei dem man herausfinden muss, unter welchem Becher sich eine Kugel befindet.

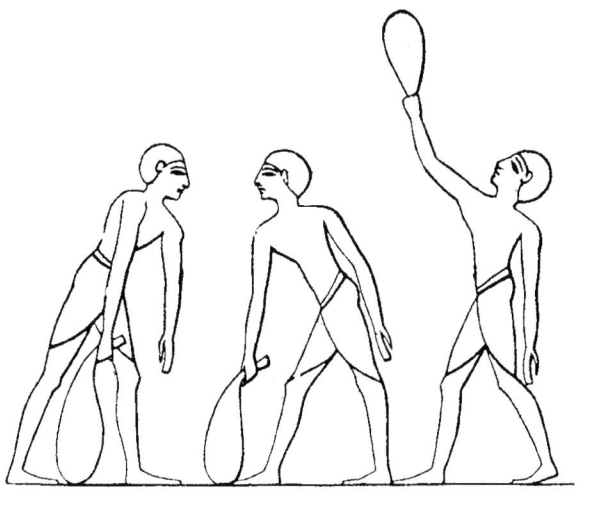

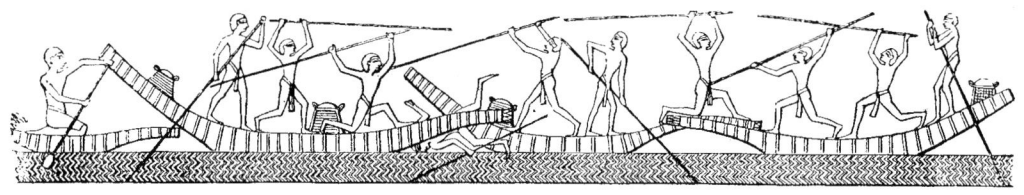

(oben) Gewichthebertraining. Beni Hassan (Mittleres Reich) (J. G. Wilkinson, The Ancient Egyptians, I)
(Mitte) Militärisches Training: Kampf mit Stöcken. Theben, Grab des Amenmes (20. Dyn.) (I. Rosellini, Monumenti Civili)
(unten) Ruderstangenkampf zwischen Kahnführern. Gisa (Altes Reich) (J. G. Wilkinson, The Ancient Egyptians, I)

1   2   3   4   5

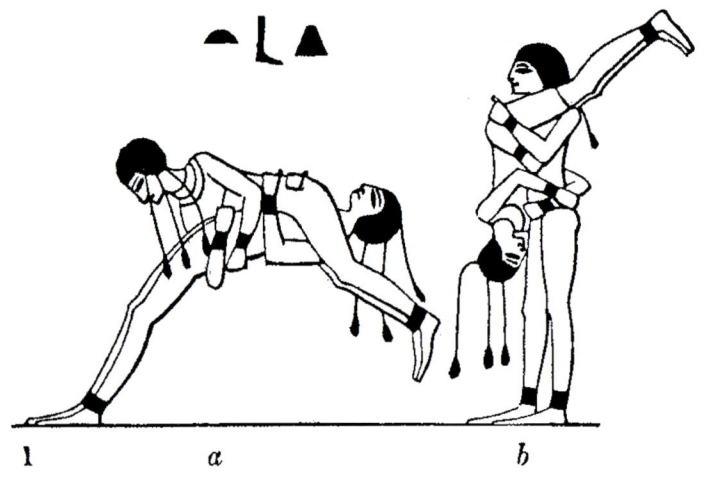

1   a   b

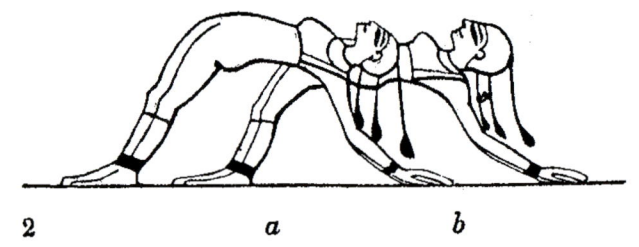

2   a   b

(gegenüber, s/w-Zeichnung) Geschicklichkeits- und Akrobatik-Wettkämpfe. Beni Hassan, verschiedene Gräber (Mittleres Reich) (J. G. Wilkinson, The Ancient Egyptians, I)

(gegenüber, Farbzeichnung) Junge Leute tanzen zu rhythmischem Händeklatschen. Beni Hassan, Grab des Cheti (Mittleres Reich) (I. Rosellini, Monumenti Civili)

(auf dieser Seite) Militärische Übungen: Szenenfolge — fast wie im Film — aus einem »Freistilringkampf«. Beni Hassan, Grab des Baqet (Mittleres Reich) (I. Rosellini, Monumenti Civili)

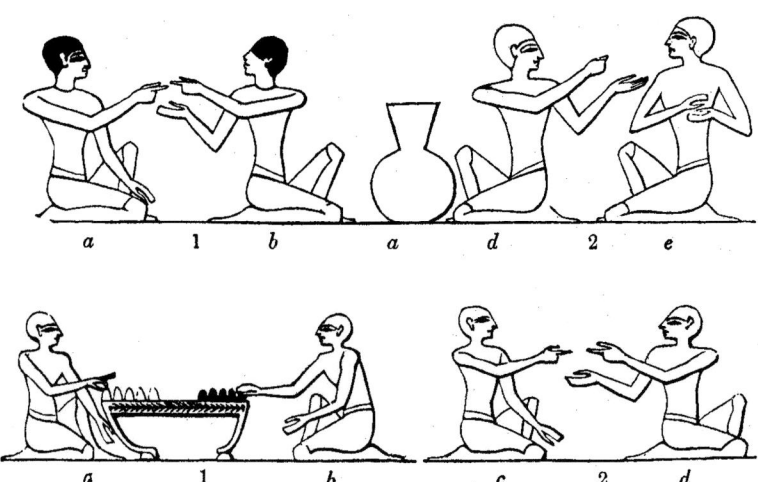

(oben und Mitte) Finger- und Damespiel. Beni Hassan, verschiedene Gräber (J. G. Wilkinson, The Ancient Egyptians, I)
(unten) Kinderspiele bei der Weinlese. Sakkara, Mastaba des Ptahhotep (6. Dyn.)

Die Gräber des Alten und Mittleren Reichs sind voll von Darstellungen spielender Kinder, die fast immer in der umtriebigen Lebhaftigkeit der Weinlese oder des Kelterns wiedergegeben werden. Es ist nicht leicht, die Spiele genau zu rekonstruieren, doch einige sind zu erkennen: Gewandtheits- und Gleichgewichtsspiele, ganz schnelles Ringelreihen sowie das Eselspiel (einer steht auf allen vieren, während zwei Kleine ihm auf den Rücken steigen und auf beiden Seiten herabbaumeln) und vielleicht auch Krieg spielen, wobei der Besiegte auf den Armen hinausgetragen wird. Schließlich hatten Jungen und Mädchen mit dem Ball ihren Spaß, wie man bei einigen jungen Mädchen sieht, die auf dem Rücken anderer Mädchen stehen. Die »Bälle« waren aus Holz gefertigt, auch aus Lehm oder Keramik, vor allem jedoch aus Papyrus- oder Palmfasern, und hatten einen Durchmesser von um die zehn Zentimeter.

Häufig werden Akrobaten dargestellt, Männer und Frauen, die ihre Körper biegen und dabei eine Brücke machen, dazu kommen Bewegungsübungen, die bei Tanzdarbietungen eingeschoben werden. Die Tänzerinnen beherrschten Pirouetten und elegante Körperhaltungen wie bei einem modernen Ballett, bewegten sich zu Paaren oder als Solotänzer. Außerdem tanzte man in den Tempeln und bei Prozessionen ein Ritual zu Ehren der Gottheit, dessen Protagonist auch der Pharao sein konnte. Unter den Tänzern stachen die Ausländer, die Libyer, aber vor allem die Nubier, die zum Rhythmus von Trommeln und Tamburins tanzten, besonders hervor.

Es gab kein Bankett oder Fest in den königlichen oder privaten Residenzen, bei denen Musik, Gesang und Tanz gefehlt hätten. Die Hofmusikanten musizierten für den König, die Sänger und Musikanten der Tempel traten während Prozessionen oder Zeremonien auf.

Obwohl uns viele originale Musikinstrumente erhalten sind, müssen wir anmerken, dass die Ägypter für ihre Musik kein Notensystem kannten. Nach Platon schenkte dieses Volk der Musik wegen ihrer heilenden Wirkungen große Aufmerksamkeit, hielt es aber nicht für sinnvoll, dass junge Leute sich mit ihr befassten.

Die Ägypter hatten Schlaginstrumente, Elfenbeinklappern (es wurden welche in Gräbern aus dem 4. Jahrtausend gefunden) und v. a. das typisch ägyptische Sistrum, das seit dem Alten Reich belegt ist. Dieses Instrument ist mit dem Kult der Göttin Hathor verbunden, sein Klang vermochte die schreckliche Löwengöttin Sachmet zu besänftigen und sie in die liebevolle Hathor zu verwandeln. Es ist auch bekannt, dass der Griff des Sistrums phallische Bedeutung besaß.

Unter den Schlaginstrumenten erinnern wir an die Trommeln in Form einer kleinen Tonne. Unter den Blasinstrumenten finden sich die gebogene oder die gerade Langflöte, die (schon im Alten Reich bezeugte) Doppelklarinette, schließlich die Doppelflöte, vielleicht die gewöhnlichste unter dieser Art Instrumente. Unter den

(oben) Harfenspieler. Tal der Könige, Grab Ramses' III. (20. Dyn.) (I. Rosellini, Monumenti Civili)
(unten) Der blinde Harfenspieler. Theben, Grab des Nacht (18. Dyn.)

Harfenspielerin. Theben, Grab des Rechmire (18. Dyn.)

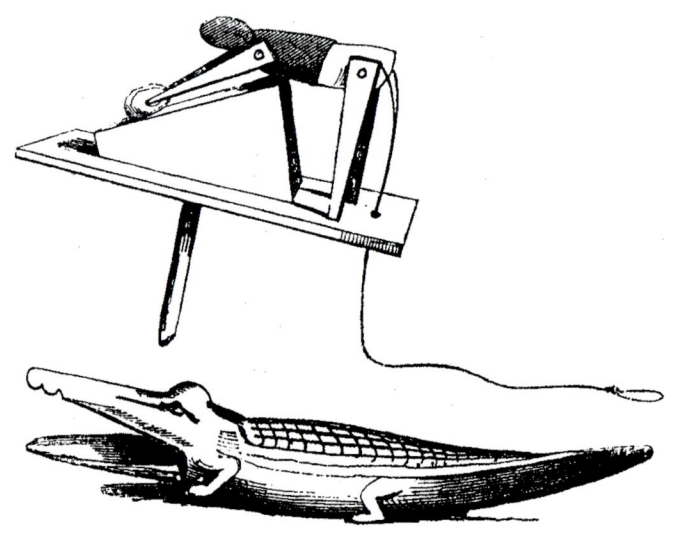

(oben) Zwei ägyptische Spielzeuge: der Mann an der Mühle lässt sich mithilfe einer Schnur bewegen, das Krokodil öffnet und schließt das Maul (J. G. Wilkinson, The Ancient Egyptians, I)
(unten) Ballspielende Mädchen. Beni Hassan (Mittleres Reich) (I. Rosellini, Monumenti Civili)

Saiteninstrumenten war die Harfe über die ganze Aera der ägyptischen Kultur das beliebteste. Sie fand in den Tempeln, aber auch im täglichen Leben Verwendung. Die Laute wurde eventuell wie die Leier aus dem Nahen Osten während der 18. Dynastie eingeführt. Auch die Tiere spielten Musikinstrumente: Im satirischen Papyrus des Britischen Museums versucht sich ein Fuchs an der Doppelflöte, der Zicklein in einem vorgestellten bukolischen Ambiente auf die Weide bringt. Die gleiche Szene wiederholt ein (im Louvre befindliches) Ostrakon in der komischen Manier der verkehrten Welt. Im satirischen Papyrus von Turin spielt von dem dort auftretenden Quartett der Esel Harfe, der Löwe Leier, das Krokodil Laute und der Affe Doppelflöte. Dagegen finden sich auf einer aus Deir el-Medineh stammenden Tonscherbe im Ägyptischen Museum von Turin ein Fuchs an der Harfe und zwei Ziegen an der Doppelflöte zu einem Konzert ein.

In der Familie, auf den Straßen, in Gärten und bei gleichaltrigen Freunden hatten die ägyptischen Kinder verschiedene Möglichkeiten, sich zu vergnügen, mit dem Ball, beim Ringelreihen oder einem Spiel, das unserem Bockspringen ähnlich war. Die Kleinkinder hatten Stoffpuppen oder Gliederpuppen mit beweglichen Armen und Beinen. Von den Spielzeugen sind kleine Wagen, Holzkrokodile mit beweglichen Kiefern, Tiere und Wagen mit Schnur zum Ziehen erhalten. Die drei Elfenbeinpygmäen, die Fäden ziehen und auf einem Fuß tanzen, waren wahrscheinlich das Spielzeug kleiner privilegierter Prinzen aus dem 2. Jahrtausend. In den Darstellungen der Grabszenen sind selten Kinder in Verbindung mit Arbeit wiedergegeben. Man findet einen Jungen neben einem kochenden Mann, andere Knaben, die Hirten oder Fischern helfen, ährensammelnde Mädchen zur Zeit der Ernte. Jungen konnten zum Ausdruck des Übergangs aus der Kindheit der Beschneidung unterzogen werden, doch anscheinend war das weder eine Verpflichtung noch ein Ritual.

Die Erwachsenen spielten gern eine Art Dame (ein Zeitvertreib, den auch Ramses III. mit seinen Frauen im Palastharem von Medinet Habu nutzte), dazu verwendete man dreißig Felder und Spielsteine aus verschiedenem Material.

Eines der ältesten Brettspiele war das »Schlangenspiel« oder mehen (»ringeln«, »aufgerollte Schlange«): der Kopf des Reptils befindet sich in der Mitte, der Schwanz am Ende, während der Körper mit seinen Schuppen die abwechselnd erhabenen und eingetieften Felder bildet. Man spielte mit sechs Spielsteinen, drei Löwen und drei Löwinnen, und anscheinend mit weißen und roten Kügelchen, doch wir kennen die genauen Spielregeln nicht. Im Louvre in Paris kann man ein außergewöhnliches Exemplar aus Alabaster bewundern. Die Motive hat man als Effekte bei der Verglasung erzielt. Das Spiel ist in die Zeit der 1. Dynastie zu datieren, d. h. also an das Ende des 4. Jahrtausends v. Chr. Ein anderes Fayenceexemplar stammt aus Abydos aus dem Grab des Peribsen und geht auf die 2. Dynastie zurück.

Funde auf Zypern scheinen zu belegen, dass das ägyptische Spiel schon im Alten Reich auf diese Insel exportiert wurde.

Tempel und Gebet
Feste, Orakel, Magie

Die Götterwelt des antiken Ägypten ist durch eine Reihe übernatürlicher, oft theriomorpher (tiergestaltiger) Wesen mit vielfältigen Attributen, Symbolen, Praktiken und Kulten gekennzeichnet. Wir sahen schon, dass jede Stadt, jedes Dorf im Niltal ihren bzw. seinen Tempel mit eigenen Traditionen und Kulten besaß, die zum größten Teil in direkten Zeugnissen dokumentiert waren. Zudem wissen wir, dass in jedem Heiligtum der Lokalgott die höchste Gottheit und authentische Manifestation des Gottes war. Gleichzeitig wurde der Pharao in jedem Tempel des Niltals und des Deltas als Sohn des jeweiligen Lokalgottes betrachtet, dessen Kult er gewährleistete.

Die flachen Mauerreliefs, die die Tempel zieren, stellen die Götter und Göttinnen in der traditionellsten ikonografischen Form dar, d. h. mit ihrem Namen und sich anschließenden Titeln, auf die das Credo zurückgeführt wurde, das die offizielle Religion verlangte. Dieses war von der Art: »Amun-Re, Herr der Throne der Beiden Länder, der in Karnak der Oberste ist«, »Amun-Re, König der Götter, Herr des Himmels«, »Mut, die Große, die Herrin von Ascheru, Herrscherin über alle Götter«. Der Pharao bringt den Göttern Opfer dar, und die kurzen Hieroglyphenbeischriften, die den Austausch von Redewendungen, Dialoge oder heiliges Gespräch wiedergeben, sind bezeichnend für die Beziehung zwischen König und offiziellen Gottheiten im alten Ägypten. So wendet sich der König zum Beispiel mit folgenden Worten an die Gottheit: »Ich bringe dir das Weihrauchopfer«, und die Gottheit antwortet darauf: »Ich gewähre dir den Sieg über deine Feinde«.

Über all die Jahrhunderte der ägyptischen Geschichte blieb der Pharao das religiöse Oberhaupt, das die wesentlichen Riten vollführte. Für den täglichen Gottesdienst in den verschiedenen Heiligtümern war seine Macht jedoch den Priestern übertragen. Der Offiziant begab sich bei Tagesanbruch in den Tempel, öffnete die Siegel des Naos, wusch die Statue, salbte sie mit duftenden Salbstoffen, wickelte sie in Leinen, beweihräucherte sie, bot ihr eine Mahlzeit an, schloss und versiegelte den Naos wieder. Schließlich verließ der Priester das Heiligtum und verwischte seine Spuren hinter sich.

Die Tempel waren nicht weit vom Nil oder einem Kanal entfernt errichtet und hatten einen mehr oder weniger imposanten Anlegeplatz. Eine lange, von Sphingen flankierte Allee führte zum Haupttor des Tempels, d. h. zu dem in eine große Um-

Zug ägyptischer Götter. Tal der Könige, Grab Ramses' VI. (20. Dyn.) (I. Rosellini, Monumenti Storici)

fassungsmauer eingefügten Portal zwischen zwei gewaltigen, massiven Türmen, den Pylonen. Auf der vorderen Esplanade erhoben sich Obelisken und Kolossalstatuen des Herrschers.

Am Tempeltor wurde über weniger schwierige Rechtsangelegenheiten geurteilt. Hinter der Umfassungsmauer öffneten sich ein oder mehrere Säulenhöfe und eine oder mehrere Säulenhallen. Die Säulen schmückten meist Kapitelle in Papyrus- oder Lotosform, und die von ihnen getragene Decke war sternenverziert. Schließlich folgte das Allerheiligste mit seinen Seitenräumen, in denen die Kultgegenstände aufbewahrt wurden, im Zentrum der Naos, in dem die Statue des Gottes eingeschlossen war. Die Wände bedeckten Flachreliefs, die den Ablauf des vom Herrscher durchgeführten Gottesdienstes schilderten. Über in die massiven Mauern hineingeschlagene Stufen konnte man die Tempelterrasse ersteigen, auf der Kapellen für besondere Riten und Kulte errichtet waren. Vom Hof zum Heiligtum senkten sich die Dächer, der Boden stieg an, das Licht wurde immer schwächer bis hin zur geheimnisvollen Dunkelheit des Allerheiligsten.

Im Hof war der heilige See angelegt, auf dem verschiedene Riten vollzogen wurden, und oft fand sich auch ein Brunnen, der mit sauberem Wasser versorgte. Seit der Spätzeit wurde dort das spezielle Gebäude errichtet, das gewöhnlich Mammisi (»Geburtshaus«) genannt wird; dort wurde für den jungen Lokalgott Gottesdienst gefeiert. Außerdem befanden sich im Hof auch Werkstätten, Verwaltungsbüros, Priesterwohnungen sowie Archivräume und die Bibliothek des »Lebenshauses«.

Mit den Aktivitäten in den Tempeln war ein großer, privilegierter Teil der altägyptischen Gesellschaft auf verschiedenen Ebenen beschäftigt, d. h. auf der Ebene der Ausbildung, der Verantwortung sowie der wirtschaftlichen Erträge.

Der Kultdienst wurde von »Propheten« versehen, die von einem »Vorgesetzten der Propheten« des Gottes abhängig waren, in dessen Dienst sie standen. Eine gehobene Stellung besaßen auch die »Vorlesepriester« oder »Ritualisten«. Auf niedrigerer Ebene, doch immer noch zur Priesterschaft gehörend, finden wir die große Klasse der »Reinen« *(Wab)*. Männer und Frauen waren während des Tages bei verschiedenen zum Kult gehörenden Abläufen mit Tätigkeiten wie Musizieren und Singen von Psalmen und Hymnen betraut. Hierbei handelte es sich also um Laienpersonal, Tempeldiener und mit manuellen Arbeiten Beschäftigte. Der Dienst für den Kult beschäftigte die Priester im monatlichen Turnus – jedenfalls schloss in der ägyptischen Welt die Zugehörigkeit zur Priesterschaft nicht aus, dass diese andere, auch zahlreiche zivile, administrative und buchhalterische Aufgaben übernahmen. Einem Zölibat waren sie nicht unterworfen.

Der ägyptische Tempel war nicht nur eine architektonische oder religiöse Einheit, sondern auch ein sehr mächtiger, komplexer wirtschaftlicher Organismus, der dank den königlichen Konzessionen Ländereien, Bedienstete, Landarbeiter, Lagerhäuser voller Reichtümer und »Schatzhäuser« besaß. Herrscher und auch reiche

Der Tempel von El-Amarna. El-Amarna, Grab des Hui (18. Dyn.)

Privatleute wetteiferten darum, den Göttern derartige Bauten zum Geschenk zu machen. Aus vorhandenen Daten geht hervor, dass zur Zeit Ramses' III. den Tempeln ein Siebtel aller bestellbaren Ländereien, Diener für fast 108 000 Personen und eine halbe Million Stück Vieh gehörten. Die Werkstätten beschäftigten eigene Handwerker, und die Verwaltung des Tempels – die einem Verwalter, einem Priester oblag, der den Titel eines »Vorstehers der Kornspeicher« trug – war mit breiter Verantwortung und entsprechend gehobenen Gehältern und sonstigen Einkünften verbunden. Natürlich waren Reichtum und Bedeutung der Tempel im Land nicht überall gleich, denn Macht und Reichtum der Priesterschaft des Amuntempels in Theben beispielsweise lassen sich nicht mit derjenigen eines kleineren Tempels in einer Kleinstadt oder einem Dorf vergleichen.

Wir dürfen nicht denken, dass das Umfeld der Tempel von Amtsuntreue, Missbrauch, Ungerechtigkeiten frei war. Man muss nur den traurigen Bericht von Übergriffen, Gewalttaten und kleinlicher Habgier lesen (im Papyrus Rylands IX), denen der Priester der Stadt Teudjoi (heute el-Hibe), Peteese – er lebte zur Zeit der ersten Perserherrschaft über Ägypten –, lange Zeit als Opfer seiner Kollegen ausgesetzt war. Unter anderem musste er sich, fast zu Tode geprügelt, drei Monate in die Hände von Ärzten begeben, um wieder zu genesen. Das vollzog sich im Umfeld des Netzwerks einer provinziellen Priesterschaft, das wir mafiös nennen würden. Korruption war bei allen Chargen und auf jedem Niveau alltäglich, alle wurden gekauft und verkauft, alle waren bereit, für priesterliche Pfründe und wenige *Deben* Silber Tatsachen und Dokumente zu fälschen.

Rivalitäten und Gesetzwidrigkeiten mit dem Ziel, sich die Pfründe des Tempels unter den Nagel zu reißen, waren im alten Ägypten eine schlechte Gewohnheit. Man denke an den Skandal mit dem falschen Orakel von Chnum auf Elephantine in der Ramessidenzeit und an das literarische Echo in der demotischen Erzählung *Kampf um die Pfründe Amuns,* die zum *Zyklus von Inaro Petubastis* gehört.

Die Tempel waren auch die intellektuellen Zentren des Landes, sie verwahrten die verschiedenen Schriften und die ältesten geheimen Texte. Von dort nahm die in verschiedene Zweige spezialisierte Schulausbildung bis hin zu Medizin, Magie, Theologie und Ritenlehre ihren Ausgang, und zwar vom »Haus des Lebens« aus, das zugleich Bibliothek und Archiv war.

In den Tempeln wurden auf der Grundlage astronomischer Beobachtungen und alter Traditionen die Festkalender ausgearbeitet. Dieser umfasste mehr oder weniger prunkvolle Feste.

Sehr wichtig war das Fest des »Jahresanfangs«, an dem man zugleich mit dem heliakischen Aufgang des Siriusgestirns (Sothis) die zyklische Wiederkehr der jährlichen Überschwemmung feierte; zu den Zeremonien des »Neujahrsfestes« gehörte auch ein »Fest der Trunkenheit«.

Das Portal des Sobek- und Re-Harachte-Tempels in Kom Ombo, errichtet von Thutmosis III. (18. Dyn.)
(I. Rosellini, Monumenti del Culto)

Die soziale Bedeutung der Feste findet ihre Bestätigung in dem Umstand, dass die Arbeiter an den Tagen, an denen gefeiert wurde, Urlaub nehmen konnten. An diesen Tagen erhielten sie zusätzliche Rationen an guten Dingen sowie an Wein und Süßigkeiten. Man hat berechnet, dass die abhängigen Arbeiter in einem Jahr mindestens einhundertundfünf Urlaubstage hatten. Darunter fallen während der aus drei Dekaden bestehenden Monate für jede Dekade ein Ruhetag; das Nilfest und das Fest der Trunkenheit, die fünfzehn Urlaubstage umfassten; das Opetfest mit elf Tagen; die Osirisfeste mit gut achtzehn Tagen sowie das Schöne Fest vom Wüstental mit zwölf Tagen. Andere Feste wie das Weinlesefest, das Saatfest und das Erntefest kann man nicht in Zahlen fassen.

Gewisse Riten wie die Errichtung des Djed-Pfeilers waren genau festgelegten religiösen Feiern vorbehalten. So gehörte zum Beispiel zu den Festen für den Gott Min (den ithyphallischen Gott von Koptos, der anscheinend ursprünglich aus einer Gegend Nubiens in der Ostwüste zum Roten Meer hin stammt) eine recht merkwürdige Zeremonie, die aus einer Anzahl von Darstellungen bekannt ist. Dabei kletterten einige Nubier (oder als Nubier verkleidete Leute) in einer zugleich rituellen und gymnastischen Übung auf eine hohe Stange, die man (mit welcher Befugnis auch immer) mit dem Maibaum verglichen hat.

Das Schöne Fest vom Wüstental fand in Theben beim Aufkommen des Neumonds im zehnten Monat des Jahres statt. Es war das Fest der Toten, an dem die Hinterbliebenen die verstorbenen Verwandten besuchten und ihnen Speisen und Getränke brachten, dabei blieben sie einige Tage bei den Gräbern. Bei dieser Gelegenheit besuchte der Gott Amun die Götter der thebanischen Nekropole am Westufer des Nils und bewegte sich dazu auf einer aus Zedernholz vom Libanon gefertigten heiligen Barke fort, die mit Blattgold und Blattsilber überzogen war. Vierzig Priester trugen die Statue vom Tempel von Karnak zur Anlegestelle und stellten sie auf eine große Barke (man weiß, dass sie zur Zeit Ramses' III. 68 Meter lang war), auf der sie den Nil überquerte, gefolgt von der Masse der Gläubigen auf Barken und kleinen Booten. Bei der Fahrt durch die Kanäle machte man bei den Totentempeln am Westufer Halt, und am zwölften Tag kehrte die Barke nach Theben zurück.

Das Opetfest am 15. Tag des zweiten Monats der Nilschwelle (Ende August/ Anfang September) erlebte die zweite feierliche Ausfahrt des Amun von Karnak. Zusammen mit Mut, seiner Gemahlin, und Chons, ihrem gemeinsamen Sohn, besuchte Amun zwei Wochen lang den Tempel von Luxor (Opet), der vier Kilometer entfernt lag. Die drei Götterstatuen wurden auf heiligen Barken gefahren, wobei die Prozession an den vorgesehenen Haltepunkten Station machte.

Die Bootsfahrt auf dem heiligen See oder dem Nil wurde mancherorts durch die Erinnerung an eine Episode aus dem Mythos des Lokalgottes belebt. So geschah es in Abydos, wenn die Barke des Osiris von Darstellern in der Rolle Seths und seiner wilden Gefährten gestürmt wurde. Zwischen den beiden Gruppen kam es zu einem (gespielten) Kampf, der immer von den Anhängern des Osiris gewonnen wurde, und im Triumph versöhnte man sich dann wieder.

Ebenfalls in Abydos fanden während des Monats Choiak, der dem Mysterium des Leidens, Todes und der Wiederauferstehung des Osiris gewidmet war, eine Art »heilige Aufführungen« statt, die am 30. Choiak endeten, wenn die im Jahr zuvor hergestellte Statue des Gottes in seinem eigenen Grab bestattet wurde.

Außer den Mysterien von Abydos zeigen verschiedene literarische Zeugnisse aus unterschiedlichen Epochen vom Mittleren Reich an in der ägyptischen Welt die Existenz einer Form des Theaters, das sich anscheinend außerhalb des Tempels entwickelte und dem auch das Volk beiwohnen konnte – das normalerweise von der Teilnahme an den Riten der offiziellen Religion ausgeschlossen war. Es handelte sich um Aufführungen, die mythische Ereignisse in Szene setzten. Dabei traten Schauspieler auf, vielleicht als Gottheiten maskierte Priester, und ein »Chor« (eine Frau oder andere Personen), der die szenische Handlung mit Fragen oder Wehklagen voranbrachte. Es wurden allerdings keine entsprechenden Bauten gefunden, d. h. Bühnenpodeste und Zuschauerbänke. Vielleicht gab es keine, und man benutzte stattdessen die Pylonen, deren Spitze man für bestimmte dramatische Momente über die Treppen im Inneren erreichen konnte. Eine solche Hypothese scheint das Drama von *Geburt und Apotheose des Horus* nahezulegen, wenn der Horus darstellende Schauspieler von oben – in Falkenfedern gekleidet – seine göttliche Natur verkündet.

In den uns erhaltenen Textbüchern finden wir szenische Anweisungen, die den Charakter der Texte als Theaterstücke beweisen. Das Horus-Drama, von dem ich hier den gesamten Text wiedergebe, findet sich unter den Formeln der *Sargtexte* (Spruch 148, unter dem Titel *Verwandlung in den Falken*) und ist daher ins Mittlere Reich zu datieren. Die Protagonisten des Stückes sind Atum, Isis, Horus und eine Frau. Isis bemüht sich darum, dass die Götter ihren Sohn Horus anerkennen, den sie auf wundersame Weise von dem durch die Hand Seths schon getöteten Osiris empfangen hat.

EIN MYTHISCHES DRAMA AUS DEM ALTEN ÄGYPTEN.
GEBURT UND APOTHEOSE DES HORUS

(Szenenanweisung) Ein Sturm bläst, die Götter ängstigen sich. Isis erwacht, schwanger durch ihren Bruder Osiris. Sie erhebt sich. Eine Frau läuft herbei. Ihr Herz jubelt über den Samen ihres Bruders Osiris.

[Isis] sagt: Ich bin Isis, Osiris' Schwester, die weint über den Vater der Götter, Osiris, der Schiedsrichter bei den Kriegen der Beiden Länder war. Sein Samen ist in meinem Schoß. Ich habe daraus schon im Ei den Körper eines Gottes geformt, der der Sohn dessen ist, der den Urgöttern vorsitzt, der dieses Land regieren, Geb nachfolgen und für seinen Vater sprechen [≈ ihn rehabilitieren] und Seth töten wird, den Feind seines Vaters Osiris.

Kommt, o Götter, stellt euren Schutz im Innern meines Leibes sicher! Wisset in eurem Herzen, dass dieser Gott euer Herr sein wird, der in seinem Ei ist, von so friedlichem Aussehen, der Herr der Götter, auch derer, die groß sind, schön und geschmückt mit den beiden blauen Federn.

Atum sagt: Es geschehe, dass dein Herz befriedigt werde.

Die Frau: Aber wie wisst ihr, dass der Gott Herr und Erbe der Urgötter ist, den ihr schützen sollt im Inneren des Eis?

Isis: Ich bin Isis, die berühmteste und heiligste der Gottheiten. Der Gott, der in diesem Schoß ist, ist der Same des Osiris.

Atum sagt: Die, die da auf geheimnisvolle Weise empfangen hat, ist eine junge Frau, die empfangen hat und die gebären wird ohne Eingreifen der Götter, wahrlich, es ist daher wirklich der Same des Osiris. Jener Feind (Seth), der seinen Vater getötet hat, soll nicht kommen, um das junge Ei zu zerbrechen. Der Große Zauberer (Thot) soll ihn in Respekt halten. Gehorchet, o Götter, dem, was Isis gesagt hat.

Isis: Atum, der Herr des Palastes der göttlichen Bilder hat gesprochen. Er hat für mich bestimmt, dass mein Sohn in meinem Schoß geschützt sei. Er hat eine Wache hinter ihm in diesem Schoß aufgestellt. Stellt den Schutz für den Falken sicher, der in diesem Schoß ist!

Atum sagt: Herr der Götter, wohlan, erscheine auf der Welt! Ich werde dafür sorgen, dass die Gefährten deines Vaters Osiris dich anbeten und dir dienen. Ich werde deinen Namen nennen, wenn du den Horizont erreicht hast und zu den Zinnen [des Palastes] desjenigen kommst, dessen Name verborgen ist. Die Kraft zieht sich aus meinem Körper zurück, die Müdigkeit dringt in meinen Körper.

(Szenenanweisung) Als die Müdigkeit in ihn eingedrungen, beugt er sich. Der Leuchtende (die Sonne) bricht auf und wählt seinen Platz und setzt sich vor die Götter zwischen die Höflinge dessen, der sich zurückgezogen hat, dessen Name verborgen ist.

Atum: Bravo, mein Sohn Horus! Bleib in diesem Lande deines Vaters Osiris, mit deinem Namen »Falke, der auf den Zinnen des Palastes desjenigen ist, dessen Name verborgen ist«. Ich bitte, du mögest zu den Gefährten der Sonne des Horizonts gehören, am Bug des Schiffes des Urgottes, auf ewig.

(Szenenanweisung) Isis kommt, um den zu finden, der sich zurückgezogen hat, und bringt Horus mit, und Isis bittet, dass er bei demjenigen sei, der sich zurückgezogen hat, als ewiger Gott.

Isis: O Götter, schaut auf Horus!

Horus: Ich bin Horus, der »Falke, der auf den Zinnen des Palastes desjenigen ist, dessen Name verborgen ist«! Mein Flug hat den Horizont erreicht. Ich habe die Götter des Himmels übertroffen. Ich bin hinausgelangt über den Ort der anfänglichen Götter. Nicht einmal der Adler kann meinen ersten Flug erreichen! Mein Platz ist weit fort von Seth, dem Feind meines Vaters Osiris. Ich habe die Wege der Ewigkeit zum Licht

(oben) Herstellung eines hölzernen Naos für den Tempel. Theben, Grab des Rechmire (18. Dyn.)
(unten) Die Götter führen Ptolemaios III. in Gegenwart des falkenköpfigen Horus ein. Edfu, Horustempel
(ptolemäische Zeit)

erobert. Ich werde wüten gegen den Feind meines Vaters Osiris und werde ihn unter meinem Namen »Rotgekleideter« unter meine Sandalen legen.

Ich bin Horus, den Isis geboren hat, und dessen Schutz schon im Ei garantiert wurde. Der glühend heiße Hauch eurer Münder schadet mir nicht, und das, was ihr gegen mich sagt, kann mich nicht erreichen.

Ich bin Horus, dessen Sitz fern ist von Menschen und Göttern.

Ich bin Horus, Sohn der Isis!

Zwei Dramenfragmente, oder genauer Fragmente von Textbüchern für Schauspieler, die von E. Drioton im Kontext einer magischen Stele (der »Metternichstele«, 4. Jh. v. Chr.) entdeckt wurden, beziehen sich auf den Mythos von Horus, dem Sohn von Isis und Osiris. Sie sind betitelt *Horus in den Sümpfen von Chemmis* und *Isis und die sieben Skorpione,* und die Gestalt der Isis als liebevolle, schützende Mutter erscheint mit bemerkenswertem psychologischen Gespür skizziert.

Auf den Wänden des Tempels von Edfu, der in ptolemäischer Zeit errichtet wurde, werden elf Flachreliefs von langen Hieroglypheninschriften begleitet, auf denen die Adaptierung zweier dramatischer Texte erkannt wurde. Es handelt sich um zwei Dramen zum Mythos von Osiris, Seth und Horus, von denen eines in Busiris, das andere in Buto spielt. Dem ersten wurde der Titel *Der Sieg des Horus über die Feinde seines Vaters Osiris,* dem zweiten *Der Sieg des Horus über Seth in der Gestalt eines Flusspferds* gegeben.

Auch die gewöhnlichen Leute konnten beim »Auftritt« des Gottes, d. h. bei der Prozession, zugegen sein. Dabei wurde seine Statue sichtbar oder unter einem Schleier, der nur seine Gestalt erahnen ließ, in einem goldenen Baldachin ausgestellt. Dieser stand auf der heiligen Barke, die jeder Tempel für diese Gelegenheiten besaß und die von *Wab*-Priestern (d. h. »Reine«) auf den Schultern auf Tragestangen getragen wurden. Die Zahl der Priester betrug zwischen acht und zwanzig. Die Prozession verließ das Heiligtum und bewegte sich auf festgelegten Routen und Halteplätzen entweder innerhalb des eingefriedeten Tempelbezirks oder außerhalb desselben fort, wie bei bestimmten Festen, bei denen die Götter sich gegenseitig in anderen Tempeln der Umgebung Besuche abstatteten.

Die Prozessionen boten Gelegenheit, den Gott zu befragen, indem man ihn um ein Orakel bat, um Antworten auf verschiedene Probleme, die die Gläubigen bedrückten. Die orakelhaften Antworten bestanden, soweit bekannt ist, in Bewegungen der Barke des Gottes. Wenn sie voranglitt oder sich nach vorn neigte oder zurückwich (d. h. wenn die Träger der Barke diese Bewegungen ausführten), bedeutete das eine Antwort vonseiten der Gottheit. Eine andere Methode bestand darin, dem Gott (dem zuständigen Priester!) zwei Schriftstücke zu unterbreiten, unter denen er auswählte, oder nach Zufall einen von zwei kleinen, verschlossenen Papyri (durch einen Priester? durch ein Kind mit verbundenen Augen?) aus einem Gefäß herausziehen zu lassen. Diese letzte Methode wurde sicher in ptolemäischer und auch in christlicher Zeit angewendet. Anscheinend konnte man sogar unter vielen kleinen zu Bündeln zusammengebundenen kleinen Texten einen herauslosen...

Die so erhaltenen Antworten scheinen juristischen Wert besessen zu haben, wenigstens im Umfeld und bei Angelegenheiten der Tempelbediensteten.

Man erbat ein Orakel in Fällen von Beanstandungen, zum Beispiel um die Menge Korn zu erfahren, die dem Käufer geliefert werden sollte, oder im Fall eines Diebstahls. Dazu wurden vor der Statue des Gottes, in Deir el-Medineh in der Regel des vergöttlichten Pharaos Amenhotep I., die Namen der Verdächtigten oder ihre Häuser aufgelistet. Der Gott gab dann den Schuldigen mit einem Zeichen an, wenn er genannt wurde.

Wenn das Orakel bei einer Prozession gegeben wurde, neigte sich die von Priestern getragene Statue, wie schon gesagt, bei Zustimmung nach vorn, bei Ablehnung wich sie zurück. Die Antwort konnte auch aus dem Mund eines Priesters erfolgen. Wurden zwei Fragen präsentiert, eine positive und eine negative, konnte der Gott die eine oder die andere wählen, oder man loste sie aus.

Man wandte sich bei allen Sorgen und wegen jeder Art materieller Interessen an das Orakel. Die Arbeiter (das wissen wir von aus Deir el-Medineh stammenden Tonscherben) baten den Gott, ihren »guten Herrn«, um Voraussagen über ihren Lohn oder ihre Zukunft: »Werde ich nach Norden gehen?«

Die Orakelpraxis setzten manche Herrscher im Neuen Reich auch als politisches und juristisches Instrument ein. Thutmosis III. und Hatschepsut zum Beispiel bedienten sich ihrer, um sich von Amun zu Königen wählen zu lassen. Genutzt wurde sie auch von hohen Persönlichkeiten, um eine feierliche Bestätigung für wichtige Aufgaben zu erhalten, so etwa bei Horsiese, Priester des Month Re-Harachte zu Theben im 14. Jahr Psammetichs I.

Der – aus Theben stammende und ans Ende des Neuen Reiches zu datierende – Papyrus Nevill präsentiert sich als (auf beiden Seiten des Papyrus geschriebener) Brief, den ein Mann (dessen Name unbekannt bleibt) an eine Gottheit während einer Prozession richtet, vielleicht an die Statue eines der vergöttlichten thebanischen Könige wie Ahmose I. oder Amenhotep I., die in besonderer Weise von den Menschen verehrt wurden, die mit der Königsnekropole von Theben verbunden waren. Der Verfasser bittet um ein Urteil zu bestimmten verschwundenen Stoffen, für die er als verantwortlich bezeichnet wurde. Doch bevor er den Brief schrieb, hatte er vergeblich versucht, mit dem Gott zu sprechen, an den das Schreiben jetzt direkt im Heiligtum abgeliefert wird. Beeindruckend ist der familiäre Ton, mit dem er sich an den Gott wendet, dem er Vorwürfe macht und den er der Parteilichkeit beschuldigt:

> »Ich hätte gern mit dir über einige meiner Fragen gesprochen, doch es ergab sich, dass du dich an deinem Sitz verstecktest, wo niemand eintreten kann, um dir eine Botschaft

zu bringen. Während ich darauf wartete [mit dir zu sprechen], fand ich Hori, den
Schreiber des (Toten)Tempels von Usermaatre-Meriamun (Ramses III.), der mir sagte:
›Ich kann dort eintreten.‹ Also schicke ich ihn dir. Wenn du heute bei der Prozession
heraustrittst und die Geheimnisse entdeckst, entscheide die Frage der fünf Stoffstücke
aus dem Besitz des (Toten)Tempels des (Pharaos) Haremhab und der beiden anderen
Stoffstücke des Schreibers der Nekropole, die der Wesir nicht bekommen hat, und er
sagt: ›Hast du sie genommen?‹ Einer wie du, der an geheimnisvollem, verborgenem
Platz steht, muss seine Stimme vernehmen lassen. Doch du hast mir weder eine gute
noch eine schlechte Nachricht gesandt. Jawohl, du hast Isetii, deiner Dienerin, gut elf
(Nachrichten, d. h. Orakel) gegeben, in Gegenwart (des Gottes?), als sie bei ihm eintrat,
während du (für mich) andererseits deine Stimme nicht vernehmen ließest, wie (wenn
sie aus der) Duat von Millionen (Jahren) käme.«

Der Papyrus Nevill könnte der Präzedenzfall für die »Briefe an die Gottheit« sein,
die aus demotischen Zeugnissen bekannt sind und eine nicht geringe Zahl an Beispielen umfassen. Sie sind für die Beziehung Gottheit–Gläubiger sehr erhellend. Es
handelt sich um Appelle in Briefform, die auf Papyrus, Tonscherben oder Leinenstoff geschrieben und von Gläubigen in Schwierigkeiten an die mit der Nekropole,
besonders mit den Friedhöfen der heiligen Tiere verbundene Gottheit gerichtet werden. Darin legen die Gläubigen ihre Probleme dar und erbitten Hilfe. Einer der
beeindruckendsten Briefe ist die an die tiergestaltigen Inkarnationen von Thot, den
Ibis, den Falken und den Pavian, von einem Bruder und einer Schwester gerichtete
Anrufung (der Text wurde schon ausführlich zu Beginn des Kapitels »Das Leben in
der Familie« zitiert). Beide sind mutterlos, und sie klagen die Bösartigkeit und die
Verfolgungen durch ihren Vater an, der, nachdem ihre Mutter durch seine Schuld
an gebrochenem Herzen gestorben war, sie auch des Erbteils ihrer Mutter beraubte
und sich eine andere Frau nahm. Daraufhin jagte er sie aus dem Haus und zwang
sie, an den Straßenecken um Almosen zu bitten – ein sehr bewegendes soziales Bild
«à la Dickens«, das mit den Worten endete:

> »Wir stoßen unseren Schrei zu den Göttern hin aus, deren Name hier oben geschrie-
> ben steht. Jeder Mensch in der Welt, der dieses Schriftstück gern den Flammen überge-
> ben würde, um es zu vernichten, soll sich unserem Appell nicht entziehen, soll dagegen
> das Schriftstück von Anfang bis zum Ende lesen. Er soll es lesen am Südtor, am Nord-
> tor, am Westtor und am Osttor des Gebäudes, wo die Götter ruhen, sodass (die Götter
> ihren) Fluch (gegen den grausamen Vater) verhängen, wenn sie (den Inhalt) dieses
> Briefes vernommen haben!«

Es sind uns in das Neue Reich datierte *Kalender der glückbringenden und unheilvollen
Tage* erhalten, deren guter oder ungünstiger Charakter von den mythischen Ereig-
nissen abhing, die man mit ihnen jeweils in Verbindung brachte (die Astrologie im
eigentlichen Sinne war im Ägypten der Pharaonenzeit unbekannt). So war zum Bei-

Der Gott Osiris dargestellt auf einem blauen Glaskelch
mit polychromen Verzierungen und griechischem Text:
»Trinke und lebe!« Aus Sedenga, Sudan (meroitische Zeit,
3. Jh. n. Chr.). Sammlung Schiff Giorgini, Universität Pisa

spiel der 26. des Monats Thot unheilvoll, weil es der Tag des Kampfes zwischen Horus und Seth war. Der Nutzen für den, der diese »Kalender« konsultierte, erscheint offenkundig: Er wusste auf diese Weise, ob es an jenem Tag ratsam war, das Haus zu verlassen, oder ob es opportun war, mit dem Schiff zu fahren…

Eine große Quelle des Trostes bestand für die Menschen in Glaubenshaltungen und in Praktiken, die uns heute als Aberglaube vorkommen. Sie vertrauten auf Amulette, Talismane, am Hals getragene Skarabäen, auf Figuren von Schutzgeistern oder auf die Anrufung heilkräftiger Statuen und die Anwendung von Heilmitteln der Magie. Unsichtbare, jedoch potentiell schädliche Wesen konnten in jedem Augenblick Krankheiten oder Unglücksfälle verursachen, und die Magie brachte eine Lösung, die Gott selbst in seiner Voraussicht der Menschheit ermöglicht hatte, wie wir in der *Lehre für König Merikare* lesen, einem sehr gehobenen und gewiss nicht »populären« Text: »(Gott) hat für die Menschen die Magie als Waffe geschaffen, um die Schläge des widrigen Geschicks abzuwehren, und hat [ihnen] die (mahnenden) Träume nachts und (die Visionen) bei Tage [ermöglicht].«

In der entwickelten ägyptischen Theologie besaßen nicht alle Gottheiten denselben Rang. Die Ikonografie unterscheidet häufig die bedeutenden Götter, die sie auf den Thron setzt und denen sie die Insignien des Lebens und der Macht in die Hand gibt. Die Texte lehren, dass es große Götter (Re, Amun, Min, Horus, Hathor, Osiris, Isis sowie die Übrigen unter den Titelträgern großer Tempel) und kleine Götter (wie zum Beispiel Bes, Toeris und Heket) gibt. Während Ramses IV. sich rühmt, sich mehr für die großen als für die kleinen Gottheiten zu interessieren, warnt dagegen der Autor der *Lehre des Papyrus Insinger* davor, diese letzteren zu verachten: »Verachte nicht eine kleine Gottheit, dass ihre Bestrafung dir nicht als Lehre dienen muss.« Derselbe Text mahnte auch, einen kleinen Talisman nicht außer Acht zu lassen: »Verachte kein kleines Amulett, denn man braucht es. Ein Amulett ist nicht schädlich und beschützt seinen Besitzer.«

Der Glaube an die Wirksamkeit zauberkräftiger Talismane, die man am Körper trägt, war bei Personen jedes Standes verbreitet, denn die Produktion von Amuletten war gewaltig. Sie sind in großer Zahl erhalten geblieben, zu hunderten von ganz verschiedener Art. Sie umfassen tiergestaltige oder nicht-tiergestaltige Götterfiguren, Tiere, die mit Gottheiten oder einer besonderen Symbolik in Verbindung stehen wie zum Beispiel der Pavian Thots, die Kobra und der Sonnenskarabäus (oft mehrfach – sechs- bis achtmal – auf demselben Amulett). Des Weiteren zählen symbolhafte Gegenstände wie das Udjat-Auge des Horus, magische Bänder, heilige Barken, der Djed-Pfeiler oder die Lebensschleife, das Anch-Zeichen, dazu. Talismane bestanden aus kostbarem Metall wie Gold und Silber, doch vor allem aus Fayence, harten Steinen, v. a. dem roten Karneol, oder auch aus Holz. In verschiedenen Formen gearbeitet, die alle den Träger schützen sollten, wurden sie an Halsketten oder

Armreifen getragen, bisweilen auch in Ringe gefasst. Die magische Kraft des Amuletts wurde enorm verstärkt, wenn magische Formeln darauf geschrieben waren. Zwischen Mumienbinden wurden ganze Serien von Amuletten gelegt. Ein großes Amulett, voller Zauber auch dank dem Spruch 30 B des *Totenbuches,* ist der sog. »Herzskarabäus«, der auf der Mumie an der Stelle des Herzens angebracht wurde.

Der Name, welcher von den Ägyptern der Magie gegeben wurde, ist Heka, die Kraft, die aktive Energie des Universums. Die Götter waren davon durchdrungen, ja, wie wir in den ältesten ägyptischen religiösen Texten lesen, den *Pyramidentexten* und den *Sargtexten:* die Götter ernährten sich sogar davon.

Die schützende Anwendung des Heka war für das alte Ägypten eines der von Gott der Menschheit gemachten Geschenke. Die Magie diente dazu, die Kräfte desjenigen zu vertreiben, von dem sich die Ägypter bedroht fühlten. Sie konnten ihren Ursprung in der Böswilligkeit anderer Menschen haben, bei gefährlichen Toten, bei Gottheiten und bei dämonischen Abgesandten von Gottheiten, kurz in übernatürlichen, dieser Welt gemeinsam innewohnenden Kräften. Zur Magie gehören neben der Verwendung von Talismanen und Amuletten verschiedene Praktiken: die Rezitation von Formeln, Zeremonien in den Tempeln und Begräbnisrituale, die Versendung von Briefen an die Toten, Verträge über Hierodulie (d. h. die verpflichtende Übernahme von Diensten für die Gottheit eines Tempels), doch auch der Glaube an Träume und Orakel.

Der Pharao selbst hatte Magier am Hofe oder ließ sie rufen, wenn er etwas von besonders erfahrenen Magiern erfahren wollte.

In den *Erzählungen des Papyrus Westcar* (ein aus dem Mittleren Reich erhaltener Text) wurde König Cheops, wenn er sich langweilte, mit Geschichten von Magiern und Wundern unterhalten, die ihm seine Söhne erzählten. Chephren, der künftige König, erzählt von einem Magier, einem Obersten Vorlesepriester, der zur Zeit Nebkas (3. Dynastie) lebte und dessen Frau ihn mit einem jungen Mann betrog. Sie wurde von ihrem Ehemann bestraft, der ein sechs Finger langes Krokodil aus Wachs in ein sieben Ellen langes Krokodil verwandelte, das den Ehebrecher in den See sog.

Der Fürst Baufre erzählt von einem Magier, der zur Zeit des Königs Snofru, des Vaters des Cheops, lebte und mit einer beispiellosen magischen Handlung den Grund eines Sees freilegte, um einen Anhänger wieder zu beschaffen, der dort hineingefallen war:

»Der Oberste Vorlesepriester Djadjaemanch sprach das, was er als magische Formel sprach, dann verlagerte er eine Hälfte des Wassers auf die andere Hälfte des Sees und fand den Anhänger in Form eines Fisches, der auf einer Scherbe lag. Er ging um ihn zu ergreifen, und der Anhänger wurde seiner Besitzerin wiedergegeben. Jetzt war das

Wasser, das in der Mitte zwölf Ellen (mehr als sechs Meter) maß, vierundzwanzig Ellen hoch geworden, nachdem es übereinander getürmt worden war. Er sprach noch einmal das, was er als magische Formel sprach, und führte die Wasser des Sees in ihren (vorherigen) Zustand zurück.«

Dem Prinzen Djedefhor gelingt es, den weisen Djedi, einen hochberühmten Magier seiner Zeit, der nicht zur Klasse der Vorlesepriester gehörte, zu seinem Vater zu bringen. Djedi soll in Gegenwart des Herrschers das Kunststück mit dem abgeschnittenen und wieder befestigten Kopf bei zwei Gänsen und einem Rind durchführen:

»Es sprach Seine Majestät: ›Worum handelt es sich, o Djedefhor, [mein Sohn?‹ Der Prinz] Djedefhor [sprach]: ›Es gibt einen Bürger mit Namen Djedi, der in Djedsnofru (der Pypramidenstadt von Meidum) wohnt. Er ist ein Bürger von hundertzehn Jahren, der fünfhundert Scheiben Brot isst und als Fleisch einen halben Ochsen, und der noch heute hundert Kannen Bier trinkt. Er kennt die Zahl der geheimen Räume im Heiligtum Thots.‹ – Nun, Seine Majestät, der König Cheops, verbrachte seine ganze Zeit damit, diese geheimen Räume im Heiligtum Thots zu suchen, um sich etwas Ähnliches für seinen Horizont (≈ den Totentempel) machen zu lassen. Da sprach Seine Majestät: ›Du selbst, mein Sohn Djedefhor, du wirst gehen um ihn mir zu bringen.‹ – Sogleich wurden Schiffe für den Prinzen Djedefhor ausgerüstet, und er fuhr nilaufwärts nach Djedsnofru. Als die Schiffe am Ufer angelegt hatten, reiste er landeinwärts, nachdem er sich in eine Sänfte aus Ebenholz gesetzt hatte, deren Stangen aus Edelholz und mit Gold beschlagen waren. Als er bei Djedi angekommen war, wurde die Sänfte auf die Erde gesetzt. Dann stieg er hinaus, um ihn zu begrüßen. Er fand ihn auf einer Matte liegend auf dem Boden seines Hauses. Ein Diener hielt im den Kopf und rieb ihn mit Salbe ein, während ein anderer ihm die Füße massierte. – Es sprach der Prinz Djedefhor: ›Dein Zustand ist ähnlich dem eines Mannes, der das Greisenalter noch vor sich hat – (bedeutet doch) hohes Alter letztes Stündlein, Einwickeln und Bestatten –, (eines), der bis zum Morgen schläft, der frei von Leiden ist, ohne einen Hustenanfall. So begrüßt man einen Verehrungswürdigen! Ich bin hierhergekommen, um dich im Auftrag meines Vaters Cheops zu rufen. Du sollst ausgesuchte Dinge essen, die der König gibt, und die Lebensmittel, die für diejenigen bestimmt sind, die in seinem Dienst stehen. Er wird dich nach einer glücklichen Lebensspanne zu deinen Vätern geleiten, die in der Nekropole ruhen.‹ – Da antwortete dieser Djedi: ›In Frieden, in Frieden, Djedefhor, Königssohn, den sein Vater liebt! Dein Vater Cheops möge es dir vergelten, er möge deinen Rang unter den Älteren befördern! Dein Geist möge gegen deinen Feind zu kämpfen in der Lage sein, und möge deine Seele in der Lage sein, die Wege zu kennen, die zum Tor der Stätte führen, die die Müden verhüllt (das Totenreich)! So begrüßt man einen Prinzen!‹ Dann reichte ihm Prinz Djedefhor die Hände und richtete ihn auf. Er ging mit ihm zum Ufer und gab ihm dabei seinen Arm. Djedi sagte: ›Lass mir eine eigene Barke geben, damit sie mir meine Kinder und meine Bücher bringe.‹ Und man stellte ihm zwei Schiffe mit ihrer Besatzung zur Verfügung. Djedi fuhr nilabwärts, in

Der Pharao bei der Verehrung des Gottes Re-Harachte. Theben, Tal der Könige, Grab des Merenptah (19. Dyn.)
(I. Rosellini, Monumenti Storici)

dem Schiff, in dem der Prinz Djedefhor war. – Nachdem er in der Residenz angekommen war, trat der Prinz Djedefhor ein, um der Majestät des Königs Cheops zu berichten. Der Prinz Djedefhor sagte: ›O König, mein Herr, ich habe Djedi hergebracht.‹ Seine Majestät sagte: ›Geh und bring ihn mir her!‹ Seine Majestät begab sich in die große Halle des Palastes. Man führte Djedi bei ihm ein und Seine Majestät sprach: ›Wie kommt es, Djedi, dass es mir noch nie vergönnt war dich zu sehen?‹ Djedi antwortete: ›Wer gerufen wird, kommt, o König. Man hat mich gerufen, und siehe, ich bin gekommen.‹ Da fragte Seine Majestät: ›Ist es wahr, was man erzählt, dass du einen abgeschnittenen Kopf wieder anfügen kannst?‹ Djedi antwortete: ›Ja, ich kann es, o König, mein Herr.‹ – Da sagte Seine Majestät: ›Man bringe mir einen Gefangenen, der im Gefängnis ist, auf dass er hingerichtet werde.‹ Aber Djedi sprach: ›Nicht doch an einem menschlichen Wesen, König, mein Herr! Es ist doch verboten, desgleichen an der Heiligen Herde (Gottes) zu tun.‹ – So brachte man ihm eine Gans und schnitt ihr den Kopf ab. Man legte die Gans auf die Westseite der Großen Halle und ihren Kopf auf die Ostseite der Großen Halle. Djedi sprach das, was er als magische Formel sprach, und die Gans richtete sich auf, watschelte und ihr Kopf ebenso. Als eines zum anderen gekommen war, stand die Gans auf und schnatterte.«

Eine andere Erzählung über Magie und Wunder (der *Papyrus Vandier*) hat als Protagonisten den guten Magier, die neidischen Hofmagier und Hofärzte sowie den König Sisobek – ein Beispiel für Missherrschaft, Gier, Schwächlichkeit, Todesangst, Undankbarkeit und Sittenlosigkeit. Man liest darin vom Abstieg in das Jenseits noch zu Lebzeiten, vom Gebrauch magischer Figuren, die lebendig und dem Magier gefügig gemacht werden. Zudem ist die Rede davon, dass ein Magier, wenn er es mit seinen Künsten erreicht, sein Leben über die ihm zugewiesene Zeit hinaus zu verlängern, als Ersatz dafür in die Duat (eine Jenseitsregion) hinabsteigen muss, um für etwa eine gleich lange Zeit zu sterben wie die, die er dem Tod entrissen hat.

Es war möglich, dass der Pharao mächtigen Zauber zur Verteidigung gegen private oder politische Feinde benötigte und gegen Feinde des Landes, die an den Grenzen lauernd dessen Gleichgewicht (die Maat) erschüttert hätten. Diese Bitte war also ein offizieller, ritueller Schutz, der durch die sog. Ächtungstexte des Alten und Mittleren Reiches bezeugt sind. Sie wurden auf Gefäße und Tonstatuetten geschrieben, die unter namentlicher Anrufung Fürsten und Länder Nubiens und Asiens exorzieren.

»Jeder Aufrührer gegen dieses Land, jeder Mensch, jeder Beamte, jeder Untertan, jeder Mann, jeder Kastrat, jede Frau, jeder Vorgesetzte, jeder Nubier, jeder Kämpfer, jeder Bote, jeder Verbündete und jeder Bundesgenosse jedes fremden Landes, der sich erhebt und der sich im Lande Wawat, Djatiu, Irtjet, Iam, Ianech, Masit, Kaau befindet oder der intrigiert oder Unordnung durch schlechte Wörter jeder Art gegen Ober- und Unterägypten verursacht, (wird vernichtet) auf immer.«

Wenn sie sich gegen die heilige Person des Pharaos richtete, wurde destruktive Magie zum Verbrechen, wie bei der Haremsverschwörung, die sich gegen das Leben Ramses' III. richtete, und deren Hauptbeteiligte auf magischer Seite ein Oberster Vorlesepriester, ein Magier also hohen Ranges, und ein Priester der Göttin Sachmet waren. Die Verschwörer hatten Zauber und magische Wachsfiguren zusammen mit einschläferndem Zaubertrank, der die Wachen neutralisieren sollte, vorbereitet. Sie wurden entdeckt, einem Prozess unterworfen und zum Tode verurteilt. Außerdem wurden ihre Namen durch Schmähnamen ersetzt, womit sie der ewigen Vernichtung durch Unterdrückung ihrer eigentlichen Namen preisgegeben waren. Ramses III. starb während des Prozesses und nicht kraft der Wirkung jener Zauberkünste...

Das Betätigungsfeld des magischen Beschwörers fiel in der Praxis mit dem Raum des täglichen Lebens zusammen, den Sorgen, Krankheiten und Kümmernissen. Er konnte auf Krankheiten und Infektionen mit magischen Formeln und Handlungen einwirken, außerdem mittels der Anwendung von Heilmitteln und Rezepten der empirischen Medizin. Weil eine Krankheit – und auch der Tod – von Verursachern wie verderbenbringenden Gottheiten (Sachmet) oder böswilligen Verstorbenen ausgelöst sein konnte, ist die ägyptische Medizin eng mit der Magie verbunden. Heiltränke und Rezepte – auch wenn sie in ihrer Heilkraft auf natürliche Weise wirksam waren – wurden regelmäßig durch Zaubersprüche und magische Formeln verstärkt. Das folgende Beispiel ist dem magischen Papyrus von Turin entnommen. Um aus der Kehle eine Fischgräte zu entfernen, die sich dort beim Essen festgesetzt hat, muss man Brot hinunterschlucken (wie man es auch heute noch bei demselben Vorfall tut), doch der ägyptische Zauberer fügte seine magischen Formeln hinzu:

»Spruch zum Herausziehen einer Fischgräte.
O mein Einziger, o mein Einziger, mein Diener! O mein Einziger, o mein Einziger!
Die Brote sind in der Stadt, die Sachen zum Essen – Fische und Vögel – sind auf dem Feld mit dem Wasser. Sei herausgezogen, o Gräte!
Dieser Spruch soll über einem Brotlaib gesprochen werden, der von einer Person gegessen wird, die eine Fischgräte in der Kehle hat.
Mein Weg ist der Weg meiner Sonne. Es wurden hervorragende Speisen auf dem Feld mit dem Wasser gespendet. Erinnere dich, o Gräte!
Dieser Spruch soll über einem Brotlaib gesprochen werden, der einem anderen gegeben wird, damit er ihn hinunterschluckt. Neben dem Mann stehen (während des Vorgangs).

Die Kräfte des Magiers waren beeindruckend. Er kannte die Sprache der Tiere, konnte einen Papyrus lesen, ohne ihn zu entrollen, Wachs- oder Tonfiguren in lebende Wesen verwandeln, abgetrennte Köpfe wieder befestigen... Er besitzt insofern ein bisschen von der Macht des Demiurgen und kennt uralte Formeln, die aus göttlichen Büchern stammen.

Er war oft – aber nicht notwendigerweise – ein in den Disziplinen des »Hauses des Lebens« erfahrener Schreiber und konnte über den Titel eines Obersten Vorlesepriesters oder Vorlesepriesters verfügen (ägyptisch heri-tep cheri-heb oder heri-tep/ heri-teb; in der Exodus-Erzählung tragen die ägyptischen Magier korrekterweise diesen Titel). Als Vorlesepriester oder Ritualist las und psalmodierte er während der Begräbniszeremonien mit der entrollten Papyrusrolle in der Hand die magischen Formeln, die das Weiterleben garantierten. Doch auch ein Beschwörer, der kein Ritualist war, konnte, wenn einmal die Formel und die richtige Weise sie zu benutzen bekannt waren, sie an und für sich wirksam einsetzen. Ein Beispiel dafür ist das, was man im *Buch von der Himmelskuh,* das auf einem Naos Tutanchamuns aufgeschrieben ist, liest:

> »Wenn ein Mann diese Formel zu seinem eigenen Gebrauch ausspricht, muss er mit Öl und Salben gesalbt sein und das Weihrauchgefäß mit Weihrauch gefüllt in der Hand haben. Er muss Natron einer bestimmten Qualität hinter den Ohren haben, eine andere Qualität Natron im Mund. Er muss in zwei neue Kleidungsstücke gekleidet sein, nachdem er sich in Wasser von der Überschwemmung gewaschen hat, weiße Sandalen tragen und die Gestalt der Göttin Maat mit frischer Tinte auf die Zunge gemalt haben.«

Wichtig für das Verständnis des Magiermetiers und dessen Motivationen privater oder gesellschaftlicher Art, die die Kundschaft dazu veranlassten, sich an wirkliche Berufsmagier zu wenden, sind die Sammlungen magischer Formeln (an die medizinische Praxis gekoppelt oder nicht) aus der Pharaonenzeit und den Folgezeiten. Besonders hervorzuheben sind die in demotisch verfassten magischen Formeln, wahre »Handbücher für den Magier« oder »Enzyklopädien der Magie«. An erster Stelle wandte sich der Kunde an den Magier als Wahrsager, um die Zukunft zu erfahren, die Vergangenheit zu überprüfen oder Ratschläge für die Gegenwart zu bekommen. Doch spiegelten die erbetenen magischen Maßnahmen vor allem die ewigen menschlichen Hoffnungen wider: die »Hexereien« müssen für Erfolg und Macht sorgen, für Gesundheit, Liebe und Sex, und sollen Feinden und Rivalen – auch in tödlichem Sinne – schaden.

Es war auch möglich, sich direkt an die Gottheit zu wenden, um eine Gunst zu erwirken, in erster Linie bei der Geburt eines Kindes, insbesondere eines Sohnes. Der angerufene wundertätige Gott konnte im Traum erscheinen und im Gegenzug für den Gefallen einen Ausgleich verlangen, so wie im Falle Taimhoteps, der Frau des Oberpriesters des Ptah in Memphis, Pascherienptah. Dieses Paar hatte kein Glück, männliche Kinder zu bekommen (Pascherienptah sagt von sich auf seiner Stele, dass es ihm nicht gelang, den männlichen Erben zu bekommen, obwohl er gut dreiundvierzig Konkubinen hatte!), bis sie sich an Imhotep wendeten, der auf die Behandlung von Unfruchtbarkeit spezialisiert war:

»Dieser Oberpriester – erzählt Taimhotep – verlangte viel von mir, sodass ich mehrere Male von ihm schwanger wurde, ohne einen Sohn in die Welt zu setzen, sondern nur Töchter. Ich bat zusammen mit dem Oberpriester Seine Majestät, den ehrwürdigen Gott, groß an Wundern, wohlwollend in Taten, dass er einen Sohn gibt dem, der keinen hat, Imhotep, Sohn des Ptah. Der Gott hörte unsere Gebete, vernahm unsere Bitten. Seine Majestät, der Gott, kam zu diesem Oberpriester in einem wahrheitsgemäßen (enthüllenden) Traum, und sprach zu ihm: ›Es soll eine wichtige Arbeit im heiligen Saal von Anch-Taui ausgeführt werden, an dem Ort, wo mein Körper verborgen ist, und ich werde es dir vergelten mit einem Sohn.‹ An dieser Stelle erwachte Pascherienptah, warf sich zu Boden, um diesen ehrwürdigen Gott anzubeten. Dann informierte er die Propheten (über die Vision), die Häupter der Geheimnisse, die göttlichen Opferdiener und die Handwerker des Goldenen Tempels und befahl, im heiligen Saal ausgezeichnete Arbeit zu leisten. Und es geschah alles nach dem, was er gesagt hatte. Er vollzog die (Begräbnis)Zeremonie der »Mundöffnung« für diesen ehrwürdigen Gott und führte ein Opfer durch aller guten Dinge und er belohnte die Handwerker vor diesem Gott und erfreute so ihre Herzen mit allen Dingen. Der Ausgleich dafür war, dass ich schwanger wurde mit einem Sohn.«

Große Bedeutung wurde Träumen und ihrer Deutung beigemessen. Der Wille des Gottes, der sich in mahnenden Träumen ausdrückte, hatte oft großes Gewicht in Staatsangelegenheiten und wenn der Nachfragende ein Herrscher war. Man denke an den Traum Thutmosis’ IV., der auf der ›Traumstele‹ wiedergegeben ist, oder an den mahnenden Traum Tanutamuns (25. Dynastie), der ebenfalls auf einer offiziellen Stele niedergeschrieben ist.

Die *Traumbücher* des Neuen Reiches und die in demotisch erhaltenen zeigen, wie verwurzelt der Glaube an die Möglichkeit war, das eigene Schicksal durch die Deutung dieses besorgniserregenden Phänomens kennen zu lernen, das der Traum darstellte. Im hellenistischen Ägypten war die kompetente Traumdeutung eine Tätigkeit erfahrener Priester, der *oneirokritai,* wie die Traumdeuter auf griechisch genannt wurden.

Osiris werden
Gräber, Mumien und Bestattungsbräuche

Eine große Zahl von Inschriften und bildlichen Szenen – dargestellt in Gräbern, auf Sarkophagen, Stelen, in Sammlungen von Totensprüchen und in Texten ganz unterschiedlichen Charakters – gibt uns Auskunft darüber, wie die Ägypter sich ihr Weiterleben im Jenseits vorstellten und wie ihre Einstellung gegenüber dem Problem des Todes war.

Sie lösten es, indem sie den Tod durch den Glauben daran zu besiegen versuchten. Sie waren überzeugt, dass das irdische Leben in einem organisierten Jenseits weitergehen, und dass es sich nach einem Plan ewiger Wiedergeburt dank den unzerstörbaren Teilen des Individuums, dem Ba (der »Seele«), dem Ach (»Geist«), dem Ka (»Lebenskraft«), dem Schatten sowie dem »Namen«, erneuern werde.

Der Glaube an ein auf das irdische folgende Leben ist schon in prädynastischer Zeit durch Bestattungen mit Grabbeigaben bezeugt und anschließend ab dem Zeitalter der Pyramiden bis in die letzten Jahrhunderte der Pharaonenkultur. Die Beschreibungen des Jenseits und eines Lebens nach dem Tode sind alles andere als präzise und einheitlich. Sie finden sich in Texten und Grabdarstellungen, in eschatologischen und magischen Erzeugnissen, wie auch in den verschiedenen Bräuchen und Ritualen des Totenkults, der sich auf die Negierung des Todes richtete.

Es existierte eine große Vielzahl von Meinungen mit nach Zeit, Ort und sozialem Umfeld unterschiedlichen Varianten zu den Aspekten des Jenseits (der Duat), d. h. zu den Gefahren, die bei den Fahrten durch die »Pforten« der zwölf Tag- und der zwölf Nachtstunden sowie bei den »Höhlen«fahrten zu erwarten waren. In jedem Fall wird man behaupten können, dass die Darstellung des am Speiseopfertisch sitzenden Verstorbenen die älteste Bestätigung des Glaubens an ein Weiterleben als Fortsetzung des biologischen Lebens ist, dessen erste Notwendigkeit in der Nahrungsaufnahme besteht.

Im Alten Reich zielen die in den unterirdischen Räumen der Pyramiden von der 6. Dynastie ab verfassten *Pyramidentexte* zum Schluss auf das Weiterleben des Pharaos ab, von dem man glaubte, dass er sich mit dem Himmel als Stern verbinden werde. Ab dem Mittleren Reich findet man die auf Holzsärge hoher Beamter, die Anspruch auf das Leben im Jenseits haben, geschriebenen *Sargtexte*. Zuvor war dies ein rein königliches Privileg gewesen, jetzt wird es vom Gott Osiris beherrscht. Auf diese Weise manifestiert sich das neue »ethische« Konzept des Weiterlebens nach dem Tode, das der Verstorbene nur erlangt, wenn er es durch ein von guten Taten geprägtes Leben verdient hat.

Vom Neuen Reich an können die Verstorbenen das *Totenbuch* mit sich führen und daraus Nutzen ziehen; es war auf Papyrusrollen geschrieben und häufig mit farbigen Zeichnungen illustriert. Der ursprüngliche ägyptische Titel lautet *Buch vom Herausgehen am Tage*, gemeint ist das Sonnenlicht während des Tages wiederzusehen, ein Wunsch, der eine fundamentale Furcht vor der Finsternis widerspiegelt. Andere Begräbnistexte sind die Unterweltsbücher, dazu zählen das *Amduat* (d. h. *Die Schrift des »Verborgenen Raumes«*), das *Pfortenbuch* und das *Höhlenbuch,* wobei es sich um Weiterentwicklungen und Systematisierung des *Zweiwegebuches* aus dem Mittleren Reich handelt.

In den folgenden Perioden ändern sich die Bräuche und die Jenseitsführer für den Toten nicht wesentlich, auch wenn Aberglaube und Magie immer weiter um sich greifen.

Der alte Ägypter hoffte, nach seinem Tode all das weiter zu besitzen, was er mit dem Leben aufgeben musste: Familie und Freunde, das Haus mit Garten, See und Obstgarten und die Felder, auf denen all seine Bediensteten arbeiteten. In den ägyptischen Gräbern wurden seit dem Mittleren Reich Uschebti in unterschiedlicher Zahl – es konnten wenige sein oder aber kleine Armeen, bis zu 401 Stück in der Spätzeit! – deponiert, jene magischen kleinen Figuren, die für den Verstorbenen auf den Feldern des Jenseits die harten Arbeiten verrichten mussten...

Es möge genügen, einen Spruch aus den *Sargtexten* mit dem Titel *Spruch zur Vereinigung mit der Familie im Jenseits* zu zitieren:

> O Re, o Atum, o Geb, o Nut, sehet diesen (Verstorbenen),
> der am Himmel geht, der auf der Erde geht, der im Wasser geht,
> um seine Familie wiederzufinden, um Vater und Mutter wiederzufinden,
> um seine Kinder, Brüder und Schwestern wiederzufinden.
> um seine Verwandten wiederzufinden, um seine Freunde wiederzufinden,
> um seine Gefährten wiederzufinden, seine Bediensteten
> und diejenigen, die auf der Erde die Speise für diesen (Verstorbenen) bereiten,
> um seine Konkubine wiederzufinden, die er gekannt hat (...).
> Vereint werden sein mit diesem (Verstorbenen) seine Kinder und Konkubinen,
> je nachdem ob es dem Herzen dieses (Verstorbenen) gefällt.
> Vereint werden sein mit diesem (Verstorbenen) seine Bediensteten
> und diejenigen, die auf der Erde die Speise für diesen (Verstorbenen) bereiten (...).
> Jetzt, schau, dieser (Verstorbene), der herabsteigt, glücklich,
> mit freudigem Herzen, weil ihm seine Familie wiedergegeben wurde.
> Die Ältesten aus der Familie dieses (Verstorbenen), siehe, sie sind herabgestiegen,
> glücklich,
> mit freudigem Herzen, hin zu diesem (Verstorbenen) hier.

(oben) Der letzte Gruß für den Toten vor seinem Grab. Theben, Grab des Raj (18. Dyn.) (I. Rosellini, Monumenti Civili)

(unten) Der Gott Anubis neben dem »osirisierten« Verstorbenen, Isis zu Füßen und Nephthys am Kopf des Katafalks (I. Rosellini, Monumenti Civili)

> Sie haben ihre Werkzeuge zu Boden geworfen, die Körbe, Hacken und ihre Tragekörbe, weil dieser (Verstorbene) sie fortgerissen hat zum Dienst für Isis, unter Aufsicht von Nut, zum großen Dienst für Ruti.
>
> (...)
>
> Die Familie vereinen, Vater, Mutter, Freunde, Gefährten, Kinder, Ehefrauen, Gefährtinnen, Sklaven, Bedienstete und alle Güter eines jeden, mit ihm, in der jenseitigen Welt. Es ist tatsächlich wirksam, Millionen Male erprobt.

Die Einbalsamierung des Leichnams galt als nützlich – doch nicht als unbedingt notwendig –, um eine Verbindung dieser Welt mit der anderen aufrecht zu erhalten, denn für die Ägypter war nur die Seele des Individuums unsterblich. Es war hingegen fundamental, den Grabkult mit Gebeten und Lebensmittelopfern für den Verstorbenen sicherzustellen.

Die von Spezialisten ausgeführten Einbalsamierungen sind hinsichtlich ihres Verfahrens bekannt. Ihr Ziel bestand darin, die Zersetzung des Körpers zur verhindern bzw. zu verlangsamen. Man weiß, dass der Unterleib aufgeschnitten wurde, um die Eingeweide herauszunehmen, d. h. Leber, Milz, Lungen und Därme (während das Herz an seinem Platz belassen wurde). Die – getrennt einbalsamierten – Eingeweide wurden unter dem Schutz von Totengeistern in vier speziellen Behältnissen untergebracht (den sog. »Kanopen«, das sind »Eingeweidekrüge«, die ab dem Mittleren Reich mit Verschlüssen in Form menschlicher Köpfe versehen wurden). Diese Genien waren die vier »Horus-Söhne«: Imset, mit menschlichem Kopf, beschützte die Leber; Hapi, mit Paviankopf, die Milz; Duamutef, mit Hundekopf, die Lungen; Kebechsenuef, mit Falkenkopf, die Därme. Die Kanopen wurden im Grab neben dem Mumiensarg deponiert.

Der Leichnam wurde anschließend mit Gewürzstoffen und Myrrhe gefüllt, die Unterleibsöffnung wieder zugenäht, der Körper zur Dehydrierung unter Natronlauge (Natriumkarbonat) gelegt. Anschließend wurde er gewaschen, gesalbt, in lange Leinenbinden gewickelt, auf denen an bestimmten vom Ritual vorgesehenen Punkten Amulette angebracht wurden (eines auf der Wunde am Unterleib mit dem Bild des Udjat-Auges, es besaß große Schutzkraft). Auf die Binden konnten Abschnitte und Zeichnungen aus dem *Totenbuch* übertragen werden.

Spezielle Riten (besonders elementar der Ritus der »Mundöffnung«) gaben dem einbalsamierten Verstorbenen, der nunmehr in einem mit Aufschriften, Symbolen und Götterbildern geschmückten Sarg ruhte, die Lebenskräfte zurück. Der Sarg wurde in einer Barke über die Kanäle bis zur Nekropole transportiert, begleitet vom Wehklagen und den Abschiedsworten der Frauen des Hauses und der trauernden Klageweiber, die sich die Haare rauften.

Im Jenseits musste sich der Tote, bevor er endgültig in die Welt der Glückseligen eingelassen werden konnte, dem Urteilsspruch vor dem Tribunal des Osiris

(oben) Leichenbegängnis und Totenklagen. Die Barke mit dem Leichnam auf dem Weg zur Nekropole. Theben, Grab des Neferhotep (18. Dyn.)
(unten) Leichentransport (Detail aus obiger Abb.)

unterziehen, um von allen Sünden befreit und auf diese Weise für unschuldig (maa-cheru) erklärt zu werden. Im *Totenbuch* wird der Ritus der Gerichtsverhandlung nach dem Tode durch eine Zeichnung illustriert. Diese stellt den Moment der Psychosta-sie heraus, in dem das Herz des Verstorbenen im Saal der Zwei Wahrheiten in Ge-genwart des Osiris und der zweiundvierzig Götter seines Gerichtes gewogen wird. Das Herz muss ohne Sünden sein und leicht auf der Waagschale aufliegen, auf deren Gegenstück die perfekte Unschuld in Gestalt der Feder der Göttin Maat (Ge-rechtigkeit/Wahrheit) liegt. Doch wer ist sich dessen sicher, ein so leichtes Herz zu haben? Für den Verurteilten steht neben der Waage die Große Fresserin bereit, ein aus verschiedenen Tieren – Krokodilskopf, Flusspferdkörper, Löwenpranken – zusammengesetztes Ungeheuer. Genau dafür liefert ein Spruch des *Totenbuches* (Spruch 30 B) die passende Methode, nämlich wie man auf magische Weise eine Aussage verhindern kann, mit der sich das Herz selbst schadet:

> Spruch um zu verhindern, dass das Herz des (Verstorbenen) sich ihm in der Nekropole entgegenstellt
> Sage: O mein Herz vonseiten meiner Mutter, mein Herz vonseiten meines Vaters,
> o mein Herzmuskel meiner Wandlungen (in den verschiedenen Lebensphasen).
> Erheb dich nicht gegen mich als Zeuge, klag mich nicht vor dem Gericht an,
> wende dich nicht gegen mich in Gegenwart des für die Waage Zuständigen.
> Du bist mein Ka, der in meinem Körper ist, das Chnum, das meine Glieder gesund macht.
> Mögest du dich an das Gute wenden, nach dem ich strebe.

Der Abschnitt findet sich ab der 18. Dynastie auf sog. »Herzskarabäen« eingraviert, besonders weil sie an die Stelle zwischen die Mumienbinden gelegt wurden, den die-ses Organ im Brustkorb einnimmt. Der Spruch stellte sicher, dass das Herz der Per-son nicht in dem Moment Zeugnis gegen den Verstorbenen ablegte, in dem es in Gegenwart des Osiris und des Jenseitsgerichts gewogen wurde (Psychostasie). Der Text gibt schließlich an, wie das Amulett zu verwenden ist, und führt als Garantie sei-ner Wirksamkeit die Tatsache an, dass die magische Formel vom Gott Thot verfasst und direkt vom Sohn des Pharaos Mykerinos (4. Dynastie) aufgefunden wurde:

> »Diese Formel wurde in Hermopolis zu Füßen Seiner Majestät, des ehrwürdigen Got-tes (Thot), auf einem Block aus Bia-Stein aus dem Süden als Text des Gottes persönlich zur Zeit Seiner Majestät, des Königs Mykerinos, vom Königssohn, Djedefhor, gefunden, der ihn fand, als er kam, um das Tempelinventar zu machen.«

Der Verstorbene appellierte im *Totenbuch* auch an die Götter des Tribunals, d. h. an Schutzgötter verschiedener Orte Ägyptens, um mittels zweier *negativer Sündenbe-kenntnisse* freigesprochen zu werden, von der wir hier die »Zweite« wiedergeben:

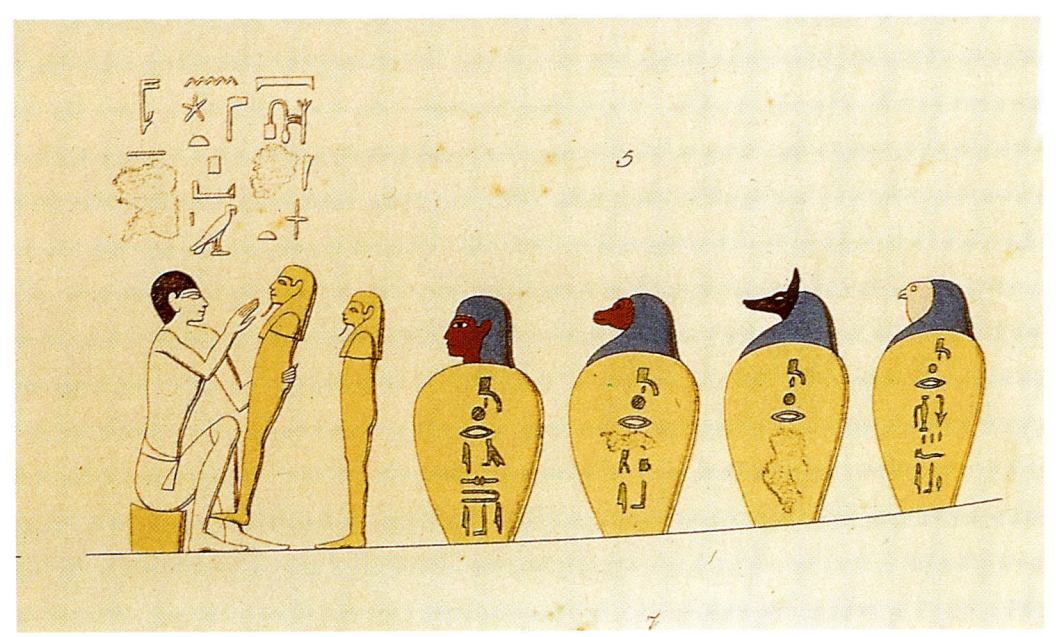

(oben) Herstellung von Grabstatuetten und Kanopen. Theben, Grab des Ibi (26. Dyn.) (I. Rosellini, Monumenti Civili)

(unten links) Uschebti des Kanofer aus blauer Fayence, eingraviert der Spruch 6 des »Totenbuchs«. Sakkara, Grab des Kanofer (26. Dyn.). Privatsammlung

(unten rechts) »Herz-«Skarabäus mit dem eingravierten Spruch 30 B des »Totenbuchs«. Soleb, Sudan (18. Dyn.). Sammlung Schiff Giorgini, Universität Pisa

O Wesen mit dem langen Schritt, das aus Heliopolis kommt,

ich habe nichts Ungerechtes getan.

O Wesen, das die Flamme umarmt, das aus Cheraha kommt,

ich habe nicht geraubt.

O Langnasiger, der aus Hermopolis kommt,

ich bin nicht geizig gewesen,

O Schattenfresser, der aus der Höhle kommt,

ich habe nicht geplündert.

O zitterndes Gesicht, das aus Rasetjau kommt,

ich habe keine Menschen getötet.

O Löwenpaar, das aus dem Himmel kommt,

ich habe den Scheffel nicht vermindert.

O Der, dessen beide Augen aus Kieseln sind, der aus Letopolis kommt,

ich habe keinen Amtsmissbrauch betrieben.

O Flammender, der aus Chetchet kommt,

ich habe nicht Gottes Güter geraubt.

O Knochenbrecher, der aus Herakleopolis kommt,

ich habe nicht gelogen.

O Flammenwerfer, der aus Memphis kommt,

ich habe das Brot nicht fortgebracht.

O Höhlenbewohner, der aus der Westprovinz kommt,

ich bin nicht frech gewesen.

O Wesen mit den weißen Zähnen [Krokodil], das aus dem Seenland kommt,

ich habe kein Verbot verletzt.

O Blutfresser, der du vom Folterort kommst,

ich habe nicht die heiligen Tier getötet.

O Eingeweidefresser, der vom Tribunal der Dreißig kommt,

ich habe das Getreide nicht aufgekauft (?).

O Herr der Maat, der du aus dem Ort der vollständigen Wahrheit kommst,

ich habe nicht die Brotrationen geraubt.

O Verderbter, der aus Bubastis kommt,

ich habe nicht spioniert.

O Glänzender, der aus Heliopolis kommt,

ich habe nicht unüberlegt dahergeredet.

O Böser, der aus der Provinz Busiris kommt,

ich habe nicht gestritten, außer um meine Güter.

O Wamemti-Schlange, die vom Hinrichtungsort kommt,

ich habe keinen Ehebruch mit einer verheirateten Frau begangen.

O Schau-das-was-er-bringt, der aus dem Hause Mins kommt,

ich habe keine unreinen Handlungen begangen.

O Der den Großen Überlegene, der aus Imau kommt,

ich habe keinen Schrecken verursacht.

O Zerstörer, der aus Xois kommt,

ich habe keine Verbotsüberschreitung begangen.

O Stimmenzauberer, der aus dem Heiligtum kommt,

ich bin nicht in Zorn geraten.

O Bursche, der aus dem Heka-anedj-Gau kommt,

ich habe mein Gesicht nicht taub gemacht gegenüber einem wahren Wort,

O Bastii, der aus der Schetit kommt,

ich habe nicht mit dem Auge gezwinkert.

O Der, dessen Gesicht sein Nacken ist, der aus der verschlossenen Grube kommt,

ich bin kein Sodomit gewesen.

O Warmfüßiger, der bei Tagesanbruch kommt,

mein Herz hat nicht gewürgt.

O Dunkler, der aus der Dunkelheit kommt,

ich habe keinen anderen beleidigt.

O Der, der seine Gabe bringt, der aus Saïs kommt,

ich bin nicht gewalttätig gewesen.

O Herr der Gesichter, der aus Nedjefet kommt,

mein Herz hat sich nicht beeilt.

O Ankläger, der aus Utjenet kommt,

ich habe nicht meine Natur verletzt, habe keinen Gott vernachlässigt.

O Herr der beiden Hörner, der aus Assiut kommt,

ich habe bei Gesprächen nicht die Worte vervielfacht.

O Nefertem, der aus Memphis kommt,

das ist nicht mein Makel, ich habe das Übel nicht getan.

O Der, der nichts übrig lässt, der aus Busiris kommt,

ich habe den König nicht beleidigt.

O Der, der nach seinem Herzen handelt, der aus Cebu kommt,

ich bin nicht auf dem Wasser gegangen.

O Schläger (?), der aus dem Nun kommt,

ich bin nicht laut an Stimme gewesen.

O Der, der die Leute anführt, der aus der Residenz kommt,

ich habe keinen Gott beleidigt.

O Neheb-Neferet, der aus seinem Palast kommt,

ich habe keine Aufblähung hervorgerufen.

O Nechebkau, der aus der Stadt kommt,

ich habe keine Erpressungen zu meinem Vorteil begangen.

O Wesen mit dem verehrungswürdigen Kopf, das aus seinem Loch kommt,

meine Anteile sind nicht groß gewesen außer bei meinem Vermögen.

O Der, der den Arm hebt, der aus dem Totenreich kommt,

ich habe den Gott meiner Stadt nicht verleumdet.

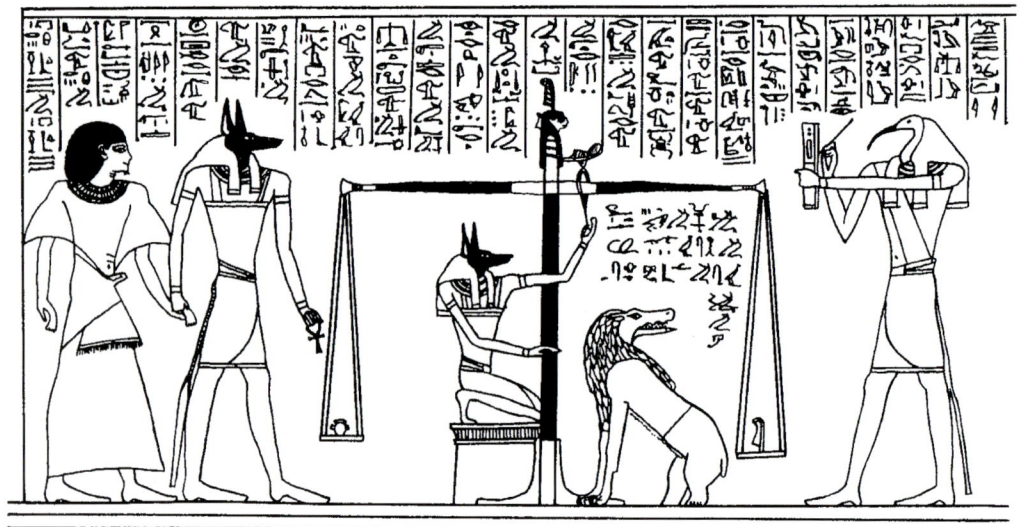

(oben) Darstellung der Psychostasie oder des Wägens des Herzen des Verstorbenen. Sie illustriert den Spruch 125 des »Totenbuchs«. Bestattungspapyrus des Ani (18. Dyn.), London, British Museum
(unten) Die Göttin Maat. Fragment eines Pilasters. Theben, Tal der Könige, Grab Sethos' I. (19. Dyn.). Florenz, Archäologisches Museum

Man erhofft sich, dass das unvermeidliche Ende des irdischen Lebens möglichst spät kommt (110 Jahre sind das angestrebte Ziel des Ägypters, dessen Durchschnittsalter selten 50–60 Jahre erreichte). Weise wünschten sie sich ein gutes Leben und einen guten Tod. Die Autobiografie des Petosiris in Tuna el-Gebel (der Nekropole von Hermopolis) enthält einen Passus, der zu den ergreifendsten gehört, die das Ägypten der Spätzeit für uns bewahrt hat. Es ist eine Lobrede auf das Jenseits, eine Vertrauenserklärung an die Gerechtigkeit nach dem Tode, Konsequenz – denke ich – aus den verlorenen Illusionen über die Existenz einer irdischen Gerechtigkeit:

> »Der Westen ist die Wohnstatt für den, der ohne Sünde ist. Ich preise Gott für den, der zu ihm gelangt. Doch niemand kann zu ihm gelangen außer demjenigen, dessen Herz durch die Ausübung von Gerechtigkeit und Wahrheit unbescholten ist. Dort gibt es keine Unterschiede zwischen Arm und Reich, sondern nur zugunsten dessen, der sich als ohne Sünde erweist, wenn Waage und Gewicht vor den Herrn der Ewigkeit gestellt werden. Dort unten ist keiner ohne gerechtes Abwiegen, wenn sich Thot in der Gestalt des Schakalaffen daranmacht jeden in Übereinstimmung mit dem zu richten, was er auf Erden gemacht hat.«

Trotzdem soll man das Leben zu schätzen wissen, wie die Religion selbst es verlangte. Das größte Unglück ist ein vorzeitiger Tod, ohne dass man ein schönes Alter genießen konnte – Gedanken, die sich seit den ältesten Pharaonenzeiten in Grabinschriften und Grabzeichnungen finden. In geradezu obsessiver Weise wird das Thema der Klage über den verfrühten Tod zum Mittelpunkt in den Grabinschriften der Ptolemäerzeit und ist in dieser Weise fast als Neuerung der Spätzeit anzusehen.

Als Beispiel dieser breit vertretenen pathetischen Strömung der hellenistischen Epoche beschränke ich mich hier auf die Wiedergabe der Klage des toten Mädchens Nesenachebit (Leidener Stele), das von seinem vorzeitig unterbrochenen, zu kurzen Leben erzählt:

> »Das Leben wurde mir zerbrochen, als ich noch ein kleines unschuldiges Mädchen war. Ich sage euch, was mir geschehen ist: Ich schlafe im Westtal, obwohl ich noch ein ganz kleines Mädchen bin. Ich habe Durst, obwohl hier neben mir Wasser ist. Ich wurde vor der Zeit aus der Kindheit gerissen, ich habe mein Haus hinter mir gelassen, als ob es nichts wert wäre, ohne dass ich seiner überdrüssig gewesen wäre. Die Dunkelheit, der Schrecken aller Kinder, fiel über mich, und noch hatte ich die Brust meiner Mutter im Mund. Die toten Geister dieses Saales jagen alle fort von mir, doch ich bin noch nicht im Alter der Einsamkeit, mein Herz war glücklich, als ich so viele Leute sah, denn ich liebte die Freude.«

Die Biografie des Montesufi *(Papyrus Rhind)* beginnt, wie es seit der Ptolemäerzeit vorkommt, mit der Angabe des Geburtsjahres:

»Im Jahre 13 am 27. Tag des Monats Athyr des Pharaos Ptolemaios Philopator, des Göttlichen, wurde im Haus seines Vaters ein schönes Kind in die Welt gesetzt, Montesufi
genannt. Sein Vater war der Statthalter seiner Stadt Hermonthis, er war der Prophet des
Month-Re und sein Name war Menkare. Er wuchs in der Fülle all dessen, was sein Herz
begehrte (...). Er setzte einen Sohn und eine Tochter in die Welt, um einen Nachfolger
zu haben. Er überschritt die neunundfünfzig Jahre und trat ins sechzigste für sieben
Monate und vierzehn Tage. Immer trank und aß und vergnügte er sich auf die schönste
Weise, immer parfümiert mit Parfüm aus Punt, ohne dass ihn je irgendetwas im Geist
gequält hätte. Er feierte die Götterfeste wie seinen eigenen Geburtstag bis an das Ende
der Lebenszeit, das Thot auf seinen Geburtsziegel geschrieben hatte. Der traurige Tag
des Übertritts ins Jenseits, des Todes und des Weges in den Saal der Duat war im Jahr
21 nach der Machtergreifung Caesar Augustus', am 19. Tag des Monats Epiphi, d. h. am
16. Tag seines Jubiläumsfestes.«

Zur Ermutigung der Seele des Toten wird er beharrlich daran erinnert, dass er sein
Leben gut gelebt hat, nach einer schönen Zeit des Alters gestorben ist und nicht
durch einen vorzeitigen Tod fortgerissen wurde:

»Es soll dir in deinem Sarkophag gut gehen können nach dieser Zeit des Alters, die du
auf Erden durchlaufen hast. Alles hast du genossen, was dein Herz begehrte, ohne Armut gelitten und ohne etwas Schlechtes getan zu haben, solange du lebtest. Du bist alt
geworden auf Erden, indem du dein Haus für die anderen stets offen hieltest, ohne
jemals Nein zu sagen. Du bist ins Jenseits aufgebrochen ohne widerstrebende Seele,
denn deine Glieder hatten nunmehr Schwierigkeiten, ihr Werk zu verrichten (...). O du,
der du gestorben und ins Jenseits gegangen bist, du bist alt geworden auf Erden, nachdem du heiter gelebt hast. Sei nicht traurig! Denk daran, dass auch Kinder ins Jenseits
gehen, während du auf Erden alt werden konntest, dort getrunken hast, dort gegessen
hast, dort alles getan hast, was du wolltest.«

Die Zusammenfassung eines beispielhaften Lebens besteht alles in allem darin:
gegessen, getrunken, nicht an Armut gelitten, weder sich noch anderen Schlechtes zugefügt zu haben, in würdevoller Hinnahme des Unvermeidlichen zu sterben
zu wissen...

Das schönste Geschenk, das ein Ägypter empfangen konnte, war ein Grab vom
König, während die übrigen Leute sich auf eigene Kosten darauf vorbereiten konnten, und zwar zeitig, sodass es fertig war, wenn der Tod kam. Der weise Ani ermahnt
in seiner *Lehre* in diesem Sinn:

Komm nicht zu sterben ohne zu wissen, wo dein Leichnam ruhen kann.
Lass wissen, wo dein Grab ist, wo du wünschst, dass dein Körper begraben werde,
sodass man dich beerdigen kann (...).
Auf dieselbe Weise bereite dich (geistig) vor:

(oben) Mögliche Rekonstruktion des Querraums. Sakkara, Grab des Bakenrenef (26. Dyn.) (Ausgrabungen der Universität Pisa)
(unten) Inneres eines Grabes mit tönernem Grabgeschirr, darunter Opfertabletts aus Terrakotta. Theben, Qurna, Grab 79 (Mittleres Reich) (Ausgrabungen der Universität Pisa)

> Wenn der zu deinem Tod gesandte Bote kommt um dich zu holen,
> soll er dich fertig antreffen, sodass du dich nicht verspätest, sondern sage stattdessen:
> »Siehe, es kommt zu dir jemand, der sich vor dir vorbereitet hat.«
> Sage nicht: »Ich bin zu jung, dass du mich holst.«
> Du kennst den Augenblick des Todes nicht.
> Es kommt der Tod und raubt das Kind, das in den Armen seiner Mutter ist,
> auf dieselbe Weise, wie er (den fortträgt), der alt geworden ist.

Die ägyptischen Gräber, die errichtet wurden, um den Körper und die in ihnen zu seiner Begleitung deponierten Güter intakt zu halten, bestanden aus zwei Teilen, und zwar dem oberirdischen Aufbau und dem unterirdischen Bereich bzw. der Sargkammer.

Der oberirdische Grabbereich war auch nach der Bestattung des Grabinhabers für den Totenkult zugänglich. Er variiert nach Zeit und örtlichen Gegebenheiten zwischen Pyramide, Mastaba und Kapelle mit Säulenhof oder einfachem Hof.

Der unterirdische Grabbereich, der nach der Niederlegung des Leichnams im Sarg fest verschlossen wurde, war immer vom Oberbau getrennt und in seinem Typus mehr oder weniger komplex. Erreichbar war die Sargkammer über einen Schacht oder einen abfallenden Zugang.

Die unterirdischen Räume konnten verziert sein. Im Falle von Königsgräbern umfasste die Verzierung mythologische Bildszenen und Texte, die sich auf die nächtliche Reise der Sonne ins Jenseits bezogen.

Die Grabkammerwände im oberirdischen Aufbau zeigten bei Privatgräbern den Verstorbenen auf dem glücklichen Feld der Opfergaben in zahlreichen verschiedenen Szenen des täglichen Lebens.

Die große Provinznekropole von Beni Hassan weist Felsgräber mit Säulenkammern auf. In Beni Hassan rühmt sich Chnumhotep, er habe sein Grab auch deshalb errichten lassen, damit die Namen seiner Bediensteten überliefert würden. Er sagt, er habe das Grab seines Vaters nachgestaltet: »Ich ließ ein Grab ausführen am Felshang, weil ein Mann nachahmen soll, was sein Vater getan hat«. Man kennt den Namen des Architekten, der ihn schriftlich festgehalten hat: »Leiter der Grabarbeiten, Leiter des Schatzes, Baqet«.

Während die Mastabas des Alten Reiches mit Flachreliefs geschmückte Wände aufweisen, zieht man im Mittleren Reich die sparsamere Methode einer Verzierung mit Malereien auf Putz vor. Diese zeigen Sujets aus dem täglichen Leben, aber auch originelle Themen, Wüstenlandschaften mit ihren Tieren, militärische Szenen und Spiele.

In der – gewöhnlich trügerischen – Hoffnung zu vermeiden, dass die sei es privaten, sei es königlichen Gräber entweiht und der zusammen mit dem Toten begrabenen Güter beraubt würden, erfanden die Architekten Tricks, um die Grabräuber zu

Pilaster mit der Gestalt des Fürsten und Statthalters Uadj. Heluan, Faijum, Felsgrab des Uadj (12. Dyn.) (Ausgrabungen der Universität Pisa)

täuschen. Sie bauten Schächte, Scheinräume für den Sarkophag, Scheinverfüllungen, Mauern, die die Gänge verschlossen, ein.

Wenn die Wohnstatt für die Ewigkeit hergerichtet und der Augenblick der Bestattung gekommen war, wurde der Sarg dorthin transportiert. Ihm folgten diejenigen, die verschiedene Gerätschaften und Gegenstände trugen, die den Verstorbenen begleiten sollten. Außer Särgen, Kanopen und Grabstatuetten finden wir tägliche Gebrauchsgegenstände aus der Lebzeit des Verstorbenen, die eigens für das Grab hergestellt worden waren, aber auch Juwelen, Stoffe und Truhen, die schon zu Lebzeiten dem Grabherrn gehört hatten und von ihm praktisch benutzt wurden. Die sehr wenigen intakt gefundenen Gräber von Privatleuten wie das des Architekten Cha, das von E. Schiaparelli in der Nekropole von Deir el-Medineh entdeckt wurde, erstaunen uns durch die Vielfalt von Gegenständen, die den Wohlstand von Personen des Mittelstandes beleuchten. Die Gräber der Adligen, der Fürsten und der Könige enthielten Schätze, die man sich nur schwer vorstellen könnte, wenn nicht durch Zufall die Gräber des jungen Königs Tutanchamun in Theben und der Könige der 20. Dynastie in Tanis gefunden worden wären.

Doch welche Wunder mögen die Gräber großer Herrscher wie Sesostris' II., Thutmosis' III., Amenhoteps III. oder Ramses' II. enthalten haben? Welche Schätze barg die Pyramide des Cheops oder Mykerinos?

Die Pyramiden wurden wahrscheinlich wenige Jahre nach dem Tod ihres Erbauers ausgeraubt, ebenso die reich ausgestatteten Gräber der Könige der folgenden Epochen. Niedergang und Vernachlässigung der Grabstätten sind ein Faktum, das schon die Ägypter in Dichtungen beklagten. In melancholischer Weise wird darin über die gefräßige Zeit meditiert und dazu aufgerufen, für das ewige Gedenken an den eigenen Namen nur auf die Werke des Geistes zu vertrauen (Papyrus Chester Beatty IV). So hält es beispielsweise der Harfenspieler im Grab Antefs (Papyrus Harris 500):

> Es vergehen die Generationen, sie gehen vorüber, andere stehen an ihrem Platz seit der Zeit der Vorfahren.
> Die Könige, die einstmals existierten, liegen in ihren Pyramiden,
> es sind bestattet gleichermaßen in ihren Gräbern die Adligen und die Ruhm erworben haben.
> Diejenigen, die Gebäude errichteten, deren Plätze nicht mehr existieren, was ist mit ihnen geschehen?
> Ich hörte die Worte Imhoteps und Djedefhors, deren Aussagen sehr häufig zitiert werden.
> Dagegen, was ist aus ihren Plätzen geworden?
> Die Mauern sind gefallen, ihre Sitze gibt es nicht mehr, als ob sie nie existiert hätten.

Pilaster im Grab des Chenu mit Hieroglyphentexten und der Gestalt des Würdenträgers. Sakkara (Altes Reich)

Das ist tröstlich für die hervorragenden Schreiber, jedoch nicht in gleichem Maße für die große Zahl gewöhnlicher Menschen, die, um über ihren Tod hinaus fortzuleben, nur darauf zählen konnten, dass ihr Name von Späteren in ihrem Grab oder auf ihrer Stele gelesen würde. Der Geist eines Toten – so ist bekannt –, dessen Grab zur Ruine verfallen und vergessen war, konnte keinen Frieden finden und des Nachts einem Lebenden erscheinen. Er beschwor ihn sodann inständig, in der Nekropole zu suchen, um sein Grab wiederzufinden, es zu restaurieren und den Kult für seine gequälte Seele zu erneuern. Dies erfahren wir aus der Erzählung von *Chonsuemhab und dem Geist,* einem im Archäologischen Museum von Florenz aufbewahrten Text, der in hieratischer Schrift auf Teile eines großen Terrakottagefäßes geschrieben ist.

Die Grabräuber waren besonders in Zeiten aktiv, in denen die Zentralmacht, wie zum Beispiel am Ende des Neuen Reiches, geschwächt war. Furchtlos entweihten sie im Tal der Könige die Grabstätten aus mehreren Epochen. Zu den Diebstählen in den Königsgräbern ist ein Prozessbericht erhalten. In den Skandal dieser großen Justizaffäre in den Jahren um 1130 v. Chr. waren auch höchste Persönlichkeiten verwickelt, die das notwendige Netz stillschweigender Duldung und Protektion bereithielten. Ein Papyrus (Papyrus Amherst) enthält das aus einem der Räuber herausgeholte Geständnis. Darin wird berichtet wie man in die unterirdischen Grabräume des Königs Sobekemsaf (13. Dynastie) eindringen konnte. Die Erzählung ist höchst eindrucksvoll und lässt das Werk der Räuber im flackernden Licht der Kerzen lebendig werden. Der Räuber, der auch die Namen der anderen Komplizen angibt, erklärt:

»Wir zogen nach unserer Gewohnheit los um zu rauben und fanden die Pyramide des Königs Sobekemsaf, die nicht den Pyramiden und Gräbern der Adligen glich, die wir gewöhnlich ausraubten. Wir nahmen unsere Bronzewerkzeuge und öffneten uns durch die äußere Seite gewaltsam einen Weg bis in die Pyramide dieses Königs hinein. Wir fanden unterirdische Räume, nahmen brennende Kerzen in die Hand und stiegen dort hinab. Wir zerbrachen die Steine, die wir am Eingang des Hohlraums fanden, und fanden diesen König, der auf dem Rücken in seinem Sarkophag lag. Wir fanden den Sarkophag der Königin Nubchas, seiner Gemahlin, neben ihm, geschützt und gesichert durch eine Masse Gips und Gestein. Wir zerschlugen alles, und fanden, dass sie darin auf die übliche Art bestattet waren. Wir öffneten ihre Sarkophage und ihre Holzkisten, wo sie deponiert waren, und fanden die edle Mumie dieses Königs geschmückt mit der Gestalt eines Falken. Eine große Zahl Amulette und Juwelen aus Gold fanden sich um den Hals, und eine goldene Maske bedeckte ihn, während sein Sarkophag mit Gold und Silber geschmückt war, außen und innen, und er trug eingearbeitet jede Art von Edelsteinen. Wir sammelten das Gold, das wir auf der edlen Mumie dieses Königs fanden, zusammen mit demjenigen seiner Amulette und Juwelen, die ihm den Hals umgaben, und das, was auf seinen Sarkophagen war, in denen er ruhte. Wir fanden die Königin in

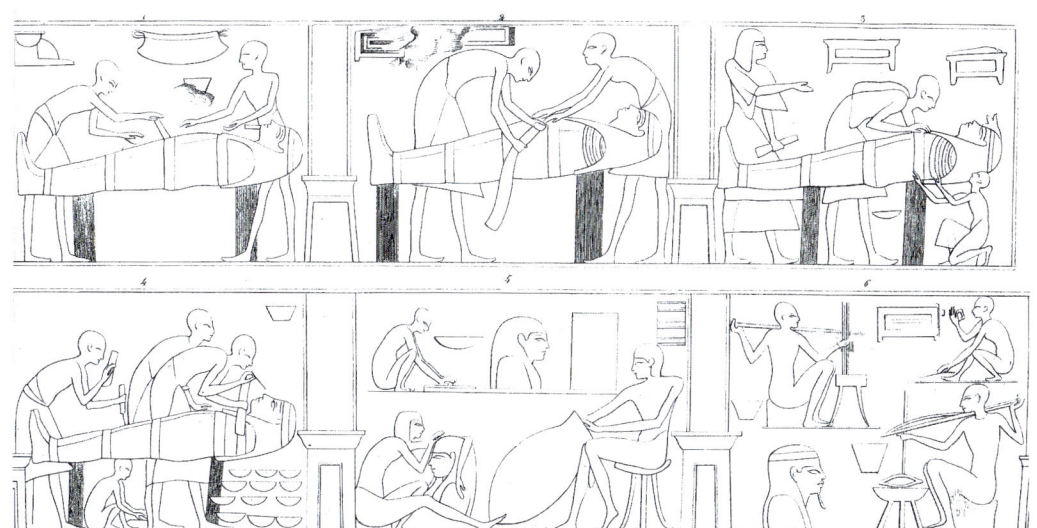

(oben) Herstellung eines anthropoiden Sargs mit Gesichtsmaske. Theben, Grab des Paser (19. Dyn.) (I. Rosellini, Monumenti Civili)

(unten) Die Ba-Seele des Toten gleitet über den von Anubis einbalsamierten Körper. Theben, Grab des Paser (19. Dyn.) (I. Rosellini, Monumenti Civili)

Der Verstorbene und seine Frau sitzen vor der heiligen Sykomore der Nut und empfangen von der Göttin Wasser und Früchte. Theben, Grab des Nedjemger (19. Dyn.) (I. Rosellini, Monumenti Civili)

derselben Lage und raubten auch all das, was wir auf ihr fanden, und dann zündeten wir die Sarkophage an, nahmen die verschiedenen Gegenstände, die wir fanden, d. h. die Gold-, Silber- und Bronzegegenstände, und teilten sie dort unter uns auf.«

Der Text fährt fort mit der Aussage darüber, wie der Räuber unter Bestechung der Wachen aus dem Gefängnis entwich.

In Fällen von ebenfalls sehr imposanten, aber nicht königlichen Bestattungen, war es möglich, dass Familiengräber sich in sehr gutem Zustand erhielten und während Generationen instand gehalten wurden (wie im Falle des Hypogäums des Wesirs Bakenrenef, um ein großes saitisches Familiengrab in der Nekropole von Sakkara zu nennen). Dahinter standen nicht nur Gründe der Pietät, sondern auch der Sparsamkeit, da die »Sarkophagplätze« in den Nekropolen einen beträchtlichen Wert hatten.

Die großen Königsnekropolen lösten viele »archäologische« Restaurierungsmaßnahmen seitens verschiedener ägyptischer Herrscher aus, insbesondere die Nekropole von Memphis mit den zu den Königen des Alten Reiches gehörenden Pyramiden, deren Namen unter Verbindung mit dem eigenen zu erneuern als Verdienst angesehen wurde und Prestige bedeutete.

Auf das Werk Chaemwasets, des Sohns Ramses' II., wurde bereits an anderer Stelle eingegangen (vgl. Kapitel »Städte und Dörfer«). Angesichts seiner Besuche von Nekropolen und Gräbern nimmt es nicht Wunder, dass er als der »Erfinder« im Sinne von »Entdecker« einer mächtigen magischen Formel betrachtet wurde, dem Spruch 167 des *Totenbuches* (in der Redaktion aus ptolemäischer Zeit):

> »Text geschrieben auf den Becher, den der Prinz Chaemwaset unter dem Kopf des Verstorbenen in der Nekropole von Memphis fand und der der kostbarste Becher unter allen anderen ist, die sich im Schatz befinden. (Der Text) wurde vom Geist und vom Toten am Feuertor gebraucht, um nicht zuzulassen, dass der Feind sie erreichte. Es sind wirklich ausgezeichnete Formeln, eine Million Mal erprobt.«

Im alten Ägypten ist die Beziehung zwischen Lebenden und Verstorbenen höchst ambivalent, und die Natur der »Toten« und ihre möglichen Taten werden argwöhnisch betrachtet. Die Toten repräsentieren potentiell schädliche Wesen, launisch wie die Götter selbst, unvorhersehbar, vielleicht neidisch auf den, der noch lebt, und sie konnten von magischen Beschwörern herbeigerufen werden. Daher sind Bräuche wie die von einer Gottheit getroffenen persönlichen Dekrete gut zu verstehen, die den niederen Göttern gebieten, dem Geist des Verstorbenen durch wohlwollende Aufnahme im neuen Leben Ruhe zu verschaffen. Diese seit dem Neuen Reich gebräuchlichen Dekrete wurden in der Spätzeit immer häufiger – eines davon wurde von Amun direkt für den toten Gott Osiris verfasst. Man versteht zudem den Brauch der »Briefe an die Toten«, der schon im Alten Reich bekannt war. Hierin behauptete man entweder, dass sich die Seele der Herrscher bis zu den Sternen erhebe oder dass der »Übergang« des Toten zwischen dieser und der anderen Welt und anschließend durch die Räume der Duat in einer Barke vor sich gehe (vorzugsweise auf der Sonnenbarke) oder aber zu Fuß (mit Sandalen an den Füßen und einem Stock in der Hand), oder dass schließlich das Schicksal des Menschen nach dem Tode ein Weiterleben als Stern oder in der Sonne sei oder die Gleichstellung mit Osiris bedeute.

Zum Schluss sei noch etwas über den Tod der Tiere gesagt, die ebenfalls ein Jenseits hatten. In der Duat, dem Spiegel des irdischen Lebens, gab es Platz für sie. Allerdings existierte ein Weiterleben nach dem Tode vor allem für die heiligen Tiere, die »Götter« waren, d. h. für Inkarnationen von Gottheiten, die lebend verehrt und tot mit Riten wie Menschen einbalsamiert wurden. Man muss glauben, dass sie am Unsterblichkeitsschicksal jedes Wesens teilhatten, das tot »osirisiert« wurde. Tatsächlich sind auch »Rituale« zur Einbalsamierung heiliger Tiere bekannt – wie zum Beispiel des Apis-Stiers – sowie unzählige Tiernekropolen mit ihren Grabausstattungen. Größtenteils wurden auch die Gräber göttlicher Tiere ausgeraubt vorgefunden, die mit Ehren und Reichtümern bestattet wurden. Man glaubte, die Seele der heiligen Tiere (in der Spätzeit waren jedoch alle heiligen Arten göttlich) steige zum Himmel hoch. Das wird durch eine Stele aus der Ptolemäerzeit bezeugt (in der Sammlung von Lady Meux), auf die eine fromme Dame schreiben ließ: »Ich habe das geschenkt, was die lebenden Tiere benötigen (die heiligen Tiere), sodass sie wertvolle Salben und Kleider haben, wenn ihre Seelen in den Himmel steigen.«

Der Apis-Stier wurde in Memphis als Inkarnation und Bote des Gottes Ptah verehrt. Die Gänge des Serapeums in Sakkara nahmen einbalsamierte Stiere in riesigen Steinsärgen auf. Zuvor waren die Apis-Stiere in eigenständigen Gräbern beerdigt worden, deren Bauart wir kennen: Eine aufgestockte Kapelle mit Säulen, die man über Stufen erreichte, stand über einer oder zwei unterirdischen Kammern. In diesen waren der Sarg mit der Mumie, die Kanopen, Gefäße, Juwelen (ganz herrliche wurden im Grab des im 30. Jahr Ramses' II. gestorbenen Apis-Stiers gefunden) und Uschebtis mit stierförmigem Kopf aufgestellt. Die Wände waren oft verziert, und die großen Persönlichkeiten, die an der Bestattung teilgenommen hatten, bekamen häufig die Erlaubnis, ihre Stelen auf der Mauer der Kapelle aufzustellen und in ihrem Namen Uschebtis mitzugeben. Diese Uschebtis sollten den verstorbenen Stier begleiten und ihm dienen, und nicht zuletzt wollte sich der Stifter auf diese Weise verdient machen. Man hat errechnet, dass die Lebenszeit eines Apis-Stiers durchschnittlich siebzehn bis achtzehn Jahre betrug, nicht anders als bei den Mnevis-Stieren von Heliopolis, Boten des Re-Atum, und den Buchis-Stieren, die in Medamud als Boten des Gottes Month verehrt wurden.

Glossar

Ach Ist der Geist, d.h. eine erwünschte Seinsform des Menschen, die zur Seelenvorstellung gehört. Im Ach manifestiert sich Macht, durch die der Tote in die Welt der Lebenden eingreifen kann.

Amduat Illustriertes Buch mit Schilderungen über »Das, was in der Unterwelt ist«. Zum Inhalt hat das Unterweltsbuch (auch Jenseitsführer genannt) die nächtliche Fahrt des Sonnengottes von Westen nach Osten durch die Unterwelt. Dort verjüngt er sich und wird allmorgendlich wiedergeboren. Das Amduat bleibt auf das Neue Reich beschränkt, wenngleich es an die Sargtexte des Mittleren Reiches anknüpft und bis zur Ptolemäerzeit tradiert wird. Dem jüngeren Höhlenbuch und Pfortenbuch dürfte es als Vorlage gedient haben.

Aton Ägyptische Bezeichnung der Sonnenscheibe, die Amenophis IV./Echnaton zum Mittelpunkt seiner Theologie und Frömmigkeit machte. Dargestellt ist der Gott als Sonne mit in segnenden Händen endenden Strahlen. Die Exklusivität dieses Kultes führte kurzfristig zur Verfolgung und Ausmerzung anderer Götter und deren Kulte.

Apis-Stier Stier, den man in Memphis als »herrliche Seele« des Schöpfergottes Ptah in der Form eines lebenden Tieres verehrte. Nach dessen Tod wurde er einbalsamiert und in den unterirdischen Gängen des Serapeums beigesetzt. Nach bestimmten Kriterien wurde dann ein Nachfolger ausgesucht.

Arure Bezeichnung für ein altägyptisches Flächenmaß.

Ba Ist die Seele, d.h. ein Seelenbegriff, der die unvergänglichen Kräfte des Menschen verkörpert. Er wird als Vogel (Ba-Vogel genannt) dargestellt.

Barke Kleines Boot, auf dem der Schrein mit der Kultstatue platziert wurde.

Die Beiden Länder ist ein feststehender Ausdruck im Altägyptischen für Unter- und Oberägypten, d.h. für die Reichseinigung.

Djed-Pfeiler Die Hieroglyphe für Dauer, deren Gestalt als Rückgrat des Gottes Osiris gedeutet wird und die gewöhnlich als Amulett oder dekoratives Motiv verwendet wird.

Dynastie Bezeichnung für Herrschergruppen, die auf den ägyptischen Priester Manetho zurückgeht. Er zählt 30 Dynastien von Menes bis Nektanebos II.

Ebenisten Kunsttischler, der Möbel mit Ebenholz- und anderen Einlagen anfertigte.

Fayence Keramisches Erzeugnis, das meist mit einer grünblauen Glasur überzogen ist. Die altägyptische Fayence besteht aus zermahlenem Quarz und einer Glasierung aus Soda, Kalk und Kieselerde.

Gaufürsten Gouverneure oder Verwalter eines Gaues, die am Ende des 3. Jahrtausends v. Chr. teilweise zu bemerkenswerter Selbständigkeit gelangten und für den Zusammenbruch der Zentralgewalt am Ende des Alten Reiches mitverantwortlich sind.

Harem Bezeichnung für die Gemächer, die den Frauen und Kindern vorbehalten sind.

Herzskarabäus Ein großer Skarabäus, der mit der Mumie eingewickelt wird und in der Regel mit dem 30. Spruch des Totenbuchs beschriftet ist, um zu verhindern, dass das Herz des Toten vor dem göttlichen Tribunal aussagt.

Hyksos Von ägyptisch hekachasut, »Herrscher der Wüstengebiete«; Bezeichnung für die asiatischen Eroberer Ägyptens am Ende des Mittleren Reiches.

Ka Seelenbegriff. Im Ka manifestiert sich die Lebenskraft des Menschen, die ihm von Geburt an innewohnt. Im Grab stellt man Ka-Statuen auf.

Katarakt Bezeichnung für die Stromschnellen des Niles in Nubien.

Mastaba Bezeichnung für einen Grabtypus, dessen rechteckiger Oberbau wie eine Bank (arab. mastaba) aussieht und mindestens den Opferraum und den Raum für die Kultstatue enthielt. Ein senkrechter Schacht führte in den Grabraum. Die zuweilen zahlreichen Räume und Gänge des Oberbaus waren häufig mit Reliefs und Malereien versehen.

Natron Konservierungsstoff bei der Einbalsamierung von Verstorbenen verwendet.

Naos Freistehender, verschließbarer Schrein zur Unterbringung von Kultbildern, in Gräbern oder Tempeln, Opfersälen und –höfen, in Sanktuarien hinter der Götterbarke oder in engen Kultbildräumen hinter dem Barkenraum gegen die Rückwand eines Tempels stehend.

Nekropole Friedhof

Neunheit Kreis von 9 Göttern, anfangs auf Heliopolis bezogen. Später wird er auch auf andere Städte übertragen, wobei die Anzahl der Götter variieren kann.

Ostrakon Scherbe (von zerbrochenen Gefäßen), die als Schreibmaterial verwendet wurde.

Pharao Bezeichnung für den König von Ägypten; ein griechischer Begriff, der sich von dem ägyptischen per-aa (»Großes Haus«) herleitet. Hiermit wurde zunächst der Königspalast bezeichnet, ab dem Neuen Reich auch der Herrscher selbst.

Pyramidentexte Sammlung religiöser Jenseitsvorstellungen, die in der Zeit zwischen dem Ende der 5. und der 8. Dyn. an den Wänden der Grabkammern in den königlichen Pyramiden angebracht wurden und vor allem den Weg des Königs ins Jenseits beschrieben.

Ramessidenzeit Bezeichnung für die 19. und 20. Dyn., in denen eine größere Anzahl von Königen mit dem Namen Ramses herrschte.

Sargtexte Sammlung religiöser Jenseitsvorstellungen, die, zum Teil durch die Pyramidentexte inspiriert, in der Ersten Zwischenzeit und im Mittleren Reich auf den Särgen von Privatleuten vermerkt wurden.

Sem-Priester Ein Priester, der insbesondere bei den Totenfeierlichkeiten eines Königs eine herausragende Rolle spielt; oft bekleidet der älteste Sohn des Königs dieses Amt.

Serapeum Unterirdische Grabstätte der heiligen Apis-Stiere in Sakkara; sie wurde während der 18. Dyn. gegründet und überdauerte bis in die ptolemäische Zeit.

Sistrum Rasselinstrument mit Griff und Voluten (spiralförmige Teile), das insbesondere zu Ehren der Göttin Hathor eingesetzt wurde.

Skarabäus Mistkäfer (lat. ateuchus sacer), der seine Eier in einer Mistkugel vor sich herschiebt und damit zum Symbol und Schriftzeichen für Entstehung, Verwandlung und Erneuerung wird. Der Gott Chepre, der »durch sich selbst entstanden war«, die aufgehende Sonne, wird mit dem Bild dieses Käfers geschrieben. Besonders aus Steatit (Speckstein) gearbeitete Skarabäen werden seit der 1. Zwischenzeit als Amulette und Siegel benutzt. Die Unterseite trägt glückbringende Zeichen oder Namen von Königen, Beamten und deren Titel.

Stele Platte aus Stein oder Holz in Form eines auf der Schmalseite stehenden Rechtecks, das oben zumeist mit einem Halbrund abschließt und frei stand oder in eine Wand eingelassen war. Die Grabstele ist ein wichtiger Bestandteil des Grabes, enthält zumindest Name und Titulatur des Toten und die Totenopferformel. Seltener ist eine kurze Biografie. Totenstelen des Mittleren Reiches ersetzen in Abydos ein Scheingrab. Königliche Gedenkinschriften und Dekrete auf Stelen werden in Tempeln aber auch als sog. Grenzstelen aufgestellt.

Sykomore (*Ficus sycomorus*, Maulbeerfeigenbaum) Ein vielfach genutzter Kulturbaum des Alten Ägypten. Es ist aber bisher nicht gelungen festzustellen, ob er zur ursprünglichen Flora Ägyptens gehörte.

Tal der Könige Die Nekropole der Könige des Neuen Reichs in dem Gebirgszug westlich von Theben.

Tal der Königinnen Die Nekropole einiger königlicher Gemahlinnen des Neuen Reichs; südlich des Tals der Könige gelegen. Hier wurden auch einige Söhne der Könige bestattet.

Thronerbinnen-Theorie Annahme, dass jeder Herrscher einen Anspruch auf den Thron durch die Heirat einer »Amtsüberträgerin« bzw. durch die Königsmutter oder erste königliche Gemahlin übertragen bekommen und damit seine Stellung als Pharao legitimiert habe. Diese Theorie konnte Gay Robins zumindest für die 18. Dyn. inzwischen widerlegen.

Totenbuch Sammlung religiöser Jenseitsvorstellungen, die zum Teil an die älteren Pyramiden- und Sargtexte anknüpften; die Texte waren im Neuen Reich und in den späteren Zeiten in der Regel auf einer Papyrusrolle vermerkt und begleiteten den Verstorbenen auf seiner Reise ins Jenseits.

Totentempel Wesentlicher Bestandteil königlicher Grabanlagen, in dem neben dem König auch Götter verehrt werden, ursprünglich mit dem Grab (Pyramide) verbunden, später, im Neuen Reich, davon getrennt.

Udjat-Auge Stilisierte Wiedergabe eines Auges, das dem falkenköpfigen Himmelsgott Horus oder auch dem Sonnengott Re zugeordnet wird. Mythische Zitate sprechen von Verletzung bzw. Verlust und Wiederherstellung des Auges durch Thot. So wird es u.a. zu einem heil- und schutzbringenden Amulett.

Uräus Bezeichnung für die heilige Schlange, oder Kobra; ein Herrschaftszeichen, das der König als Diadem trug.

Uschebti Mumienförmige Statuette aus Stein, Fayence oder Holz, die dem Verstorbenen im Jenseits die Arbeit abnehmen sollte.

Wab-Priester Priester, der die niederen Arbeiten im Tempel verrichtete.

Wesir Titel des obersten Beamten im Staat, der das höchste Richteramt bekleidete und die Oberaufsicht über alle Verwaltungsstellen innehatte.

Westtal Ein größeres Seitental des Tals der Könige. In diesem Tal befindet sich u.a. das Grab von Amenhotep III.

Bibliografie

Aldred, C., *Echnaton, Gott und Pharao Ägyptens*, Bergisch Gladbach 1968.

Dies., *Egyptian art in the days of the Pharaohs, 3100–320 BC*, London 1980.

Arnold, D., *Lexikon der ägyptischen Baukunst*, München 1997.

Assmann, J., *Ägypten, Eine Sinngeschichte*, München–Wien 1992.

Ders., *Ägyptische Hymnen und Gebete*, Zürich–München 1975.

Ders., *Ma'at: Gerechtigkeit und Unsterblichkeit im Alten Ägypten*, München 1995.

Badawy, A., *Ancient Egyptian Architectural Design*, Berkeley 1965.

Baines, J./Malek, J., *Atlas of ancient Egypt*, Oxford 1980.

Bakir, A. M., *Slavery in Pharaonic Egypt*, Kairo 1952.

Bardinet, T., *Les papyrus médicaux de l'Égypte pharaonique*, Paris 1995.

Barguet, P., *Le Livre des Morts des anciens Égyptiens*, Paris 1967.

Ders., *Textes des Sarcophages du Moyen Empire*, Paris 1986.

Barocas, C., *Egypt*, London 1978.

Beauregard, O., *La caricature égyptienne, historique, politique et morale*, Paris 1894.

Beaux, N., *Le Cabinet de curiosités de Thoutmosis III.*, Leuven 1990.

Bedeli, E., *Criminal Law in the Egyptian Ramesside Period*, Ann Arbor 1973.

Belzoni, G. B., *Voyages en Egypte et en Nubie*, Paris 1979.

Betrò, M., *Racconti di viaggio e di avventura dell'antico Egitto*, Brescia 1990.

Boardman, J., *The Greeks overseas, Tehir early colonies and trade*, London 1999.

Bonnet, H., *Reallexikon der ägyptische Religionsgeschichte*, Leipzig 1952.

Bowman, A., *Egypt after the Pharaohs 332 BC–AD 642 from Alexander to the Arab Conquest*, London 1986.

Bresciani, E., *Food and Drink*, Lucca 1998.

Dies., *I grandi testi magici demotici*, in *La Magia in Egitto ai tempi dei Faraoni*, hgg. von Roccati, A. e Siliotti, A., Verona 1987.

Dies., *Il mito dell'Occhio del Sole, ovvero i Dialoghi filosofici tra la Gatta etiopica e il piccolo Cinocefalo*, Brescia 1991.

Dies., *Il volto di Osiri. Tele funerarie dipinte nell'Egitto romano*, Lucca 1996.

Dies., (Hg.), *L'antico Egitto*, Novara 1998.

Dies., *Letteratura e poesia dell'antico Egitto. Cultura e società attraverso i testi*, Turin 1999.

Dies., *Medico divino medico umano. L'ideologia della guarigione nell'Egitto antico*, in «Rivista di Storia della Medicina», 6, 1996, S. 415 ff.

Dies., *Ramesse II. Le realtà di un mito*, Supplement «Storia e Dossier», Florenz 1998.

Dies., *Umorismo e satira nella letteratura e nell'arte dell'Egitto antico*, in «Atti Accademia Lucchese di Scienze, Lettere ed Arti», XIV, 1980, S. 65–75.

Brunner, H., *Altägyptische Erziehung*, Wiesbaden 1953.

Brunner-Traut, E., *Altägyptische Märchen, Mythen und andere volkstümliche Erzählungen*, Hamburg 1991.

Dies., *Altägyptische Tiergeschichte und Fabel. Gestalt und Strahlkraft*, Darmstadt 1968.

Dies., *Der Tanz im alten Ägypten*, Glückstadt 1958.

Budge, E. W., *The Book of the Dead*. An English Translation, London 1899 (London 1949²).

Černy, J., *A Community of Workmen at Thebes in the Ramesside Period*, Kairo 1973.

Cimmino, F., *Vita quotidiana degli egizi*, Mailand 1985.

Couchoud, S., *Mathématiques égyptiennes*, Paris 1998.

Curto, S., *L'antico Egitto*, Turin 1981.

Ders., *L'arte militare presso gli antichi egizi*, Turin 1973.

Ders., *La satira nell'antico Egitto*, Turin 1965.

Ders., *Medicina e medici nell'antico Egitto*, Turin 1972.

Darby, W. J./Ghalioungui, E./Drivetti, L., *Food: The Gift of Osiris,* I–II, London–New York–San Francisco 1977.

David, A. R., *The pyramid builders of Ancient Egypt,* London 1986.

Davoli, P., *Città e villaggi dell'antico Egitto,* Imola 1994.

Decker, W., *Die physische Leistung Pharaos. Untersuchungen zu Heldentum, Jagd und Leibesübungen der ägyptischen Könige,* Köln 1971.

Ders., *Sport und Spiel im alten Ägypten,* München 1977.

Della Monica, M., *La classe ouvrière sous les pharaons,* Paris 1975.

Desroches Noblecourt, Ch., *L'au-dela de Toutankhamon,* Paris 1978.

Donadoni, S. (Hg.), *Der Mensch des Alten Ägypten,* Übersetzung ins Deutsche, Frankfurt–New York–Paris 1992.

Ders., *L'arte dell'antico Egitto,* Mailand 1994.

Ders., *L'Egitto,* Turin 1981.

Ders., *Storia della letteratura egiziana antica,* Mailand 1959.

Ders., *Testi religiosi egizi,* Turin 1970.

Ders., *Theben, heilige Stadt der Pharaonen,* Übersetzung ins Deutsche, München 2000.

Ders./Curto, S./Roveri Donadoni, A. M., *Egypt from myth to egyptology,* Mailand 1990.

Drenkhahn, R., *Die Handwerker und ihre Tätigkeiten im alten Ägypten,* Wiesbaden 1976.

Erman, A., *Die Religion der Ägypter,* Berlin 1934.

Feucht, E., *Das Kind im Alten Ägypten. Die Stellung des Kindes in Familie und Gesellschaft nach Altägyptischen Texten und Darstellungen,* Frankfurt/M.–New York 1995.

Flandrin, J.-L./Montanari, M. (Hg.), *Storia dell'alimentazione,* Rom–Bari 1997.

Gardiner, A. H., *Egypt of the Pharaohs,* Oxford 1961.

Ders./Sethe, K., *Egyptian Letters to the Dead,* London 1928.

Goyon, J.-C., *Rituels funéraires de l'ancienne Égypte,* Paris 1972.

Grimal, N., *A history of ancient Egypt,* Oxford 1998.

Ders., /Menu, B. (Hg.), *Le commerce en Égypte ancienne,* Kairo 1998.

Hartmann, F., *L'agriculture dans l'ancienne Égypte,* Paris 1923.

Héry, F.-X., Enel Th., *Animaux du Nil. Animaux de Dieu,* Aix-en-Provence 1993.

Hickman, H., *Ägypten (Musikgeschichte in Bildern),* Leipzig 1961.

Hornung, E., *Das Amduat. Die Schrift des verborgenen Raumes,* I–II, Wiesbaden 1963.

Ders., *Das Totenbuch der Ägypter,* Zürich–München 1990.

Ders., *Der Eine und die Vielen. Ägyptische Gottesvorstellungen,* Darmstadt 1971.

Ders., *Die Unterweltsbücher der Ägypter,* Zürich–München 1992.

Ders., *Die Weisheitsbücher der Ägypter,* Zürich–München 1991.

Horrack, P.-J.-E. de, *Le Livre des respirations,* Paris 1877.

James, T. G., *Pharaos Volk. Leben im Alten Ägypten,* Übersetzung aus dem Englischen, Zürich – München 1988.

Janssen, J., *Commodity Prices from the Ramesside Period,* Leiden 1975.

Kitchen, K. A., *Pharaon triumphant. The life and times of Ramesses II, King of Egypt,* Warminster 1985.

Leca, A. P., *La médicine Égyptienne au temps des Pharaons,* Paris 1971.

Leclant, J. (Hg.), *Les pharaons,* I–II–III, Paris 1978–80.

Lefebvre, G., *Essai sur la médicine égyptienne à l'époque pharaonique,* Paris 1956.

Leospo, E. (Hg.), *La scuola nell'antico Egitto,* Turin 1997.

Ders./Tosi, M., *Vivere nell'antico Egitto* (auf der Grundlage der Befunde in Deir el-Medineh), Florenz 1998.

Lesko, L. H., *The Ancient Egyptian Book of Two Ways,* Berkeley 1977.

Lexa, E., *La Magie dans l'Égypte antique,* I–III, Paris 1925.

Lichtheim, M., Ancient Egyptian Literature, I–III, Berkley–Los Angeles 1975, 1976, 1980.

Lieblein, J. D. C., *Le Livre égyptien «Que mon nom fleurisse»,* Leipzig 1895.

Lloyd, A. B., *Herodotus Book II, Introduction,* Leiden 1975.

Ders., *Herodotus Book II, Commentary*, Leiden 1976.

Málek, J., *The Cat in Ancient Egypt*, London 1993.

Manniche, L., *Sexual Life in Ancient Egypt*, New York 1987.

Ders., L., *An Ancient Egyptian Herbal*, London 1989.

Mercer, S. A. B., *Pyramid Texts in Translation and Commentary*, I–IV, New York 1952.

Montet, P., *Les Scènes de la vie privée dans les tombeaux égyptiens de l'ancienne Empire*, Straßburg–Paris 1925.

Ders., *Vies des Pharaons Illust rei*, Paris 1984.

Morenz, S., *Gott und Mensch im alten Ägypten*, Zürich 1984.

Omlin, J. A., *Der Papyrus 55001 und seine satirisch-erotischen Zeichnungen und Inschriften*, Turin 1973.

Pernigotti, S./Piacentini P./Davoli P., *L'Egitto antico*, Imola 1992.

Piankoff, A., *Le Livre des Quererets*, Kairo 1944–1945.

Pisa in Egitto. Archeologia e Nuove Tecnologie, CD-ROM interattivo, ideato e diretto da E. Bresciani, Pisa 1997.

Quaegebeur, J., *Lettres de Thot et Décrets pour Osiris*, in «Funerary Symbols and Religion», Kampen 1988, S. 105–126.

Robins, G., *Frauenleben im Alten Ägypten*, Übersetzung ins Deutsche, München 1996.

Roccati, A., *La littérature historique sous l'Ancien Empire Egyptien*, Paris 1982.

Ders., *Papiro ieratico n. 54003. Estratti magici e rituali del Primo Medio Regno*, Turin 1970.

Roeder, G., *Die ägyptische Götterwelt*, Zürich–Stuttgart 1959.

Ders., *Zauberei und Jenseitsglaube im alten Ägypten*, Zürich 1961.

Rosati, G., *Il libro dei Morti*, Brescia 1991.

Rosellini, I., *Monumenti dell'Egitto e della Nubia*, I, *Monumenti Storici*, II, *Monumenti civili*, III, *Monumenti del Culto*, Pisa 1832–1844.

Roveri Donadoni, A. M. (Hg.), *Das Alte Ägypten. 1. Das Alltagsleben, 2. Die religiösen Vorstellungen, 3. Kunst als Fest*, Turin 1987, 1988, 1989.

Dies./Leopso, E./Roccati, A., *Splendori dell'antico Egitto*, Novara 1985.

Sauneron, S., *La différenciation des languages d'après la tradition égyptienne*, in «Bulletin de l'Institut français d'Archéologie Orientale», 60, 1960, S. 31 ff.

Ders., *Le monde du magicien égyptien*, in *Le Monde du sorcier*, Paris 1966.

Schiaparelli, E., *Il libro dei funerali degli antichi egiziani*, I–II, Turin 1882–1890.

Ders., *La tomba intatta dell'architetto »Cha« nella necropoli di Tebe*, Turin 1927.

Schlögl, H. A., *Echnaton*, Hamburg 1992³.

Schlott, A., *Schrift und Schreiber im alten Ägypten*, München 1989.

Schott, S., *Altägyptische Liebeslieder*, Zürich 1950.

Schulz, P. H., *Frauen im Alten Ägypten*, Bergisch Gladbach 1987.

Seidl, E., *Einführung in die ägyptische Rechtsgeschichte bis zum Ende des Neuen Reiches*, Glückstadt 1951.

Strouhal, E., *Life in ancient Egypt*, Cambridge 1992.

Tiradritti, E. (Hg.), *Lingue e scritture nell'antico Egitto. Sesh*, Catalogo della Mostra, Mailand 1999.

Traunecker, C., *The Gods of Egypt*, Ithaca 2001.

Valbelle, D., *Les ouvriers de la Tombe. Deir el-Médineh à l'époque ramesside*, Kairo 1985.

Dies., *L'état et les institutions en Egypte des premiers pharaons aux empereurs romains*, Paris 1992.

Vandier d'Abbadie, J., *Catalogue des ostraca figurés de Deir el-Médineh (nos. 2001–2733)*, Kairo 1937–1946.

Vernus, P., *Affaires et scandales sous les Ramsès*, Paris 1993.

Wilkinson, J. G., *The Ancient Egyptians. Their life and customs*, I–III, New York 1854.

Wreszinski, W., *Atlas zur altägyptischen Kulturgeschichte*, II, Leipzig 1935.

Namenverzeichnis

Ortsverzeichnis

Bildnachweis

Archiv für Kunst und Geschichte (AKG), Berlin: S. 31 o., 31 u., 96 o., 169, 193.

Bresciani, E. (Foto): S. 15 o., 53 u., 62, 77, 84 u., 110, 122 o., 129 o., 207 u., 237.

British Museum ©: S. 230 o.

Brooklyn Museum of Art, New York, Charles Edwin Wilbur Fund: S. 111.

Giammarusti, A. (Foto): S. 28 u., 99.

IFAO: S. 129 u., 138 u., 139 u. li., 145 o., 145 u.

Lovera, G.: S. 16 o.,16 u., 19 o., 19 u., 20 o., 20 u., 30 o., 30 u., 34 o., 35 o., 35 u., 37, 41 o., 41 u., 51 o., 54 o., 57 o., 57 u., 89 u., 91, 95 o., 95 u., 115 o., 116, 117 o., 117 u., 122 u., 132, 133, 134 o., 134 u., 161 u., 192 u., 207 o., 225 o., 225 u.

Mit Genehmigung des Ministero per i Beni e le Attività Culturali. Reproduktion verboten: S. 138/139 o., 139 u. re., 154 u., 230 u.

Museum Kairo: S. 76.

Palm, P., Typographie, Karten und Satz, Berlin: S. 12.

Sammlung Schiff Giorgini, Università di Pisa: S. 211, 227 u. re.

Vatikanische Museen (Foto): S. 171.

Verlag Laterza: S. 15 u., 17 o., 17 u., 22/23 o., 22 u., 23 u., 28 o., 34 u., 39 o., 39 u., 48/49, 51 u., 53 o., 54 u., 59 o., 59 u., 65 o., 65 u., 66 o., 66 u., 69 o., 69 u., 79, 80, 82, 83, 84 o., 87, 88/89 o., 96 u., 97 o., 97 u., 98, 101 o., 101 u., 107 o., 107 u., 115 u., 120/121, 126 o., 126 u., 127 o., 127 u., 137 o., 137 u., 149 o., 149 u., 154 o., 158 o., 158 Mi., 158 u., 161 o., 161 Mi., 166/167, 173, 185 o., 185 u., 187 o., 187 Mi., 187 u., 188 s/w-Zeichnung, 188 Farbzeichnung, 189, 190 o., 190 Mi., 190 u., 192 o., 194 o. 194 u., 198/199, 201, 203, 215, 223 o., 223 u., 227 o., 227 u. li, 233 o., 233 u., 235, 239 o., 239 u., 240.

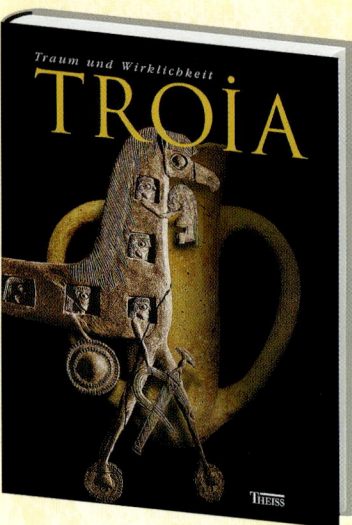